Les petites économies insulaires: théories et stratégies de développement

Du même auteur

Tahiti: Stratégie pour l'après-nucléaire

Tahiti, du melting pot à l'explosion ?

Edité par l'auteur:
(Arue PK 4,500 côté montagne, Tahiti, Polynésie Française)
tél : 19 689 43 74 30

Tahiti: la fin du paradis ?

ISBN : 2-7384-3343-X

Bernard Poirine

Les petites économies insulaires: théories et stratégies de développement

Editions l'Harmattan
5-7 rue de l'école Polytechnique
75005 Paris

Introduction

Vivant depuis 15 ans en Polynésie française, je me suis naturellement intéressé aux problèmes des petites économies insulaires à partir de mon expérience de l'économie polynésienne, qui a fait l'objet de ma thèse de doctorat en 1991, "L'économie de la Polynésie Française, de la rente atomique au développement", et de trois livres, dont notamment “Tahiti: Stratégie pour l'après-nucléaire”, qui abordait déjà le problème du développement économique dans les petites économies insulaires en général.

Ceci m'a amené à approfondir les problèmes communs à toutes les petites économies insulaires, les contraintes particulières qui marquent leur développement économique (chapitre 1), et les stratégies de développement possibles qui en découlent (chapitre 2). L'exemple de la Polynésie française permet notamment de souligner l'échec des stratégies de substitution d'importation ou de développement "autocentré".

Je me suis efforcé d'approfondir cette analyse par une étude des sources de la croissance dans les Dom-Tom (chapitre 3), qui confirme la faible contribution de la substitution d'importation, mais aussi des exportations, à la croissance des Dom-Tom insulaires depuis 20 ans.

Allant du particulier au général, je me suis ensuite aperçu que beaucoup de petites économies insulaires, indépendantes ou non, étaient en fait des économies de rente, c'est à dire qu'elles tiraient profit de la possession d'un facteur rare sur le plan international (du minerai de nickel ou de phosphate, la perle noire, des paysages magnifiques, un intérêt géostratégique spécial pour les grandes puissances mondiales). Dans beaucoup d'îles également, les envois de travailleurs émigrés dans les métropoles industrielles constituent une autre forme de rente perçue par les insulaires.

Partant de la constatation de ces "faits stylisés" des économies insulaires, j'ai ensuite tenté d'en donner l'explication théorique: c'est la théorie du développement rentier dans les petites économies insulaires (chapitre 4).

Il m'est apparu que le développement par la rente pouvait paraître relever d'un choix logique et viable dans le cadre de la division internationale du travail, dans le cas d'îles qui présentent un intérêt géostratégique important pour les grandes puissances mondiales. La rente n'est alors que la contrepartie d'une "exportation de service non marchand géostratégique". Cette intuition demandait à être confortée par une démonstration théorique rigoureuse, présentée dans le chapitre 5.

Il s'agissait aussi de rendre compte du comportement d'émigration très fréquent dans les petites économies insulaires, d'une manière qui mette en valeur la rationalité de ce comportement pour les familles insulaires. Un modèle microéconomique de ce problème, à partir d'une conception non individualiste et non uniquement matérialiste de "l'utilité", est exposé dans le chapitre 6. Cette approche nouvelle remet en cause les hypothèses "ethnocentriques" de la théorie microéconomique, conformes à un "homo economicus occidentalis", pour mieux saisir la rationalité des comportements des peuples de culture différente, plus communautaire et moins axée sur l'aspect matériel du bien être social.

L'observation des problèmes de développement rencontrés en Polynésie française, et de l'apparente "irrationalité" de certains comportements, à l'origine des nombreux échecs rencontrés dans les tentatives de bâtir des projets de développement ambitieux, m'a amené également à réfléchir sur la conception du développement et du bien être social dans des cultures non occidentales, qui, telle la culture océanienne, ne mettent pas au premier rang de l'échelle des valeurs la poursuite du bien être matériel. Développement économique et développement social et culturel ne sont plus forcément synonymes dans ce cas. Le développement économique peut apparaître comme trop cher payé en terme de perte sur le plan socioculturel. Il en résulte des résistances conscientes et inconscientes des acteurs locaux aux projets de développement apportés de l'extérieur.

Partant de cette constatation, il s'agissait de donner une explication théorique cohérente, valable non seulement dans le cas particulier de la culture océanienne, mais aussi dans d'autres cas similaires. Pour cela, partant des instruments classiques de l'économie du bien être, je présente un modèle où le bien être social comporte deux composantes, une composante "matérielle", et une composante "socioculturelle". Dans ce cadre, il n'y a plus de "primauté" de la croissance économique sur les facteurs socioculturels, censés devoir "s'adapter" au développement.

On obtient alors ce résultat intéressant que l'émigration et les envois de travailleurs émigrés sont pour une collectivité insulaire les moyens d'internaliser les effets externes positifs que constituent les "retombées socioculturelles" des activités traditionnelles sur les aspects qualitatifs du mode de vie. En l'absence d'émigration, il apparaît donc nécessaire de subventionner d'une manière ou d'une autre les activités traditionnelles, pour se rapprocher de l'optimum de bien être, ce qui va à l'encontre de la plupart des recommandations préconisées par les économistes des institutions financières internationales, et des politiques effectivement menées dans beaucoup de pays du Tiers Monde.

Les conclusions de cette analyse, exposée dans le chapitre 7, ne sont pas inutiles pour la réflexion sur l'interaction entre le bien être social et la croissance économique dans les sociétés occidentales modernes.

Les petites îles offrent en effet un point de vue privilégié au chercheur dont l'objectif est de relativiser les bienfaits de la croissance économique sur le "bonheur national brut", ou de comprendre les interactions complexes existant entre le changement socioculturel et le développement économique. Quinze ans de Polynésie ont sans doute beaucoup contribué à faire évoluer mon point de vue sur ces questions que les économistes relèguent à la périphérie de leurs "théories pures". Mon impression aujourd'hui est qu'il est essentiel de réintroduire au coeur de la théorie économique les aspects collectifs, non matériels et non marchands du bien être social, pour mieux comprendre les problèmes des économies en développement, mais aussi ceux des économies développées.

Les apports de l'anthropologie devraient constituer des matériaux de base pour l'économiste du développement, qui, muni de sa boîte à outils mathématique et géométrique, ne doit pas se contenter de plaquer les hypothèses de comportement "occidentales" à des économies en développement, mais au contraire partir des données culturelles et sociales existantes pour donner un modèle explicatif satisfaisant de la rationalité des agents à l'intérieur du contexte socio-culturel spécifique qui est le leur. Faute de cette attitude d'humilité, l'économiste en est réduit, soit à postuler l'irrationalité apparente des comportements qui font échec aux politiques de développement, soit à recommander une modification (illusoire) des comportements et des valeurs qui semblent "faire obstacle" aux politiques de développement préconisées.

Chapitre 1
Les contraintes du développement dans les petites économies insulaires

La vulnérabilité des petites économies insulaires

La très petite dimension constitue un handicap pour une économie. Même si de "petites" nations (Monaco, Luxembourg, Singapour), ont pu atteindre un niveau de développement élevé, leur population est sans commune mesure avec celle de la Polynésie Française (200.000 habitant). Un deuxième facteur aggravant est l'isolement géographique de l'économie insulaire, qui rend encore plus difficile la possibilité de profiter de la proximité des marchés de grands pays voisins.

De nombreux auteurs ont insisté sur la vulnérabilité des petites économies.

Pour François Perroux[1], les petites nations sont d'abord des nations faibles, se caractérisant par la forte ouverture de l'économie; la concentration de la production et des exportations (d'où vulnérabilité en cas d'évolution défavorable des cours ou de catastrophes naturelles: cyclone par exemple); leur faible capacité de diversification (donc l'impossibilité de répartir les risques et de moindres gains de productivité par la division du travail) et une faible capacité de formation de la main-d'oeuvre.

La faiblesse des ressources naturelles et celle du marché intérieur sont les deux handicaps qui viennent le plus souvent à l'esprit, sauf pour les économies bénéficiant (le plus souvent pour un temps limité) d'une ressource naturelle très demandée mais non renouvelable, à l'instar de l'île de Nauru [2], ou bien d'une autre forme de rente procurée par exemple par des installations militaires.[3] L'extension de la zone économique maritime a cependant considérablement augmenté la valeur économique des archipels étendus, tel que la Polynésie Française (voir

---

[1] PERROUX F. (1969) , "*Indépendance de l'économie nationale et interdépendance des Nations*", Aubier Montaigne.

[2] Dans cet atoll de 20 km^2 et 8.400 habitants devenu république indépendante en 1978, l'exploitation du phosphate rapportait en exportations en 1982 13.746 dollars U.S. par habitant. Toutefois le gisement est en voie d'épuisement actuellement. Le gouvernement a constitué un fonds d'investissement destiné à financer les dépenses de "l'après-phosphate". L'île y est connue pour un record mondial de diabète parmi des habitants frappés pour la plupart d'obésité. La plupart des travailleurs des exploitations sont des immigrés venus d'autres îles plus pauvres des alentours.

[3] C'est la cas de la Polynésie Française avec l'atoll de Mururoa , mais aussi ailleurs dans le Pacifique de la République des Marshall (Micronésie) avec le centre d'essai de missiles de l'atoll de KWAJALEIN où travaillent 5000 employés américains, et de celle des Mariannes où plusieurs îles (Bikini, Eniwetok) servirent aux expérimentations nucléaires américaines.

en introduction la carte de la Polynésie superposée à celle de l'Europe). La négociation de droits de pêche, notamment, représente une source de revenus supplémentaire.

Comme le souligne A.D. Knox[1], la dépendance à l'égard des marchés extérieurs est renforcée par le fait qu'un petit pays ne peut influencer le cours des marchandises qu'il exporte ou importe. De plus, les biens exportables sont souvent des produits pour lesquels la demande mondiale est peu progressive, voire stagnante ou déclinante. Cette faible progression de la demande extérieure ou des cours internationaux et l'augmentation de la population entraîne la constitution de surplus de main-d'oeuvre ne trouvant pas à s'employer pour un marché local réduit.

Les petites économies doivent s'ouvrir plus largement à l'échange international et ne peuvent diversifier suffisamment leurs exportations, ce qui accroît l'instabilité des recettes d'exportation

Comme l'a montré S. Kuznets[2], les petites économies sont contraintes par la faible diversification de leurs activités à s'ouvrir plus largement à l'échange que les autres, et cela d'autant plus que le niveau de développement est élevé. Ainsi, si l'on prend comme critère le taux d'importation par rapport au PIB en 1988, les petites économies développées - Belgique (69%), Luxembourg (102%), Suisse (36%), Pays-Bas(50%) - sont toutes beaucoup plus ouvertes sur l'extérieur que les grandes économies développées à l'industrie très diversifiée - Etats-Unis (11%), Japon (8%), France (21%) -.

Dans un article sur "l'Economie des mini-Etats", Vicente Galbis, de la Banque Mondiale, souligne que :

> "Les mini-Etats sont souvent des économies très ouvertes aux échanges. Les données dont on dispose révèlent que la part des importations et des exportations dans le PNB y est ordinairement bien supérieure à 50%, proportion qui dépasse de loin celle qu'on observe dans les pays plus grands (...) D'autre part, la perméabilité des mini-Etats aux échanges a tendance à s'accroître en fonction du stade de développement, plus vite que dans des pays plus grands.

---

1 KNOX A.D (1967), *"Some Economic Problems of Small contries"*, in BENEDICT B. (ed.) (1967), *Problems of Smaller Terrritories*, The Athlone Press, University of London.

2 KUZNETS S. (1960),*"Economic Growth of Small Nations"*, in E.A.G. ROBINSON :*"Economic consequences of the Size of Nations*, London, Macmillan, New York, St Martin's Press.

Les économies les plus avancées dépendant nécessairement davantage du reste du monde pour toute une gamme d'importations et notamment, celles qui impliquent une forte composante technologique" .[1]

Cette tendance se retrouve aussi dans les micro-économies insulaires, où l'échange international constitue une nécessité vitale, à cause de l'inadéquation structurelle entre la structure de l'offre (limitée aux secteurs protégés "naturellement": commerce, importation, bâtiment et travaux publics, services marchands, et au secteur primaire), et celle de la demande, d'autant plus variée que le niveau de vie s'élève. [2]

P. Guillaumont et P. Hein[3] parviennent à des conclusions similaires. Ainsi, P. Guillaumont constate qu'en 1979-1981 le taux d'exportation moyen des petites économies insulaires (moins de 500.000 habitants) est plus faible que celui des grandes ou moyennes économies insulaires: 46,5% pour les premières, contre 33,9% pour les secondes. Il est vrai que la moyenne des premières est probablement abaissée par la piètre performance des territoires français en ce domaine.[4]

---

[1] GALBIS vicente (1984),*L'économie des mini-Etats"*, Finances et Développement, juin 1984, pp 36-39.

[2] "Specialization is much greater in a small country, the domestic structure of production differing quite sharply from the domestic composition of final demand. "William G. DEMAS (1965) *The Economics of Development in Small Countries, With Special References to the Caribean*, Mac Gill University Press, Montreal, p 48.

[3] GUILLAUMONT P. (1988),*"Ouverture sur l'extérieur, instabilité des exportations et politique économique dans les économies insulaires"*, et HEIN Philippe C. (1988) *"Problems of small island economies"* , .in CRUSOL J. , HEIN P. , VELLAS F., *"L'enjeu des petites économies insulaires"*, ECONOMICA. Dans un ouvrage consacré au protectionnisme, P. GUILLAUMONT présente une équation de régression reliant le taux d'exportation x à la population P (indicateur de taille) et au PIB par tête (indicateur de niveau de vie) pour l'ensemble des PVD:
Le signe des coefficients confirme que l'ouverture sur l'extérieur est liée négativement à la taille de l'économie et positivement au PNB/tête.
GUILLAUMONT P. (1985) *Protectionnisme, substitution à l'importation et développement tourné vers l'intérieur*. in Bernard LASSUDRIE-DUCHENE et Jean Louis REIFFERS, Le Protectionnisme, ECONOMICA, pp203-227.

[4] Polynésie Française: 11%, Guadeloupe: 7%, Martinique:10%, Réunion: 7%. La moyenne simple des taux d'exportation calculée dans les tableaux de P. GUILLAUMONT peut également être trompeuse, comme l'indique le tableau présenté plus loin, où le taux d'importation calculé à partir des données agrégées sur l'ensemble de l'échantillon de petites économies insulaires est très nettement supérieur à la moyenne simple des taux d'importation des pays de l'échantillon.

Iles-Etats	PNB millions $	PNB/HAB. en $ U.S.	Importations millions $	Imports/PNB en %	Population
Antigua & Barbuda	150	1830	94	62,7	81 967
Bahamas	960	4260	4098	426,9	225 352
Bahrein	4260	10480	3530	82,9	406 489
Barbade	1100	4340	659	59,9	253 456
Cap Vert	100	320	84	84,0	312 500
Comores	89	233	30	33,7	381 974
Chypre	2390	3590	1364	57,1	665 738
Dominique	80	1080	48	60,0	74 074
Fiji	1250	1840	450	36,0	679 348
Grenades	80	880	58	72,5	90 909
Kiribati	29	460	18	62,4	62 700
Maldives	76	432	53	69,7	175 926
Malte	1210	3370	717	59,3	359 050
Niue	3	832	2	80,0	4
St Christophe &Nevis	60	1390	44	73,3	43 165
Sainte Lucie	150	1130	118	78,7	132 743
St Vincent & Grenadines	100	900	61	61,0	111 111
Samoa	98	619	50	51,0	158 320
Sao Tome & Principe	30	320	12	40,0	93 750
Seychelles	160	2340	87	54,4	68 376
Iles Salomon	152	2430	107	70,4	62 551
Tonga	80	769	41	51,3	104 031
Vanuatu	82	683	67	81,7	120 059
Iles -Territoires					
Bermudes	920	15810	414	45,0	58 191
Cooks	22	1158	20	0,9	19 000
Guam	760	6580	330	43,4	115 502
Montserrat	30	460	12	40,0	65 217
Antilles néerlandaises	1450	5660	4024	277,5	256 184
Virgin Islands (U.S.)	900	8800	4330	481,1	102 273
American Samoa	160	4690	116	72,5	34 115
Polynésie Française	1300	8190	539	41,5	158 730
Guadeloupe	1186	3583	599	50,5	331 008
Martinique	1331	4083	647	48,6	325 986
Nouvelle Calédonie	920	6240	311	33,8	147 436
Réunion	1950	3690	791	40,6	528 455
Total Etats	12 689	2 721	11 792	**92,9**	4 663 595
Total territoires	10 929	5 102	12 133	**111,0**	2 142 096
Total général	23 618	3 470	23 925	**101,3**	6 805 691
Moyenne simple (1)				**85,3**	
Total PVD	2 121 558	878	458 700	**21,6**	2 416 353 075

(1) Moyenne simple (non pondérée) des taux d'importations

Sources: UNCTAD; U.N Statistical Yearbook, Asia-Pacific Region..

Source: HEIN Philippe C. (1988) "*Problems of small island economies*" .in CRUSOL J. , HEIN P. , VELLAS F., *"L'enjeu des petites économies insulaires"*, ECONOMICA, et U.N Statistical Yearbook, Asia- Pacific (pour Niue, Iles Cook, Kiribati).

Dans le tableau ci-dessus, on constate que la plupart des îles peuplées de moins d'un million d'habitants ont une *très forte ouverture sur l'extérieur, mesurée par le critère du taux d'importation par rapport au PIB*. En moyenne, ce taux atteint 101,3 % en 1984 pour l'ensemble des îles[1], contre 21,6% seulement pour l'ensemble des pays en voie de développement. Si l'on distingue les îles-Etats (partie haute du tableau) et les Territoires non indépendants, (partie basse du tableau) on obtient 92,7% pour les premiers, et 111,1% pour les seconds. Pour certaines îles, le taux d'importation est très élevé: 426,9% aux Bahamas, 277,5% pour Montserrat, 481,5 % pour les Antilles Néerlandaises. Comparé à cela, le taux pour la Polynésie (41,5%) paraît somme toute modeste, en tout cas nettement inférieur à la moyenne des petites économies insulaires, même s'il dépasse largement celui de la Métropole (27%). Ceci démontre encore une fois le danger d'appliquer des critères de comparaison "métropolitains" à un petit territoire insulaire.

Ce degré d'ouverture exceptionnel et la faible diversification des exportations (de produits de base et/ou de services touristiques, financiers, philatéliques dans la plupart des cas, de produits industriels dans quelques cas: Ile Maurice, Haïti, Fiji, Malte) rend ces économies vulnérables, d'autant plus qu'elles ne peuvent contrôler les facteurs qui affectent les prix des biens ou services exportés sur les marchés mondiaux. Les recettes touristiques sont soumises aux caprices de la conjoncture mondiale et des modes. Les recettes de l'exportation de produits de base (sucre, cacao, coprah) sont soumises aux fluctuations rapides des prix de ces produits sur les marchés internationaux.

Effets de l'insularité sur l'ouverture des économies et sur l'instabilité des ressources extérieures

La question se pose de savoir si l'insularité en soi a une influence indépendante de la petite taille sur l'ouverture sur l'extérieur, et sur l'instabilité des recettes d'exportation.

P. Guillaumont[2] constate que le taux d'exportation moyen des "moyennes ou grandes" économies insulaires indépendantes (plus de 500 000 habitants) "ne diffère que peu du taux des autres économies [en développement] moyennes ou grandes"[3] : en 1979-81, 34% pour les premières, 30% pour les secondes. Ceci tendrait à prouver que la taille est le facteur déterminant le degré d'ouverture, l'insularité n'ayant qu'une faible influence. Cependant, le résultat serait sensiblement

[1] Importations totales sur PIB total de l'ensemble des îles présentes dans le tableau, exprimé en %. Le chiffre obtenu est différent de la moyenne arithmétique simple des taux d'importation, qui serait plus faible, mais qui n'a guère de sens (à notre avis). Cela indique que l'ouverture est particulièrement forte dans les îles dont le PIB est le plus élevé, qui ont donc le plus de poids dans le taux d'ouverture de l'ensemble de l'échantillon.

[2]GUILLAUMONT P. (1988) op cit.

[3]GUILLAUMONT P. (1988) op cit.

différent si l'on comparait les taux *d'importation* des économies insulaires, lesquels sont beaucoup plus élevés, en moyenne, que leurs taux d'exportation. Ses conclusions tirées à partir des taux d'exportation sont donc contestables, car de nombreuses économies insulaires, dont les territoires français, n'étant pas contraintes d'équilibrer leurs échanges de biens et services à moyen ou long terme, peuvent être largement ouvertes sur l'extérieur pour leurs importations, tout en ayant un très faible taux d'exportation. Dans ce cas, naturellement, *c'est une erreur de se fier au taux d'exportation comme indicateur de l'ouverture sur l'extérieur. Il faut au contraire n'accorder d'attention qu'au taux d'importation.*

P Hein obtient lui, en raisonnant sur des taux d'importation "agrégés", 106,3% pour l'ensemble des îles en développement, et 21,6% pour l'ensemble des pays en développement.[1]

Le résultat est donc sensiblement différent suivant qu'on s'intéresse au taux d'importation ou au taux d'exportation comme indicateur d'ouverture, les économies insulaires étant apparemment plus souvent que les autres PVD en mesure de financer un déficit de leur balance de biens et services par l'aide extérieure publique et/ou par les transferts de fonds de travailleurs émigrés, ce qui leur permet de supporter un taux d'importation plus élevé en moyenne que leur taux d'exportation. On peut considérer cela comme un indice de vulnérabilité supplémentaire (dépendance à l'égard de l'aide), ou bien au contraire comme une indication de moindre vulnérabilité, la pression de la "contrainte extérieure" en cas de réduction des recettes d'exportation étant beaucoup moins forte s'il existe d'autres ressources plus stables susceptibles de financer les importations. Or, jusqu'à présent, l'aide financière des métropoles pour les territoires dépendants ou des organisations internationales et des anciennes métropoles, ainsi que les remises des travailleurs émigrés à leur famille, semblent avoir connu beaucoup moins de fluctuations que les recettes d'exportation de produits de base.

En ce qui concerne l'instabilité des recettes d'exportation, P. Guillaumont, d'après un échantillon de 10 économies insulaires de plus de 500 000 habitants, arrive à la conclusion qu'elle "apparaît un peu supérieure dans les îles à ce qu'elle est dans les autres pays en développement, mais de façon non significative". Au total P. Guillaumont conclut que l'influence de l'insularité sur l'ouverture

---

[1]HEIN Philippe C. (1988) *"Problems of small island economies"* , .in CRUSOL J., HEIN P., VELLAS F.,*"L'enjeu des petites économies insulaires"*, ECONOMICA, page 35.

commerciale et l'instabilité des recettes d'exportation "semble moindre que celle de la dimension".[1]

Risques naturels

Un autre facteur de vulnérabilité des îles est la fréquence avec laquelle elles sont soumises aux risques volcaniques, sismiques, cycloniques, et aux raz de marée, ainsi que la fragilité de leur écosystème, longtemps isolé de l'évolution extérieure. Cette fragilité est due au moins grand nombre des espèces animales et végétales, qui diminue la complexité, donc la capacité de réaction de l'écosystème en cas de perturbation issue de l'extérieur. Si l'on inclut dans le système écologique les germes pathogènes pour l'homme ou la faune, et les parasites d'espèces animales ou végétales, on comprend mieux comment l'introduction accidentelle de nouvelles espèces de germes, de parasites, de plantes, d'animaux, a pu bouleverser complètement les écosystèmes fragiles de ces îles (grandes épidémies apportées par les européens, ravages occasionnés par la chèvre devenue sauvage aux Marquises, destruction des forêts à l'île de Pâques, "rhinocéros du cocotier"[2], invasion du "miconia" à Tahiti. L'un des écosystèmes les plus fragiles est celui des atolls. De simples dragages dans le lagon peuvent ainsi provoquer, par des réaction en chaîne, la contamination du poisson par la ciguatera, qui rend le poisson non comestible (c'est le cas aux îles Gambier par exemple).

Vulnérabilité politique et militaire

En ce qui concerne la vulnérabilité politique, il est évident que ces îles-nations ne peuvent faire face à des menaces militaires extérieures sérieuses, et qu'elles doivent donc se mettre sous la protection d'un pays puissant. Ainsi, beaucoup d'îles indépendantes du Pacifique ont confié leur défense et la surveillance de leur zone maritime à l'Australie ou à la Nouvelle-Zélande. On connaît également le rôle des Etats-Unis dans les Caraïbes, illustré notamment à l'occasion de l'expédition de la Grenade. Les Etats-Unis possèdent encore aujourd'hui une base militaire à Cuba, ce qui illustre bien les limites de la souveraineté des petites îles indépendantes, mêmes les plus farouchement opposées aux Etats-Unis, dans cette région. Dans le Pacifique les Etats-Unis ont utilisé l'atoll de Bikini pour leurs essais nucléaires, et encore aujourd'hui ils se servent de celui de Kwajalein comme centre d'essai

---

[1]GUILLAUMONT P. (1988) op cit. p 88.

[2]Coléoptère parasite du cocotier.

pour les missiles et antimissiles balistiques. Certains auteurs soulignent un autre aspect de cette vulnérabilité politique: la faible position dans les négociations internationales commerciales et tarifaires. Pourtant, les petites îles bénéficient de conditions tarifaires spéciales pour leurs exportations de la part des Etats développés (de la CEE en particulier), sans exigence de réciprocité, et surtout, elles ont obtenu une aide par habitant très largement supérieure à celle des autres PVD. D'après P. HEIN en moyenne les petites îles (moins d'1 millions d'habitants) recevaient en 1984 248,5 $ par habitant, contre 14,2 $ par habitant pour les PVD non producteurs de pétrole. Les territoires non indépendants recevaient en moyenne largement plus: 1075 $/hab pour la Polynésie Française, 750 $/hab à la Martinique, 398 $/hab à la Guadeloupe, 870 $/hab en nouvelle Calédonie, 653 $/hab à la Réunion, 2933 $/hab à St Pierre et Miquelon, 4000 $/hab aux Malouines (G.B.), 1244 $/hab dans les Trust Territories of Pacific Islands (U.S.).[1]

Le montant moyen nettement plus élevé de l'aide obtenue par les petites îles montre bien que certains avantages puissent résulter de la petite taille et de l'isolement : constituant un enjeu stratégique important, ces îles peuvent en quelque sorte "faire monter les enchères" pour obtenir l'aide des puissances régionales. Ainsi dans les Caraïbes, l'île de Grenade, aidée tout d'abord par Cuba lors de l'épisode "révolutionnaire", a reçu ensuite, après l'intervention américaine, l'aide par habitant la plus importante des îles anglophones des Caraïbes. Actuellement, la Nouvelle-Calédonie et la Polynésie Française jouent habilement de la menace indépendantiste pour maximiser le flux d'aide en provenance de la Métropole.[2]

Vulnérabilité économique liée à la dépendance envers les recettes d'exportations

Du fait de leur large ouverture, les petites économies insulaires sont à "moteur externe": leur taux de croissance est conditionné par celui de leurs exportations, ou plus précisément par celui des ressources externes (en devises) qu'elles peuvent mobiliser, soit par l'exportation, soit par l'investissement de capitaux privés, soit par l'aide public

---

[1]HEIN Philippe (1988),*Problems of small island economies*, in CRUSOL Jean, HEIN Philippe,VELLAS François (Ouvrage collectif sous la direction de...). *L'enjeu des petites économies insulaires*, ECONOMICA , pp 1-42.

[2]"Pour redémarrer l'économie du Territoire, il faut que l'Etat nous aide. Nous lui (le Ministre des DOM-TOM) avons dit que si nous n'arrivions pas ensemble, le Territoire et l'Etat, à reconstruire la Polynésie, nous risquions d'aller vers des dérapages et qui sait peut-être, vers l'indépendance". Déclaration de Gaston Flosse aux journalistes le lundi 22 avril 1991 (La Dépêche de Tahiti, 22/4/91).

bilatérale ou multilatérale, soit par les transferts publics de la Métropole dans le cas d'un Territoire non indépendant.

William G Demas souligne en particulier le rôle "moteur" du secteur des exportations dans beaucoup de petites économies[1].

Les effets externes et les économies d'échelle

L'absence d'effets externes de proximité

Si les industries ont souvent tendance à s'implanter dans une même région, que ce soit la Ruhr en Allemagne ou la "Silicon Valley" en Californie, c'est que cela présente des avantages liés à la proximité des entreprises appartenant à la même "filière" industrielle: réduction des coûts de transports et de stockage, délais de livraisons plus rapides, disponibilité rapide d'une main-d'oeuvre qualifiée et expérimentée, utilisation de services communs, réseau d'information et de recherche et diffusion rapide des innovations, "image de marque" favorable liée à une "adresse" prestigieuse pour les clients potentiels. Il s'agit d'effets externes positifs, appelés aussi effets d'agglomération ou de proximité.

Hollis Chenery[2] a mis en évidence le rôle des effets externes dans le développement: dans les pays développés ayant un "tissu industriel" dense. Il existe alors des effet externes, les innovations et les gains de productivité d'un secteur se répercutant favorablement sur les profits et les investissements des secteurs utilisateurs ou fournisseurs.

Dans les petites économies au contraire, le tableau d'entrée-sortie comporte beaucoup de "trous", et cela rend difficile des investissements isolés dans une branche qui devra importer beaucoup de ses intrants à un coût élevé, alors que ses produits sont directement en concurrence avec des produits importés. Dans certains cas, des investissements "d'import substitution" ne pourront pas avoir lieu "petit à petit", mais seulement s'ils sont "coordonnés" de manière à développer une "filière productive" . Hollis Chenery cite l'exemple de la sidérurgie et de la métallurgie: l'implantation d'une production sidérurgique locale n'est

---

[1] "(...) the role of exports is much more that of a leading sector in the sense that the rate of growth of exports than in a very large economy. It is the growth of external deamand which causes the economy to move. (...) In a small country (...) the constraint imposed on growth by the external sector is a continuing phenomenon".William G. DEMAS (1965) *The Economics of Development in Small Countries, With Special References to the Caribean*, Mac Gill University Press, Montreal, p 48.

[2]CHENERY H. (1979) *Changement des structures et politique de développement*, ECONOMICA, Chapitre 5.

rentable qu'à la condition qu'elle se produise simultanément avec celle de la métallurgie locale, et réciproquement. Le développement devra donc être coordonné ou bien il n'aura pas lieu.

Plus l'économie est petite, plus les "trous" sont grands dans le tissu industriel, plus il devient difficile de rentabiliser un investissement isolé, car l'éloignement géographique des fournisseurs et l'insuffisance des clients locaux renchérit les coûts: par exemple, aucune petite économie insulaire ne peut avoir de production de biens d'équipement. Ces derniers doivent donc être importés, d'où des coûts de transport, des problèmes de maintenance, de disponibilité et de coût des pièces détachées, de l'impossibilité d'un service après-vente sérieux, de l'inexistence ou du coût très élevé du personnel qualifié nécessaire à l'entretien régulier des installations, etc...

Le problème des économies d'échelle

L'importance des économies d'échelle dans l'industrie est bien connue. Prenons un exemple concret: l'acier. En 1954 en Amérique latine le coût d'une tonne d'acier variait de 209 $ pour une usine produisant 50.000 tonnes par an à 127 $ pour une usine produisant un million de tonnes d'acier par an.[1] Il est évident qu'il n'est pas question de produire de l'acier à des conditions compétitives dans de petites îles.

Beaucoup d'auteurs ont insisté sur ce point: la taille réduite du marché intérieur handicape gravement la création d'une industrie locale destinée au marché local, qui soit compétitive avec les importations, dans les nombreux secteurs industriels où les rendements d'échelle sont fortement croissants. Ainsi Benito Legarda, dans un article sur les petites économies insulaires, insiste particulièrement sur ce problème et les conséquences importantes que la contrainte des économies d'échelle impose sur les choix stratégiques de développement:

> "Les petites îles ont une économie ouverte sensible aux graves contraintes qui pèsent sur leurs facteurs de production -matières premières et main-d'oeuvre- en raison de la petitesse de la superficie de leur territoire et de leur population. Ces contraintes empêchent la réalisation d'économies d'échelle pour toute une gamme de produits et se traduisent par des coûts de production unitaires élevés. Ces inconvénients se trouvent aggravés par des coûts de transports élevés dus à leur éloignement, à leur isolement et à leur fragmentation. Pour surmonter ces inconvénients, ces pays doivent se diversifier dans des secteurs dynamiques où les économies d'échelle ne jouent qu'un faible rôle, ou dans lesquels les ressources

---

[1] CHENERY H. (1979) *Changement des structures et politique de développement*, ECONOMICA, p 188.

dont ils disposent constituent un avantage. Les principales voies de diversification sont le tourisme, la pêche, l'industrie légère à vocation exportatrice. Viennent ensuite les produits destinés à des marchés régionaux et les produits présentant un faible encombrement par rapport à leur valeur".[1]

Les économies d'échelle proviennent du fait que le prix de revient diminue au fur et à mesure que la taille de la capacité de production installée augmente, jusqu'à ce que soit atteinte une taille optimale au-delà de laquelle les économies d'échelle cessent. [2]

Dans beaucoup de secteurs, il devient même difficile de trouver un équipement industriel adapté à une production pour un petit marché insulaire: les machines sont conçues dans les pays occidentaux pour une production de masse. Elles ne travaillent qu'à une fraction de leur capacité (quelques heures par semaine par exemple), ce qui impose des charges fixes unitaires particulièrement élevées aux producteurs, charges qui grèvent les prix de revient, et doivent obligatoirement être répercutées dans le prix de vente. Il n'y a guère que dans les secteurs à mi-chemin entre l'artisanat et l'industrie que, les économies d'échelle étant peu importantes, la taille optimale est adaptée à l'échelle d'un micro-marché (certaines branches de l'agro-alimentaire, comme la boulangerie, et des micro-industries, comme l'imprimerie).

Le handicap des économies d'échelle devient tout à fait insurmontable dès qu'on passe aux activités industrielles concernant les biens de production, biens intermédiaires ou biens d'équipement, à l'exception de certains biens intermédiaires pour la construction (parpaings, briques) dont le poids élevé constitue une forte protection naturelle en raison de leur coût unitaire de transport démesuré par rapport à leur valeur unitaire FOB au port d'embarquement.

> "(...) dans un très petit pays (...) même si le revenu par habitant est très élevé (par exemple, en raison de l'exportation de ressources naturelles rares), la faible population impose des limites certaines à l'extension d'activités rentables dans le domaine des biens intermédiaires et des biens d'équipements pour le marché intérieur."[3]

---

[1]LEGARDA Benito (1974), *Les petites économies insulaires*, Finances et développement, FMI, juin 1974, p 42,43..

[2]Mais de plus en plus, dans les grandes industries, la taille optimale est tout simplement celle qui permet d'acquérir une part significative du marché mondial, étant donné la place cruciale des économies d'échelle dans les branches où les investissements en recherche , en formation et en publicité imposent des coûts fixes très élevés, que seule une dimension mondiale permet d'amortir.

[3]Traduit de William G. DEMAS (1965), *The Economics of Development in Small Countries with Special Reference to The Caribbean*. Mc Gill Universituy Press, Montreal. p. 51

Ce handicap est d'autant plus pénalisant pour les petites économies insulaires qu'il ne leur laisse aucun espoir de bâtir une industrie "intégrée verticalement", les "trous" dans le tissu productif concernant les biens intermédiaires et les biens d'équipement entraînant inévitablement une forte propension à importer lors de tout processus d'industrialisation, sans que cette tendance puisse un jour être inversée, comme on peut l'espérer dans un grand pays où le marché intérieur peut justifier à terme le développement de ces secteurs.

• Problèmes d'économies d'échelle pour les équipements et services collectifs

Philippe Hein donne des exemples frappants des surcoûts imposés par les économies d'échelle en ce qui concerne les équipements collectifs: la construction d'un port à Mahe, capitale des Seychelles, représente un coût égal à 30% du PNB. La construction d'aéroports internationaux à Grenade et aux Samoa dans les années 1980 a coûté également très cher par habitant, et un tel aéroport international n'aurait probablement pas coûté tellement plus cher pour un pays de 6 millions d'habitants. Or ces équipements collectifs sont absolument rendus nécessaires pour que l'île bénéficie des courants d'échanges modernes d'hommes et de matériel, à l'ère des navires porte-conteneurs et des jets gros-porteur. L'île qui renonce à ces gros investissements se condamne à l'isolement et à des surcoûts importants en raison de ruptures de charges qui augmentent les frais de transports.

En ce qui concerne les services collectifs, il est évident qu'il est beaucoup plus coûteux de fournir un réseau d'éducation et de santé moderne dans les économies insulaires, surtout lorsqu'il s'agit d'archipels. En Polynésie Française par exemple le Territoire doit supporter un très lourd budget consacré aux "évacuations sanitaires" par avion ou hélicoptère, des archipels vers Tahiti, et, sur les lignes internationales, de Tahiti vers la Métropole ou la Nouvelle-Zélande, en ce qui concerne les cas qui ne peuvent être traité de façon satisfaisante sur le Territoire, malgré un équipement sanitaire déjà surdimensionné par rapport aux normes métropolitaines.[1]

D'autres services publics sont très onéreux (par habitant) pour de minuscules Etats, notamment les frais de gouvernement et de souveraineté: représentation diplomatique, ministres, cabinets ministériels, défense de la zone économique maritime, participation aux

[1] Ainsi, la Polynésie Française dispose d'un scanner pour 200.000 habitants, ce qui est exceptionnel par rapport à la norme métropolitaine. Il est évident que le coût correspondant par habitant est plus élevé qu'en Métropole.

négociations internationales.[1] La récente création de l'Université Française du Pacifique à Tahiti a permis de vérifier les surcoûts inhérents aux indivisibilités dans ce domaine également: le coût par étudiant y est nettement plus élevé qu'en Métropole, à cause d'effectifs par enseignant beaucoup plus faibles, bien qu'un effort ait été fait pour ne pas trop multiplier le nombre des filières et des options.[2]

Problèmes d'économies d'échelle au niveau du tourisme

Le surcoût dû à la petite échelle de production sur un micro-marché n'est pas spécifique aux activités industrielles et au domaine de la fabrication. Il est également à l'oeuvre dans les activités de service comme le tourisme, d'abord au niveau de la distribution. Ainsi, à Hawaii, il suffit de prélever 10 dollars par client pour faire une promotion de un million de dollars. Ces 10 dollars représentent 10 à 15% de la marge du "grossiste". Pour Tahiti, il faut prélever beaucoup plus d'argent pour la promotion: entre 35 et 40% de la marge du "tour operator", parce qu'il travaille sur des volumes bien plus faibles. De même, au niveau de la commercialisation du produit touristique sur le marché américain, des études ont permis de constater que le temps de traitement pour vendre Tahiti est 10 fois plus long que pour Hawaii, car les petits hôtels de Polynésie ne peuvent pas réserver d'allotements pour les tours operators, ce qui impose à chaque fois de télexer pour réserver et confirmer. Autrement dit, la productivité au niveau de la distribution du produit touristique polynésien est beaucoup plus faible,

---

[1]En Polynésie Française le coût de l'autonomie interne s'est révélé exorbitant en ce qui concerne les frais de gouvernement: 1`milliard de F CFP pour l'Assemblée Territoriale, 382 collaborateurs et environ un milliard de F CFP à la Présidence, 40 collaborateurs au cabinet d'un ministre de l'agriculture, 9 ministres avec leur cabinet ministériel; 12 commissions à l'Assemblée Territoriale, chacune présidée par un conseiller territorial disposant à ce titre d'un bureau, d'une secrétaire, d'un chargé de mission, d'une voiture de fonction avec chauffeur. Le gouvernement formé en mars 1988 par Gaston Flosse a entrepris de réduire les frais de gouvernement par une réduction du nombre de ministres (de 9 à 6), des collaborateurs de cabinet (10 maximum par ministre y compris les secrétaires et plantons), des collaborateurs de la Présidence (de 380 à 50) et des commissions de l'Assemblée (de 12 à 6).

[2] Pour François Doumenge, il n'est pas rentable d'offrir les services d'une université en deça d'une population d'au moins un million d'habitants, car il faut recruter les étudiants à partir d'un vivier d'au moins 600.000 élèves sortant de l'enseignement secondaire pour obtenir suffisament d'étudiants de qualité requise. Rappelons que l'ensemble de la Polynésie Française compte 200.000 habitants.
F Doumenge (1985), "The viability of small intertropical islands", in *States, Microstates and Islands*, E. DOMMEN et Ph. HEIN, Ed. Croom Helm Ltd.

en raison de l'absence d'économies d'échelle: il faut faire du "sur-mesure", de la "haute-couture", là où les autres vendent à la chaîne des produits standardisés.

Un autre exemple de surcoût dû à l'échelle insuffisante des opérations dans le tourisme nous est donné par le problème de la liaison directe Papeete-Tokio par avion: cette liaison n'est possible que par Boeing 747, et elle n'est rentable que s'il est possible d'attirer et d'accueillir d'emblée 20 000 japonais par an. Si ce chiffre n'est pas atteint, la compagnie aérienne perd de l'argent. Dans ce cas, les japonais doivent passer par Hawaii, ce qui renchérit le coût du voyage et allonge considérablement le temps de transport. Le Territoire a résolu le problème en accordant une subvention importante (300 millions CFP par an) à AIR FRANCE pour combler les pertes initiales durant les premières années d'exploitation de cette ligne.

Le même problème se pose à propos des transports aériens intérieurs: les tarifs inter-îles sont beaucoup plus élevés à TAHITI qu'à HAWAII, à distance égale, car la densité du trafic permet aux compagnies hawaiiennes d'utiliser des "jets" à grosse capacité, tandis que AIR TAHITI utilise des avions à hélice (ATR 42) plus petits, donc moins rapides et plus chers par km/passager transporté sur des distances équivalentes.

Economies d'échelle, indivisibilités, diversité des formations, et adaptation de l'offre et de la demande d'emplois qualifiés

Un autre aspect négatif des économies d'échelle et des indivisibilités concerne la main-d'oeuvre et la formation: Il n'est pas rentable d'ouvrir une formation locale spécifique pour toutes les spécialisations possibles d'une économie moderne, vu les faibles effectifs concernés. Plus la spécialité est "pointue", plus il est difficile d'adapter l'offre et la demande d'emploi: quand la formation exige des études à l'extérieur, on risque de ne pas avoir de diplômé local, d'où l'obligation de recruter à grands frais des expatriés (cas des médecins et des professeurs en Polynésie Française); ou bien, en encourageant la formation des jeunes locaux, d'aboutir rapidement, si l'on n'y prend pas garde, à un engorgement du marché local du travail et donc au sous-emploi des diplômés trop "pointus" dont les débouchés sont les plus limités[1].

---

[1] Ainsi en 1991 il n'existe pas dans le Territoire de poste de nutritionniste. Une étudiante de retour de Métropole avec un DEA de nutrition, formation qu'elle avait entreprise après avoir reçu l'assurance qu'un tel poste serait créé au Service de la Santé, a du prendre un emploi de technicienne de laboratoire, la création d'un poste de nutritioniste ayant été repoussée pour des raisons budgétaires Même si un tel

Concurrence et monopole dans un micro-marché

Les économies d'échelle imposent leurs contraintes également au niveau de l'organisation de la production et de la distribution sur un micro-marché:

Au niveau de l'importation

Un marché de taille réduite impose pratiquement une politique d'exclusivité de marque: chaque marque dispose d'un importateur-distributeur exclusif qui se trouve en situation de monopole de fait, génératrice de rentes de situation. Dans la mesure où le coefficient de fidélité à la marque est élevé, les marges pratiquées peuvent s'élever à des niveaux limités seulement par la demande solvable, entretenue par les transferts de l'Etat. L'importateur s'efforcera naturellement d'obtenir un quasi-monopole de l'importation de certains types de produits. Ainsi, l'importateur exclusif d'une grande marque de micro-ordinateurs peut obtenir ensuite la concession de l'autre grande marque du secteur, et se trouver en situation de monopole pour ce produit particulier.

Par ailleurs, le petit nombre d'importateurs pour chaque produit facilite les ententes tacites sur le niveau des marges.

Au niveau de la production locale

Si les économies d'échelle rendent aléatoire l'achat de machines sophistiquées permettant la production en grande série pour un marché de dimension étroite, le pari est encore plus aléatoire dans le cas où le producteur peut se trouver confronté à une concurrence qui l'oblige à partager avec d'autres ce micro-marché. En fait, on risque d'aboutir à un dilemme sans issue: ou bien l'établissement d'un monopole permet d'obtenir une taille permettant de profiter des économies d'échelle malgré les dimensions réduites du marché, mais alors le gain constitué par une productivité et un coût de revient relativement raisonnables (par rapport aux normes internationales) a de fortes chances d'être plus que compensé par les généreuses marges que permettent la situation de monopole dans une économie protégée; ou bien, la concurrence existe, réduisant les marges, mais le gain (pour le consommateur) risque

---

poste était créé, il est évident que le deuxième diplômé de nutrition ne pourrait plus trouver de travail correspondant à sa formation.

d'être plus que compensé par la dégradation de la productivité du capital résultant d'une sous-utilisation de la capacité de production installée, ou de la taille sub-optimale des installations de chaque producteur, se traduisant par des prix de revient majorés par rapport à la situation de monopole.

On se trouve en fait dans la plupart des secteurs industriels d'un micro-marché dans le cas d'école du "monopole naturel", c'est-à-dire dans le cas où la dimension optimale de l'unité de production égale ou même dépasse la capacité d'absorption du marché. Dans cette hypothèse, une véritable concurrence aboutit tôt ou tard à l'instauration d'un monopole de fait, la surcapacité installée provoquant l'élimination des producteurs les moins efficaces. Des exemples d'une telle situation nous sont fournis par le secteur des boissons (brasseries et boissons gazeuses) et par celui du transport interinsulaire maritime (ferry sur Moorea, après l'abandon de l'un des concurrents, victime de la surcapacité installée) et aérien (monopole d'Air Tahiti).

En résumant, on pourrait décrire le problème posé dans un micro marché sous protection (douanière ou "naturelle") en disant qu'*il faut choisir entre deux maux: la sous-productivité dans le cas de la concurrence, ou la rente de situation dans le cas du monopole*. Dans les deux cas, on obtient un niveau des prix élevé, et ceci, encore une fois, indépendamment de l'effet des coûts de fret sur les coûts de production, qui viennent simplement s'ajouter aux autres causes d'inflation décrites ci-dessus.

Un troisième cas intermédiaire est celui de la concurrence imparfaite, c'est-à-dire de l'entente: l'existence d'un concurrent moins efficace permet souvent de pratiquer des marges élevées, tout en évitant l'accusation d'abus de monopole qui pourrait justifier un contrôle des prix pratiqués par l'administration. Il est donc préférable quelquefois de s'entendre avec le concurrent moins efficace pour pratiquer des prix permettant à ce dernier de survivre, tandis que le producteur plus important, bénéficiant d'économies d'échelle, peut, en pratiquant les mêmes prix, obtenir une marge très importante. En même temps, les difficultés d'un concurrent moins efficace peuvent servir de prétexte à réclamer, pour l'ensemble du secteur, des mesures supplémentaires de protection douanière ou d'exonérations fiscales, qui bénéficieront à tous les producteurs.

Les contraintes imposées par la préférence pour la diversité

Dans une économie en voie de développement, où les consommateurs ne disposent que d'un faible pouvoir d'achat, et où la publicité et les média ne jouent qu'un rôle réduit, le consommateur a tendance à rester fidèle à un petit nombre de marques et de modèles qui "ont fait leurs preuves" et auxquels il est habitué.

Les produits demandés, d'ailleurs, sont peu sophistiqués: ce qui compte, c'est la simplicité, la robustesse, et le faible prix.

Ceci est une chance pour les producteurs locaux: ils peuvent proposer ces produits moins sophistiqués, mais bon marché et robustes, alors que les produits importés sont en général adaptés à des besoins différents, et à une clientèle plus exigeante.

Au contraire, dans une économie où le niveau de vie moyen se rapproche de celui des pays industriels riches, comme celle de la Polynésie, le consommateur prend l'habitude d'exiger une qualité et un choix équivalents à celui qu'on peut trouver dans les pays industriels.

Cette confrontation entre une demande sophistiquée et diversifiée, d'une part, et une offre peu diversifiée d'autre part, condamne à l'échec de nombreuses tentatives d'import-substitution qui auraient pu réussir si elles avaient pu se tailler une part appréciable d'un marché moins "sophistiqué". Une entreprise produisant uniquement pour un micro-marché local ne peut, pour les raisons d'économies d'échelle exposées plus haut, présenter qu'un choix réduit au consommateur (songeons par exemple aux pâtes alimentaires, aux boissons, aux fromages frais). Dans une économie où le consommateur n'est pas habitué à la diversité du choix, ce n'est pas un inconvénient. Par contre, dans une économie où le consommateur désire, et a l'habitude d'avoir à sa disposition, une grande variété de marques et de modèles, le producteur local représente une marque parmi d'autres, un choix parmi d'autres.

Il n'y a donc aucune raison pour qu'il puisse obtenir une part plus grande du marché que les marques importées, même si ses prix sont similaires, et cela surtout si le consommateur, échaudé par quelques mauvaises expériences avec des produits locaux de qualité irrégulière, en vient à préférer systématiquement les produits importés aux produits locaux, même à prix égal.

Quand on produit pour un marché national ou mondial, il est possible de se contenter d'une part de marché réduite sans pour cela descendre en dessous du niveau de capacité de production optimal. Au contraire, si face à la concurrence des marques importées, le producteur local doit se contenter d'une fraction seulement du marché polynésien, il ne peut atteindre sans protection douanière un niveau de production compatible avec la compétitivité de ses prix de revient, soit parce que cette capacité est sous-utilisée en permanence, soit parce que la faiblesse de la production impose de renoncer aux avantages des techniques de production de masse, au profit de la fabrication artisanale, abandonnée partout ailleurs. Ceci signifie qu'il ne pourra produire de façon rentable qu'à l'abri d'une protection douanière importante génératrice de prix élevés.

Ceci peut nous amener à penser que, paradoxalement, le haut pouvoir d'achat moyen du consommateur dans une petite économie insulaire n'est pas, loin de là, un atout pour le développement d'une production locale compétitive susceptible de se substituer aux importations.

Les inconvénients de la dispersion

Un autre handicap de taille s'ajoute dans le cas des archipels très étendus tels que la Polynésie Française: 190.000 habitants dispersés sur une surface grande comme l'Europe ont besoin d'un réseau de communication aérienne, d'une couverture sanitaire et médicale, d'un réseau de télécommunication et de radiotélévision moderne. Ceci impose naturellement un coût très élevé en équipements collectifs: le nombre d'aéroports est très important en Polynésie Française, car chaque île désire le sien. Par habitant, le nombre de kilomètres de pistes dépasse certainement largement tout ce qu'on peut trouver en Métropole. Un poste coûteux pour le budget du Territoire est celui des "évacuations sanitaires" en avion pour amener les malades ou accidentés des archipels vers l'hôpital de Tahiti. Le coût des émetteurs et récepteurs par satellite pour le téléphone est également très élevé. Enfin il ne faut pas négliger le coût de la rupture de charge qu'impose le transbordement des marchandises importées à destination des archipels des grands navires porte-conteneurs sur les "goélettes" qui relient les îles éloignées à la capitale.

Cet éloignement et l'insécurité de l'approvisionnement imposent de détenir des stocks importants, coûteux en trésorerie. Le Territoire prend à sa charge une partie de ces coûts, notamment pour les hydrocarbures, au travers d'une taxe sur les importations sur les hydrocarbures servant à subventionner leur transport à destination des îles pour éviter une différence de prix avec Tahiti. Fournir aux habitants d'un archipel étendu et isolé les mêmes commodités que dans un pays industriel revient donc beaucoup plus cher que dans un petit pays continental ou dans une grande île comme la Nouvelle-Calédonie ou la Réunion.[1]

---

[1]Je remercie Mr Durand, ancien directeur de l'Institut Territorial de la Statistique de Polynésie Française, de m'avoir suggéré ce paragraphe.

Développement endogène ou développement extraverti: une question de taille et d'isolement

Compte tenu des faits incontestables observés plus haut, il est maintenant possible de formuler une loi qui résume les contraintes du développement dans les petites économies insulaires.

Loi générale du développement économique en fonction de la taille d'une économie insulaire

Plus une économie insulaire est petite, plus elle doit s'ouvrir aux échanges et se spécialiser pour atteindre un niveau de développement donné, en comparaison d'une économie insulaire plus grande. A taille égale, le degré d'ouverture d'une économie insulaire est directement fonction de son niveau de développement.

Corollaire: loi du développement extraverti dans les économies insulaires

Les petites économies ont donc obligatoirement, dès qu'elles cherchent à dépasser le stade de l'autarcie et de l'autosubsistance, un taux de croissance entièrement déterminé par le rythme de croissance des exportations et des autres ressources en devises (aide extérieure, envois de travailleurs émigrés) qu'elles obtiennent de l'extérieur.

Autrement dit, il n'y a pas de croissance "endogène" possible dans ces petites économies, en raison de la petite taille du marché intérieur qui interdit de profiter des économies d'échelle et du progrès technique dans la plupart des activités industrielles destinées à la satisfaction du marché intérieur. **La croissance est obligatoirement "à moteur externe".**

La raison de cette loi

La raison de cette loi est simple à comprendre: pour pouvoir profiter des avantages du progrès technique et des économies d'échelle, une petite économie ne doit pas produire pour le marché intérieur, où l'échelle de production est trop faible pour être compétitif, mais pour le marché mondial. Cela n'est en général possible que pour un petit nombre de produits pour lesquels "l'avantage comparatif" donné par la nature est important (tourisme, mines, filière industrielle dérivée d'activités minières, pêche, élevage, aquaculture, perliculture, assemblage de produits manufacturés dont le rapport valeur/poids est élevé à partir de composants importés ayant la même caractéristique, dans le cas d'île disposant d'une main d'oeuvre bon marché). **D'où la nécessité d'une spécialisation, d'autant plus grande que la taille de l'économie est réduite.**

Dans une telle micro-économie insulaire, en effet, en l'absence de protectionnisme artificiel et coûteux pour le consommateur, les produits manufacturés importés sont toujours moins chers et meilleurs, malgré le coût du transport, que les produits manufacturés locaux produits exclusivement pour le marché intérieur, en raison de l'absence d'économie d'échelle. Par contre, les produits manufacturés produits pour l'exportation (donc à grande échelle) seront a fortiori compétitifs sur le marché intérieur face aux produits importés.

Conséquences : dans une micro-économie insulaire, le développement sera extraverti ou bien ne sera pas

Cette loi suggère une stratégie de développement "naturelle" dans une micro-économie insulaire: **produire pour l'extérieur d'abord, et la compétitivité sur le marché intérieur viendra ensuite naturellement pour les produits exportés ailleurs, les autres devant être importés grâce aux recettes des exportations.** C'est le genre de développement "extraverti" que connaissent les "villes Etats" comme Hongkong ou Singapour, ou les "mini-états" européens comme le Luxembourg, le Liechtenstein, ou Monaco, qui pratiquent tous une mono-industrie d'exportation: sidérurgie au Luxembourg, paradis fiscal au Liechtenstein, paradis fiscal, tourisme et casinos (plus quelques activités à forte valeur ajoutée, comme les cosmétiques) à Monaco.

Au contraire, quand le marché intérieur est grand, il peut paraître logique de commencer par le satisfaire d'abord avant de se lancer dans l'exportation

On voit que la taille du marché intérieur est déterminante ici, car, dans les économies disposant elles-mêmes d'un grand marché intérieur il existe un mode de développement "naturel" qui débute, pour chaque produit et chaque filière, par la satisfaction du marché intérieur (phase de substitution d'importations par imitation, au besoin sous le parapluie protecteur du protectionnisme éducateur), se poursuit par une phase de progrès technique par apprentissage, et d'obtention d'économies d'échelle par la concentration et la production de masse, et finit naturellement, quand le marché intérieur entre dans la phase de maturité et quand la compétitivité est acquise par rapport à l'extérieur, par la recherche de marchés à l'exportation. C'est le modèle de développement "en vol d'oies sauvages", décrit par le japonais Akamatsu, et qui correspond historiquement au cas des États-Unis, de l'Allemagne et du Japon, toutes économies disposant d'un grand marché intérieur. C'est aussi un modèle de développement "endogène", qui est d'ailleurs compatible à terme avec une croissance tirée par les exportations, quand les possibilités du marché intérieur ont été pleinement exploitées. La performance à l'exportation est la résultante de l'expérience et de la compétitivité acquises sur un grand marché intérieur: le développement part de l'intérieur pour finir vers l'extérieur, branche par branche, filière par filière.

Dans les petites économies insulaires, ou bien le secteur moderne est extraverti, ou bien il est à l'extérieur: le choix est entre développement extraverti ou émigration

Dans les petites économies, c'est l'inverse: *le développement part de l'exportation ou d'autres ressources extérieures (aide publique ou envois de mandats privés) pour se diffuser sur le marché intérieur: le moteur est externe, le développement forcément extraverti: le secteur extraverti est alors le secteur moderne, le secteur d'autosubsistance ou de substitution d'importation, qui s'adresse au marché intérieur, le secteur traditionnel.*

Dans certains cas extrêmes, où les autorités locales préfèrent résister au développement pour des raisons culturelles, mais où l'émigration ne présente aucun obstacle diplomatique, le secteur moderne est à l'extérieur de l'île: ainsi aux îles Cook, plus de 60% de la population réside et travaille en Nouvelle-Zélande, et les envois des travailleurs émigrés, ainsi que l'aide budgétaire de la Nouvelle-Zélande, font fonctionner l'économie interne de l'île, à base de bureaucratie et d'autosubsistance. Ce type extrême d'économie insulaire à moteur externe a reçu le nom d'économie "MIRAB" en anglais, sigle qui signifie: Migrations, remittances, Aid and Bureaucracy, soit en français: Emigration, mandats de travailleurs émigrés, aide publique et bureaucratie. Certains ont également proposé le sigle "MIRAGE", qui s'obtient en remplaçant "Bureaucracy" par "Government Expenditure".

Le secteur moderne est aussi à l'extérieur de l'île pour les paradis fiscaux, (ceux des Caraïbes sont les plus connus: Bahamas, îles Caïmanes, Bermudes...) qui profitent des bénéfices issus de la valeur ajoutée produite à l'extérieur, transférés dans le paradis fiscal pour échapper au fisc d'un pays industriel: quelquefois, les prix de transferts entre filiales dans le monde sont calculés de manière à faire apparaître purement artificiellement le bénéfice dans le paradis fiscal où la marchandise ne fait que transiter "sur le papier".

La protection naturelle conférée par l'isolement insulaire et le coût d'accès aux marchés extérieurs décourage l'ouverture nécessitée par la petite taille

Quelles sont les conséquences de ce qui a été exposé plus haut pour les économies insulaires de petite taille, éloignées des grands marché ou plus généralement difficiles d'accès?

Plus l'isolement de l'île et le coût d'accès aux marchandises étrangères augmente, plus la "protection naturelle" du marché intérieur est grande, ce qui autorise plus de compétitivité dans le secteur de la substitution d'importation pour le marché intérieur. La mentalité insulaire et les besoins de recettes douanières des gouvernements ont également tendance à s'accommoder plus facilement de la protection "artificielle" que procure le protectionnisme. La combinaison de ces protections naturelles et artificielles est donc un frein puissant à l'ouverture sur l'extérieur et à la compétitivité des exportations qui, on l'a vu plus haut, est la condition de la croissance économique dans une petite économie. De plus les exportations sont encore handicapées par le coût d'accès élevé aux marchés mondiaux (coûts de transports, de télécommunications, des voyages de prospection des marchés), qui diminue leur compétitivité par rapport à celle des petites économies non enclavées.

Il y a donc contradiction entre la nécessité de l'extraversion pour la croissance d'une petite économie insulaire et le coût naturel de l'isolement (coût des transports, coût des gouvernements et des infrastructures de communication et de transport qui pâtissent aussi de l'absence d'économies d'échelle, ce qui impose une fiscalité douanière pénalisante et protectrice pour financer ces coûts). Ce coût de l'isolement incite au contraire à un repliement sur le marché intérieur. Contradiction qui n'existe pas dans une grande économie continentale, où tout incite au repliement initial (Inde, Brésil, Chine continentale), ni dans une petite économie continentale proche des grands marchés, où tout incite d'emblée à l'ouverture sur l'extérieur (Luxembourg, Monaco, Liechtenstein, Hongkong, Macao, Singapour). Contradiction qui existe à un moindre degré dans des îles plus grandes, où le coût des infrastructures de transport et de télécommunications, est moins élevé (Taiwan).

La contradiction ne peut être résolue que partiellement, par le recours à l'exportation de services consommés sur place (tourisme, transport, paradis fiscal), ou bien par l'exportation de biens de haute valeur et de faible encombrement (perles ou timbres pour philatélistes par exemple), ce qui permet d'abolir virtuellement le problème du coût des transports.

Néanmoins, ces exportations subissent toujours indirectement les conséquences du protectionnisme qui vise à favoriser les activités de substitution d'importation pour le marché intérieur, car les intrants importés ou fournis par ces activités de substitution d'importation aux secteurs d'exportation sont beaucoup plus chers que dans les pays non insulaires directement concurrents. C'est le cas par exemple des intrants utilisés par le tourisme (énergie importée ou locale, matériaux de constructions, meubles, fruits et légumes, véhicules, boissons alcoolisées ou non, etc....). La contradiction subsiste donc, même quand l'île est spécialisée dans des exportations de services ou de biens à haute valeur et faible encombrement, en raison de l'effet inflationniste des activités tournées vers le marché intérieur et protégées de la concurrence par l'éloignement et la fiscalité douanière.

Chapitre 2
Les stratégies de développement dans une petite économie insulaire

Deux grandes options dominent le débat sur les stratégies de développement: la stratégie de développement "autocentrée", "inward-looking" (tournée vers l'intérieur), et la stratégie de développement "extravertie" ("outward-looking"). Comme le souligne justement P. Guillaumont[1], il s'attache en France depuis longtemps une connotation négative au terme "extraverti", et positive au terme "autocentré", alors que pour les anglo-saxon c'est l'inverse: le terme "outward-looking" a une connotation positive, alors que le terme "inward-looking " a une connotation négative.

La stratégie de développement autocentré ou "inward looking"

Le rapport sur le développement dans le monde en 1981, de même que les travaux préliminaires de B. Balassa classent les pays en développement en pays ayant une stratégie de développement "outward looking" ou ouverte sur l'extérieur et en pays ayant une stratégie "inward looking" ou de "repli sur le marché intérieur". Les politiques tournées vers l'extérieur sont réputées *"fournir des stimulants similaires aux ventes sur les marchés intérieurs et extérieurs "* (B. Balassa), alors que les politiques "inward looking" créent un "biais contre les exportations dans le système d'incitation" souvent défavorable aux activités primaires, et favorable aux activités industrielles fortement capitalistiques. Par ailleurs elles s'accompagnent généralement de taux de change surévalués, de taux d'intérêt réels négatifs, d'un contrôle des prix et des salaires, d'une proportion importante d'investissements publics, d'un déficit budgétaire relativement élevé... *"Plus généralement, il apparaît que la stratégie de développement tournée vers l'extérieur repose plus sur les mécanismes de prix et sur les forces du marché que celle des pays tournés vers l'intérieur"* (B. Balassa)."[2]

---

[1]GUILLAUMONT P. (1985) *Protecionnisme, substitution à l'importation et développement tourné vers l'intérieur.* in Bernard LASSUDRIE-DUCHENE et Jean Louis REIFFERS, Le Protectionnisme, ECONOMICA, pp 203-227.

[2]GUILLAUMONT P. (1985) *Protectionnisme, substitution à l'importation et développement tourné vers l'intérieur.* in Bernard LASSUDRIE-DUCHENE et Jean Louis REIFFERS, Le Protectionnisme, ECONOMICA, pp 224-225. Les citations de BALASSA par GUILLAUMONT sont tirées de :
BALASSA (1982 a) "Structural Adustment Policies in Developing Economy", World Bank Staff Working Paper, july 1981, reproduit dans World Developement, january 1982, ppp 23-38. et

Des variantes de la stratégie de développement autocentré ou "inward-looking" ont pris pour nom: développement endogène[1], autonome, indépendant[2], "self-reliant"[3], ou encore "self-sustained", "sustainable" ou "auto-entretenu"[4]. D'autres variantes seront présentées brièvement ci-dessous:

- La voie socialiste autarcique;
- la voie isolationniste autarcique;
- la stratégie socialiste des industries industrialisantes;
- le développement endogène ou "self reliant" et sa variante "Pacifique";
- la substitution d'importation.

La voie socialiste autarcique

La version marxiste extrême du développement autocentré a été donnée par la théorie maoïste du développement lors du "grand bond en avant" et de la "Révolution Culturelle", en réaction contre le modèle soviétique de priorité à l'industrie lourde. Il s'agit d'utiliser le facteur humain, galvanisé par l'idéologie et la propagande, et de tenter un développement industriel "décentralisé" dans les villages (les fameux hauts fourneaux de campagne), tout en s'efforçant de rendre la Chine susceptible de poursuivre un développement quasi-autarcique ("compter sur ses propres forces), en réduisant au strict minimum ses relations avec l'extérieur:

> "Dès 1945 Mao Zedong affirmait : " Nous espérons recevoir une aide extérieure, mais nous ne devons pas en dépendre, nous comptons sur nos propres forces".(..) " La Chine ne conçoit pas le commerce extérieur comme le fruit d'une division internationale du travail, mais plutôt comme une arme aux mains des impérialistes, au rang desquels se place désormais l'URSS. Le commerce extérieur est envisagé comme un palliatif, les importations sont le moyen de se

---

BALASSA (1982 b), "Adjusment Policies and Development Strategies in Sub-Saharan Africa 1973-1978", discussion Paper, Development Research Department, nov. 1982.

[1] J.L REIFFERS (1982) et alii *Sociétés transnationales et développement endogène*, Presses de l'UNESCO, Paris .

[2] MICHALET C.A. et alii (1981), *Le défi du développement indépendant*. Les éditions Rochevigne.

[3] GALTUNG J et alii, *Self Reliance,: A Strategy for Development*, Bogle, L'ouverture Publications, LTD, 1980.

[4] G. BERTRAM (1986) *"Sustainable Development" in Pacific Micro-economies*, Word Development, vol 14, N°7, pp 809-822.

procurer les produits que la Chine ne peut, ou ne sait, encore fabriquer, ou bien qu'elle produit en quantité trop restreinte."[1]

Constatant les échecs catastrophiques de cette stratégie, la Chine de Deng XiaoPing a abandonné le modèle maoïste de développement autarcique, s'ouvrant largement aux échanges et aux capitaux extérieurs.

Une version assez similaire de stratégie de développement socialiste autarcique a été appliquée en Corée du Nord, en Birmanie, au Cambodge sous Pol Pot, et en Tanzanie, avec des résultats en général catastrophiques, à l'exception de la Corée du Nord, qui a réussi à développer une industrie puissante tout en réduisant au minimum ses échanges avec le reste du monde, ces résultats étant cependant nettement moins spectaculaires que ceux obtenus par la Corée du Sud, adepte d'une stratégie diamétralement opposées favorisant l'insertion dans la division capitaliste internationale du travail.[2]

Cuba a tenté également un développement socialiste autarcique de 1959 à 1964, qui s'est soldé par un échec grave, du à l'étranglement de l'économie en raison de la tentative de diversification des productions locales, se heurtant à l'absence d'économies d'échelle sur un marché intérieur étroit, accentuée par le refus de l'investissement et de la technologie extérieurs, et par le refus de la spécialisation internationale qui suggérait de tout miser sur les exportations de sucre pour obtenir les importations nécessaires. Cet échec a eu pour conséquence un rationnement draconien. Il se solda par un changement de stratégie spectaculaire[3].

Une autre île, Madagascar, ancien TOM français, a opté pour le développement socialiste autarcique sous la direction du président Ratsiraka, avec des résultats économiques désastreux, traduisant une très nette dégradation de la situation alimentaire.[4]

---

[1] M. FRANCE, P. LAURENT, T. PAIRAULT, *PROJET*, Février 1979.

[2] Au nom de la politique d'auto-développement baptisée "Juche", la Corée du Nord refusa même d'adhérer au C.A.E.M., le marché commun des pays socialistes, et réduisit au minimum ses importations énergétiques en utilisant au maximum ses ressources en charbon (70 à 80% de son énergie). K. GRIFFIN *Stratégies de développement* , ECONOMICA, pp. 292-294.

[3] CRUSOL Jean (1988), *Problèmes spécifiques du développement des économies insulaires de la Caraïbe.*, in CRUSOL Jean, HEIN Philippe,VELLAS François (Ouvrage collectif sous la direction de...) (1988). *L'enjeu des petites économies insulaires*, ECONOMICA, pp 125-163.

[4]Selon l'organisation humanitaire "Catholic Relief Service', dans la capitale, 73% des enfants présentaient des symptôme de malnutrition et n'atteignaient pas 80% de la norme admise pour les enfants en bonne santé.

La voie isolationniste autarcique

C'est la voie choisie par Haïti sous la dictature de François Duvalier qui illustre le mieux ce modèle de développement, hostile au développement industriel, à la modernisation technologique et au capital étranger, rejetant les valeurs occidentales:

> "Il divise la société en deux mondes, le monde blanc, celui du capitalisme international et de la bourgeoisie étrangère et locale, épousant les "valeurs occidentales", et le monde noir, celui des petits et des moyens paysans et de la classe moyenne noire, dépositaire des valeurs culturelles "négristes". Son projet socio-économique, consiste à rechercher la substitution des représentants du monde noir et de la "culture négriste" à l'élite claire s'identifiant aux "valeurs occidentales". Il suppose l'isolement par rapport à l'extérieur, la destruction des secteurs capitalistes locaux, composés de commerçants et d'industriels, et le renforcement des secteurs de la petite paysannerie et de la petite production vivant en économie de subsistance et utilisant des techniques primitives."[1]

Le résultat fut une régression économique sans précédent, notamment une baisse du produit intérieur brut par tête. Le fils "Baby Doc" Duvalier inaugura une nouvelle politique d'ouverture vers l'extérieur, grâce à une attitude plus favorable au capital étranger et à l'industrie, qui permit une croissance rapide des exportations (multipliées par 7,4 en 12 ans) et du PIB.

Jean Crusol estime indiscutable que le renforcement d'une agriculture de subsistance de micro-exploitations dépourvue de moyens techniques, en entraîne la régression économique et sociale.[2]

---

[1]CRUSOL Jean (1988), *Problèmes spécifiques du développement des économies insulaires de la Caraïbe.*, in CRUSOL Jean, HEIN Philippe,VELLAS François (Ouvrage collectif sous la direction de...) (1988). *L'enjeu des petites économies insulaires*, ECONOMICA, pp 125-163.

[2]:"même dans la plus grande île de la Caraïbe, le développement autarcique est impossible. Les raisons en sont bien connues des économistes, ce sont les "économies d'échelle", la nécessité de prendre en compte "les avantages comparatifs" et de dégager des capacités d'importations (pour les équipements, matières premières et énergie), le besoin d'accès à la technologie. Ces raisons sont techniques et sont donc indépendantes du système socio-politique retenu. Un régime de collectivisation des moyens de production ne change pas cette réalité (...) *le développement des petites économies insulaires suppose à long terme l'ouverture croissante vers l'extérieur . Il est sans doute possible de choisir entre plusieurs rythmes d'accroissement de cette ouverture, mais celle-ci en tant qu'orientation s'impose nécessairement.*" Ibidem

Stratégie socialiste des industries industrialisantes

Une version moins extrême du développement autocentré dans un cadre socialiste est la stratégie des "industries industrialisantes" recommandée par G. de Bernis, et appliquée notamment en Algérie, même si dans ce cas la dépendance à l'égard des exportations de pétrole est loin d'avoir été réduite, au contraire. De l'avis même de ses promoteurs, cette stratégie ne peut réussir que dans un pays disposant d'un marché intérieur important (mais aussi d'une rente naturelle permettant de financer de coûteux investissements dans des industries très capitalistiques, donc peu créatrices d'emplois, et réclamant un large marché intérieur pour justifier la rentabilisation de ces investissements). Elle semble donc exclue a priori dans le cas des petites économies insulaires.

Le développement endogène et sa variante "Pacifique"

-Le développement "self-reliant", met l'accent sur la promotion d'activités "au ras du sol", les technologies utilisant peu de capital et d'énergie, le développement autarcique au sein des petites communautés rurales, de manière à économiser le plus possible les ressources qu'il est nécessaire d'obtenir à l'extérieur du pays, mais aussi à minimiser les échanges intérieurs, (pour des raisons stratégiques notamment, mais aussi pour simplifier la planification des échanges dans un pays sous développé). Dans une perspective marxiste ou "tiers mondiste" (A.G. FRANK, S. AMIN, A. EMMANUEL, C.A. MICHALET, P. JALEE, C. PALLOIX...), le but est de refuser l'insertion dans la spécialisation internationale capitaliste du travail, censée être la source de *"l'échange inégal"* (A. EMMANUEL) qui serait l'explication du sous développement des pays de la *"Périphérie"* (S. AMIN), exportateurs de matières premières, un transfert de valeur s'opérant à leur détriment par le mécanisme de la dégradation des termes de l'échange, qui serait une forme d'exploitation à l'échelle internationale des peuples de la périphérie par les consommateurs du *"Centre"*, bénéficiant de la baisse des prix importés de la *"périphérie"*.[1]

---

[1]: "Que doivent faire maintenant les pays sous-développés en présence de l'inégalité de l'échange et de la détérioration continuelle de leurs "terms of trade" ? (...) il ne reste que de rechercher les moyens de retenir chez eux et ne pas laisser se déverser à l'extérieur l'excédent de plus-value qu'ils retirent de leurs propres ouvriers. Car quelqu'un doit profiter de ces bas salaires. Si les capitalistes nationaux ne peuvent en profiter par suite de la péréquation des profits, et si l'on ne veut pas que ce soit le consommateur étranger qui en profite, il ne reste que deux solutions: La taxe à

Le développement "self reliant" implique la nécessité d'accorder les choix économiques aux impératifs sociaux et culturels locaux: c'est le "développement endogène". Cette conception connaît un grand retentissement dans les institutions internationales (UNESCO, UNCTAD, BIT) à partir des années 1970, en réaction contre les nombreux échecs des "grands projets de développement" d'initiative "technocratique" réalisés dans les Pays en Développement avec l'aide des organismes internationaux dans les années 1960-1970. Il coïncide avec le débat sur un "Nouvel Ordre économique international" et rejoint sur le plan théorique les analyses de François PERROUX sur la nécessité de couvrir les coûts de l'homme, en assurant d'abord la satisfaction des besoins humains essentiels. Ainsi le directeur de l'UNESCO, Amadou-Mahtar M'Bow, écrivait en 1977:

> "Chaque société doit chercher et inventer un style de développement adapté au mieux à ses structures sociales et aux attitudes et valeurs qui les sous-tendent".[1]

Pour J.L. Reiffers:

> "Le caractère endogène du développement implique en effet que les diverses sociétés restent elles-mêmes, en puisant leurs forces dans les formes de pensée et d'action qui leur sont propres et en se donnant des fins accordées à ces valeurs comme aux besoins qu'elles ressentent et aux ressources dont elles disposent".[2]

Dans cette optique, la politique de développement doit :
- s'appuyer sur les cultures locales;
- Faire participer les populations;

---

l'exportation qui transfère cet excédent à l'Etat, et *la diversification de la production par le transfert de facteurs depuis les branches traditionnelles d'exportation vers des branches anti-importations*, qui fait bénéficier le consommateur national des bas salaires nationaux. Les deux moyens sont aptes à canaliser cet excédent à la collectivité nationale pour des fins de développement."
EMMANUEL A. (1969),*L'échange inégal*, MASPERO, p 291-292. Passages soulignés par nous. Notons qu'il paraît difficile d'admettre qu'en cas de refus de l'échange international, se produise une "péréquation des profits", et que la réalité de la détérioration des termes de l'échange sur le très long terme a été vivement controversée. Voir notamment ALBAGLI Claude, "Les "termes de l'échange" permettent-ils d'expliquer le sous-développement ?", in BRUNEL Sylvie (1987) *Tiers monde, controverses et réalités*, ECONOMICA, p 342-351.

[1] "It is for each society to search for and work out the style of developement that best suits its social structures and the underlying attitudes and forms, as well as the values they perform".MAHTAR M'BOW, Amadou, (1977) *Thinking ahead*, UNESCO, PARIS. pp 21,22.

[2] J.L REIFFERS (1982) et alii Sociétés transnationales et développement endogène, Presses de l'UNESCO, Paris .

- piloter de manière décentralisée;
- refuser la logique des spécialisations fonctionnelles imposées par la division du travail.
- favoriser les activités à petite échelle et le développement du secteur informel;
- fixer les populations rurales par le développement au sein des villages pour éviter un exode rural trop rapide.

Une adaptation régionale de cette stratégie dans les îles du Pacifique a reçu le nom de "Pacific Way": il s'agit de mettre en avant un développement respectueux des valeurs océaniennes traditionnelles, afin d'éviter le coût social élevé de la désorganisation des communautés insulaires traditionnelles.

Nous y reviendrons en détail plus loin.

La substitution d'importation

Une quatrième version du développement autocentré est la stratégie de substitution d'importation, adoptée notamment en Inde et dans les grands pays d'Amérique latine (Mexique, Brésil, Argentine). Elle consiste à orienter l'industrie locale vers le marché intérieur, en encourageant les activités industrielles susceptibles de remplacer les importations de biens manufacturés, au besoin en recourant à de fortes barrières douanières pour protéger les industries "dans l'enfance" des pays en voie de développement de la concurrence des produits des pays industriels. Elle résulte aussi bien des vieilles théories protectionnistes de LIST (protection des industries dans l'enfance), que des théories marxistes du développement (Echange inégal, Pillage du Tiers Monde), que nous avons évoquées plus haut. C'est, nous le verrons plus loin, la stratégie qui a été adoptée de fait en Polynésie Française par le gouvernement territorial, plus pour des raisons pragmatiques qu'en raison de préférences théoriques. C'est pourquoi nous examinerons plus loin en détail les problèmes posés par cette stratégie, en théorie, mais aussi en pratique en Polynésie Française.

Le développement extraverti

On peut distinguer quatre types de stratégies extraverties: la promotion d'exportation de produits primaires, la substitution d'exportation ou promotion des exportations de produits manufacturés, la promotion des exportation de services, et enfin l'extraversion dans la dépendance économique reposant sur l'aide, la bureaucratisation et l'émigration, décrite sous le sigle anglo-saxon "MIRAB".

La promotion d'exportation de produits primaires

Il s'agit moins d'une stratégie que d'une phase préliminaire du développement que connaissent tous les pays les moins avancés sans exception. Cependant des pays qui disposent d'une ressource très abondante et précieuse, et d'une population réduite, peuvent se contenter de vivre d'une "rente" naturelle jusqu'à épuisement de la ressource. C'est le cas de beaucoup de pays pétroliers à faible population, tels que les émirats arabes, le Koweït, l'Arabie Saoudite, ainsi que du minuscule Etat-atoll de Nauru dans le Pacifique, qui exporte du phosphate. Des pays pétroliers à population plus nombreuse, tels que l'Algérie , l'Iran, ou l'Irak, n'ont pas réussi à diversifier leurs exportations, restant en fait à ce stade malgré l'amélioration du niveau de vie, même s'ils ont pu tenter une stratégie de substitution d'importation pour développer leur industrie.

La substitution d'exportation

L'expression anglaise "export substitution" a été proposée pour la première fois par G. RANIS[1]. Ce modèle de développement consiste à substituer aux exportations traditionnelles de produits de base des exportations de produits manufacturés. C'est le modèle adopté par les "4 dragons" d'Asie du sud est (Taiwan, Corée du Sud, Hongkong, Singapour), par Israël, le Portugal, et suivis par d'autres NPI d'Asie (Indonésie, Malaisie, Thaïlande), et pour ce qui concerne les économies insulaires, par l'île Maurice (depuis la création d'une zone franche d'exportation) et Porto Rico.

L'exportation de services

Plusieurs petites îles ont opté pour l'exportation de services: services de tourisme (Bahamas, Iles Vierges, ...), services financiers (paradis fiscaux et centres internationaux d'affaires: Bermudes, Bahamas, îles Caïmanes, Bahreïn, Vanuatu), services philatéliques (Tuvalu, Iles Cook), services d'enseignement (La Grenade: Université de Médecine pour étudiants étrangers désirant exercer aux Etats Unis ou en Grande Bretagne), traitements de données, bases de données, télécommunications (La Barbade).

---

1 RANIS G. (1973) "Industrial labor absorption", *Economic Development and Cultural Change*, Vol. 21, pp 387-408.

Aide, bureaucratie, et émigration: le modèle MIRAB

Des auteurs néo-zélandais ont mis en évidence un modèle de développement basé sur l'aide internationale, les flux d'économies de travailleurs émigrés, et les dépenses publiques d'un gouvernement dont le budget est en partie alimenté par l'aide internationale. Ils ont baptisé ce mode de développement "MIRAB", un sigle pour MIgration (Emigration), Remittances (remises de travailleurs émigrés), Aid, Bureaucracy. Ils soutiennent que ce mode de développement est sans doute le plus souhaitable et le plus sûr pour beaucoup d'économies insulaires fonctionnant en fait dans l'orbite d'une économie dominante, qui est souvent l'ancienne métropole. Ils comparent l'économie de ces îles à celle d'une banlieue de grande ville, peuplée de retraités et de fonctionnaires. Il y subsiste un secteur économique traditionnel d'auto subsistance, mais le déficit des échanges commerciaux et la dépendance du budget à l'égard de l'aide étrangère rend illusoire un retour au mode de vie antérieur, d'autant plus qu'une grande partie de la population est émigrée, donc en contact avec un mode de vie et un niveau de vie de pays industriel développé (Nouvelle Zélande, Australie, ou Etats-Unis).

La suite de ce chapitre va analyser plus en détail les 5 options principales qui s'offrent aux économies insulaires de petites tailles: la substitution d'importation, la substitution d'exportation, l'exportation de services, l'économie de rente, naturelle ou artificielle, et l'économie autocentrée, version "Pacific Way".

Les problèmes posés par la stratégie de substitution d'importation (S.I.) et par le coût de la protection douanière

La Russie, les Etats-Unis, le Japon, et l'Espagne ont successivement et à des degrés divers utilisé une stratégie protectionniste pour développer leur industrie naissante. Pendant les années trente, des pays traditionnellement exportateurs de produits primaires entreprirent de développer leur industrie pour réduire leurs importations de produits manufacturés, les cours des produits de bases étant particulièrement défavorables à cette époque.

Enfin, parmi les nations nouvellement indépendantes au cours des années cinquante et soixante, un grand nombre eurent recours à la S.I. pour des raisons évidentes: nécessité de trouver des ressources fiscales, facilité de déterminer les activités susceptibles d'industrialisation en consultant les statistiques d'importation, difficulté d'atteindre une qualité "exportation" avec une "industrie dans l'enfance", plus grande facilité de "démarrer petit" à l'abri de la protection douanière pour les rares investisseurs locaux, incitation donnée au capital international de produire sur place pour contourner les barrières douanières ("tariff factories": usines implantées dans un pays par des firmes étrangères qui y importaient auparavant).

Cependant, comme l'indiquent les professeurs Charles P. Kindleberger et Peter H. Lindert,

> "A la fin des années soixante et au début des années soixante-dix, on a de plus en plus fréquemment mis en doute le caractère avisé de la S.I. . Plusieurs études ont soulevé des interrogations sur le bien fondé de l'idée suivant laquelle (...) la réduction des importations était le moyen de s'industrialiser. Mais ce recul par rapport à la S.I. n'a pas été aussi net dans les politiques réellement adoptées que dans la pensée des économistes occidentaux, et la S.I. reste la politique commerciale prédominante parmi les nations en développement". [1]

Ces deux auteurs évoquent des études empiriques réalisées dans de nombreux pays (Argentine, Brésil, Mexique, Inde, Malaisie, Pakistan...) qui montrent que le protectionnisme a coûté cher en terme de "bien être national", et que la protection de certains secteurs a souvent handicapé le développement d'autres secteurs utilisant les produits des secteurs protégés. C'est notamment le cas en Inde pour l'industrie automobile, qui doit se fournir auprès de producteurs nationaux à des prix plus élevés qu'à l'étranger. Le protectionnisme à outrance pour développer la production locale aboutit souvent à une dégradation durable de la compétitivité des production locales.

Les effets négatifs du protectionnisme sur le bien être et l'efficacité productive

Effets du protectionnisme: tarifs douaniers et contingentement

• **L'effet d'un tarif douanier:**

Reportons-nous au diagramme A ci-dessous. En l'absence de taxe douanière, l'équilibre entre l'offre et la demande d'un produit (les oranges par exemple), s'établit à un prix de 200 F et à une quantité achetée de Do, dont So est fournie par l'offre intérieure, et (Do-So) est fournie par les importations au prix de 200 F. Si on établit une taxe de 20 F, l'offre importée se déplace vers le haut de 20, et le nouveau prix

[1] KINDLEBERGER Charles P. et Peter H. LINDERT, (1981) *Economie Internationale*, ECONOMICA.

d'équilibre est de 220, les importations diminuant de Do-So à D1-S1, la production intérieure passant de So à S1.

La perte subie par les consommateurs du fait d'une consommation diminuée de Do à D1 et d'un prix plus élevé de 20 F est mesurée par les surfaces a+b+c+d.

Le gain des producteurs locaux est mesuré par la surface a (production accrue, prix plus élevés). Le gain pour l'administration (recettes douanières) est mesuré par la surface c.

On voit qu'il subsiste une perte nette (ou "poids mort") pour la collectivité (perte pour les uns non compensée par un gain pour les autres), égale à la surface (b + d) (triangles hachurés).

Cette perte nette provient de la moindre efficacité de la production intérieure par rapport à la production étrangère, et donc de la perte subie en renonçant aux gains du commerce international.

Certains économistes ont chiffré cette perte nette en pourcentage du PNB. Elle peut être significative pour les pays les plus protectionnistes: ainsi Bela Balassa chiffre la perte nette pour le Brésil à 9,5 % de son PNB.

Diagramme A:
Effets d'un droit de douane en concurrence parfaite

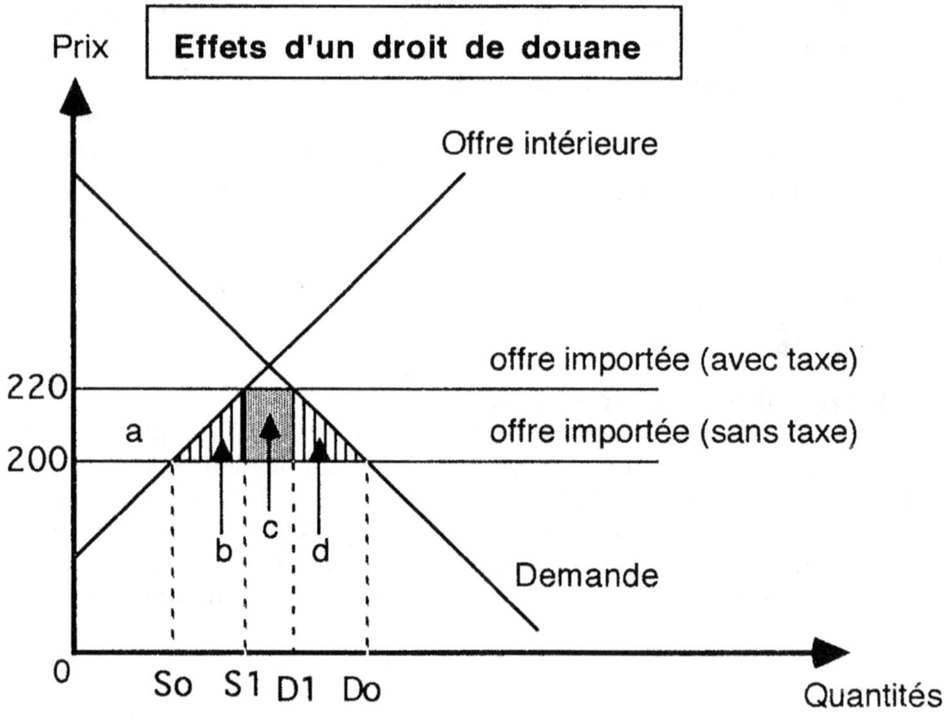

• **L'effet d'un contingent**

Reportons-nous au diagramme B ci-dessous. Supposons qu'au lieu d'instaurer un droit de douane de 20 F, on instaure un contingent (c'est le cas en Polynésie Française pour les oranges, comme pour la plupart des fruits et légumes produits localement). Supposons que le contingent ait le même effet sur les importations que le droit de douane: il réduit les importations de (Do-So) à (D1-S1). C'est le cas si le contingent est fixé précisément à (D1-S1). Le contingent a pour effet de déplacer le point d'équilibre de Ao à A1, augmentant la production locale de So à S1, et réduisant les importations de Do-So à D1-S1. On voit que rien n'est changé pour les consommateurs, qui continuent à perdre les surfaces a+b+c+d. Par contre, les producteurs gagnent la surface a (gain dû à la production intérieure supplémentaire (S1-So) et au prix intérieur plus élevé qui résulte du contingent). La surface c était auparavant perdue par les consommateurs au profit de l'administration. Elle est maintenant récupérée par les importateurs, (qui peuvent vendre la même quantité d'importation à un prix de 220 au lieu de 200: le prix de vente au consommateur ne baisse pas, malgré l'absence de taxe, car le contingentement crée une pénurie artificielle qui permet de vendre plus cher). La surface b est perdue pour tous: elle représente le coût supplémentaire de produire sur place au lieu d'importer, et la surface d est la perte pour la société d'imposer une pénurie artificielle de ce produit, ce qui se traduit par une quantité consommée moindre à un prix plus élevé. Au total la perte nette pour la société est la somme des surfaces b+d , comme dans le cas d'un droit de douane équivalent. La seule différence réside dans le fait que la surface c, perdue par les consommateurs, est gagnée par les importateurs et non par le gouvernement.

Diagramme B:
Effets d'un contingent en cas de concurrence parfaite

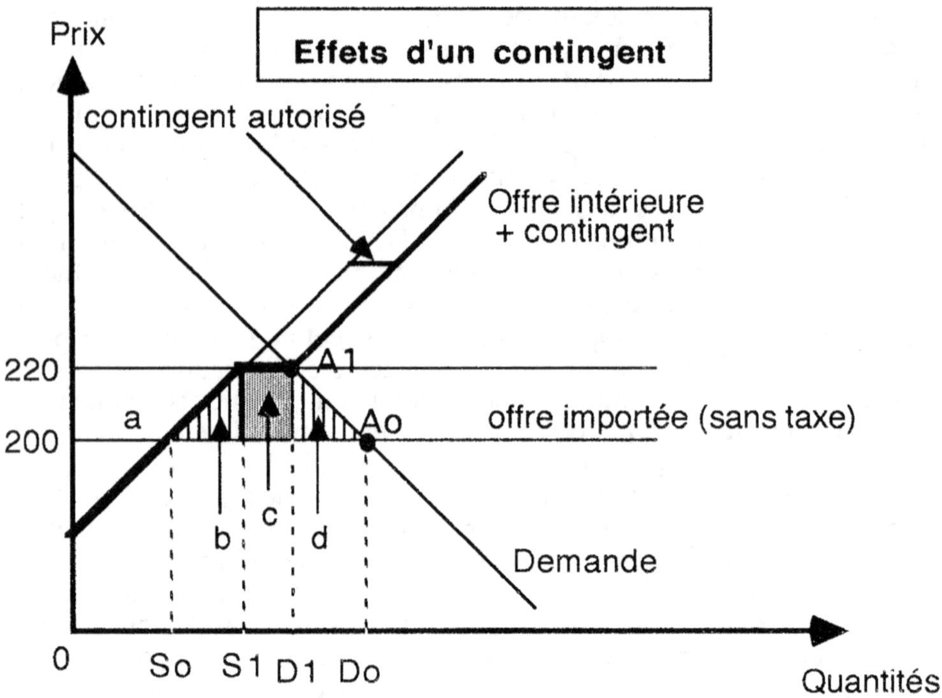

Dans le cas d'un contingentement ou d'une prohibition qui donne un monopole au producteur intérieur, ce dernier sait que, quelle que soit la hausse de son prix, les importations ne pourront excéder le contingent. Les acheteurs ne pouvant se passer de lui pour acheter à l'étranger, le producteur intérieur

"fera monter (lentement et discrètement) son prix au niveau plus élevé qui diminue sa production jusqu'au point où les coûts marginaux sont égaux à la recette marginale (...) ainsi, le contingent réduit la production intérieure et augmente encore le prix intérieur par rapport aux niveaux qu'ils prennent en raison d'un droit de douane équivalent. Quand un contingent d'importation profite à un monopole national, l'ensemble de la nation [ici: Territoire] perd à la fois la perte sèche due à la réduction des importations et la perte entraînée par le gaspillage social supplémentaire dû au monopole"[1], si bien que la perte sociale est

[1]KINDLEBERGER Charles P. et Peter H. LINDERT, (1981) *Economie Internationale*, ECONOMICA, Annexe E.

supérieure dans ce cas à un droit de douane ayant les mêmes effets sur les importations.[1]

Le contingent d'importation a également des effets pires qu'un droit de douane équivalent si les producteurs étrangers agissent comme un groupe monopoliste envers le pays importateur prenant des mesures de contingentement (c'est probablement le cas pour la Polynésie Française en ce qui concerne les importations de voitures japonaises).

L'économiste américaine Anne O. Krueger a montré, en s'inspirant de son expérience de l'économie indienne, que si on suppose que les détenteurs de licence d'importation bénéficient d'une rente (au sens économique, c'est à dire un revenu monopolistique au-delà du profit normal procuré par toute activité où il existe une concurrence normale), ils sont disposés à engager des ressources (temps, argent, influence) pour obtenir ces licences (en principe gratuites) de l'administration.

Elle montre que dans ces cas, les ressources en question étant détournées d'activités productives, il existe une perte nette supplémentaire, en plus de celle qui vient d'être évoquée, en raison du détournement de ces ressources en vue d'obtenir des licences d'importation de l'administration. Elle estime le coût des ressources gaspillées ainsi à 7% du PNB indienne en 1964 et à 15% du PNB de l'économie turque en 1968.[2]

Le contingentement, dans le meilleur des cas (absence de monopole du producteur intérieur ou de l'importateur étranger), produit sur le niveau des prix le même effet qu'un droit de douane équivalent (dans le cas d'une prohibition complète, le prix augmente au même niveau que si le droit de douane était fixé à un niveau prohibitif, c'est à dire à un niveau tel que toute importation disparaît). Il a cependant l'inconvénient, par rapport au droit de douane, de détourner au profit des importateurs (et non de la collectivité) la perte subie par le consommateur du fait de la hausse des prix. La plupart des économistes préfèrent donc recommander une protection tarifaire plutôt que quantitative.

Citons à ce sujet Paul A. Samuelson:

> "Il n'existe donc pas de différence essentielle entre les droits de douane et les contingentements. A une exception près, toutefois: un droit non prohibitif procure, à tout le moins, une recette au Trésor public (...) Un contingentement , au contraire, fait entrer le bénéfice provenant de la majoration artificielle du prix de vente dans la seule

---

[1] Voir également Duc-Loi Phan (1985),*"Sur l'équivalence des politiques d'intervention à but protectionniste: tarif, quota et autres subventions ou taxes"*, in Lassudrie Duchêne & Reiffers (1985) *Le protectionnisme*, ECONOMICA.

[2] Krueger, Anne O. (1974), *The Political Economy of a rent-seeking society*, The American Economic Review, june 1974, p291/303

caisse de l'importateur, ayant eu la chance d'obtenir une licence d'importation (...) Telles sont les raisons pour lesquelles les économistes, en général, tiennent les droits de douane pour un moindre mal que les contingents. Selon eux, si un gouvernement est contraint de mettre en application des contingentements restrictifs, générateurs d'inefficacités, il devrait, tout au moins, mettre les licences d'importation aux enchères, en sorte que le Trésor public encaisse les primes correspondantes et que les fonctionnaires ne soient pas exposés aux tentations des corrupteurs et ne soient pas mis en mesure d'exercer un pouvoir arbitraire, au gré de leurs caprices". (Paul Samuelson, L'Economique, tome 1, A. Colin, 1972).

L'argument de l'industrie dans l'enfance et sa pertinence pour les petites économies insulaires

La S.I. impose au départ une politique protectionniste, visant à limiter sévèrement, par des droits et taxes prohibitifs ou des contingentement et prohibitions, les importations de produits manufacturés. A l'abri de cette protection, peut se développer une industrie sous-compétitive par rapport aux normes mondiales, en termes de productivité et de qualité, mais qui peut, avec le temps, et la diminution progressive des protections douanières, atteindre finalement le niveau international et même envisager l'exportation, pour peu que le marché intérieur ait permis d'envisager d'emblée une production de masse à grande échelle, condition indispensable, dans la plupart des secteurs économiques, pour une productivité élevée. Le coût à court terme, en terme de bien-être, de la S.I., pourrait donc se justifier par une amélioration à long terme de l'efficacité productive globale de l'économie, c'est à dire par un déplacement vers le haut de la courbe des possibilités de production, qui à terme devrait permettre d'obtenir plus de biens importables et de biens exportables avec la même quantité de ressources. Ceci peut être illustré par le diagramme ci-dessous, emprunté à Gillis (1983) , et repris par Jacques Brasseul (1993)[1]

On suppose que le pays produit deux types de produits: les biens importables et les biens exportables. La courbe FPP est la frontière des possibilités de production initiale, compte tenu des ressources et des techniques existantes. Le taux auquel on peut échanger les deux biens sur le marché international est donné par la droite AC. En autarcie, le pays produirait A, ce qui maximiserait le bien être social. Mais, en se spécialisant relativement plus dans la production du bien exportable, il

[1]Gillis M. et alii (1983), Economics of Development, W.W. Norton, et Jacques Brasseul (1993), Les nouveaux pays industrialisés, Paris, A. Colin, p118-121 .

peut aller de A à C, où le niveau de bien être collectif, indiqué par la courbe d'indifférence U, est plus élevé. Cela implique des exportations AB, et des importations CB. Supposons qu'on applique une politique d'industrialisation par substitution d'importation. Pour cela, on impose des tarifs douaniers, qui ont pour effet de rendre plus cher le bien importable sur le marché intérieur. Désormais, le taux d'échange est représenté par la droite d. Ceci incite les producteurs à se tourner plus vers la production de biens importables, devenue plus rentable. On passe donc de A à A' sur la FPP, le niveau d'importations étant réduit à C'B', le niveau d'exportations à A'B. L'économie est plus "autocentrée" qu'auparavant. Mais le niveau de bien être, indiqué par la courbe d'indifférence U', est plus bas, car la consommation est C' au lieu de C, ce qui implique une baisse importante de la consommation de produits exportables.

Bien être, libre échange et substitution d'importation

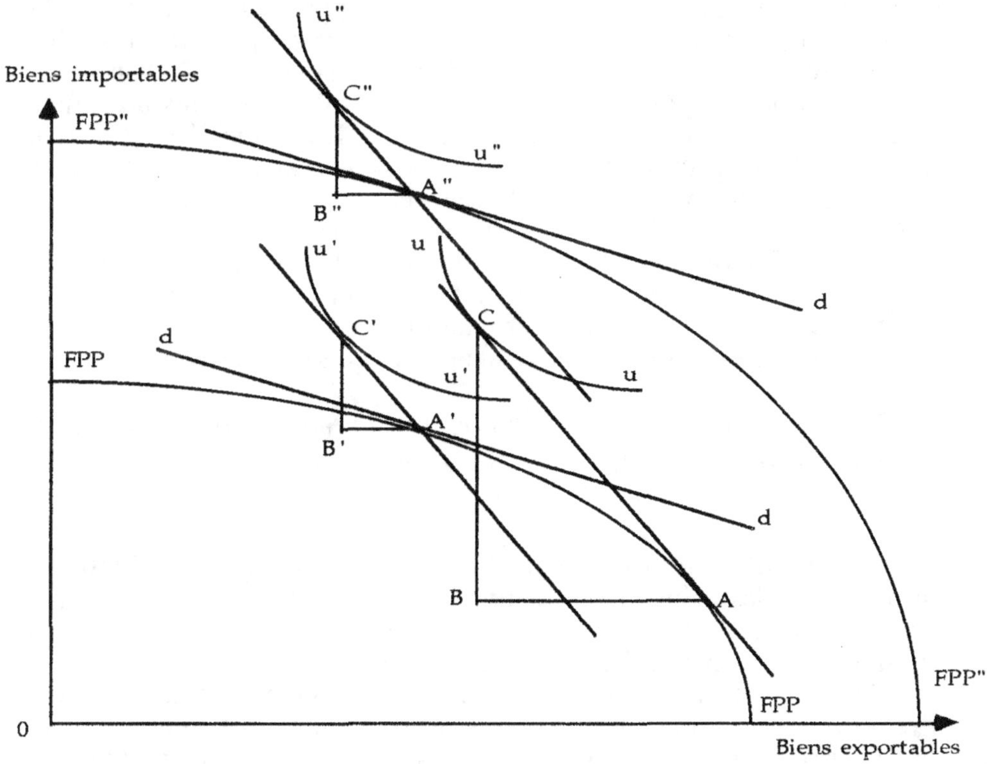

Mais, pensent les partisans de l'ISI, les économies d'échelle et l'expérience acquise dans la fabrication de nouveaux produits pour le marché intérieur vont permettre des gains de productivité importants, ce qui va entraîner un déplacement vers le haut de la FPP, jusqu'à FPP". En dynamique, donc, les consommateurs sont gagnants, car on arrive alors au point C", avec un niveau de satisfaction collective U", plus élevé que U. En admettant que les progrès réalisés par les "industries dans l'enfance" leur permettent maintenant de lutter à armes égales contre les concurrents étrangers, on pourra alors enlever la protection initiale, et les gains du libre échange permettront alors d'atteindre un point encore plus élevé que C", avec un niveau d'utilité collective supérieur à U", donc à U.

Mais cet argument ne tient pas dans une micro-économie insulaire, produisant uniquement pour un micro-marché intérieur. En effet on ne peut bénéficier des économies d'échelle que si l'on installe d'emblée une capacité de production dépassant de loin les capacités de ce marché intérieur. La substitution d'importation va donc se traduire au contraire par une efficacité décroissante de la production, en raison de capacités de production largement excédentaires par rapport aux possibilités du marché intérieur, ce qui signifie une productivité du capital installée plus basse qu'avant la réalisation des investissements de substitution d'importation (en pratique, par exemple, on n'utilisera les machines installées que quelques jours par semaine). Il est donc fort probable que la FPP va plutôt se déplacer vers le bas si les ressources se déplacent des activités d'exportation vers la satisfaction du marché intérieur (de A vers A'), à la suite d'une politique protectionniste.

Ceci veut dire qu'une telle politique va cumuler les pertes de bien être à court terme et les pertes d'efficacité productive à long terme, elles-mêmes néfastes au bien être: en statique comme en dynamique, la politique d'ISI est donc néfaste à une petite économie insulaire.

La protection douanière engendre la sous-productivité, la hausse des coûts, la surévaluation de la monnaie, l'affaiblissement de l'esprit d'entreprise

Les économies tournées vers la S.I. ont donc une productivité inférieure et des gains de productivité moins rapides , ce qui ne permet pas une expansion rapide de la demande sur le marché intérieur. Dans les faits leur "frontière des possibilités de production" se déplace moins rapidement vers l'extérieur que celle des économies tournées vers l'exportation. Il en résulte une croissance ralentie des revenus réels et de la production locale. Une fois rentré dans l'engrenage protectionniste, il se produit toutes sortes d'effets pervers, dont une augmentation généralisée de tous les coûts de production et un relâchement des efforts de modernisation pour améliorer la productivité. La stagnation de la productivité oblige à répercuter l'intégralité des hausses de coût dans les prix, pour que les revenus des producteurs ne baissent pas. Cette hausse des coûts des produits locaux engendre une pression à la hausse des salaires, qui doit aussi être entièrement répercutée en l'absence de hausse de la productivité du travail. La hausse plus rapide du prix des produits locaux qui résulte de la protection et de la stagnation de la productivité engendre une demande pour toujours plus de protection, soit sous forme de droits de douane plus élevés, soit sous forme de contingentement ou de prohibition: la protection engendre le besoin pour toujours plus de protection, et le cercle vicieux se poursuit ainsi, avec toujours plus de hausse des coûts et des prix, toujours moins de compétitivité, une part de plus en plus réduite du marché local par rapport aux importations. Dans ces conditions, les mesures de prohibition "temporaires" deviennent la plupart du temps permanentes.

T. Chen et D. Tang, en étudiant les entreprises taïwanaises, ont montré que les firmes orientées vers l'exportation sont techniquement plus efficaces que les firmes de ce pays orientées vers la substitution d'importation.[1] On verra plus loin à propos de la stratégie de substitution d'exportation qu'elle a permis d'obtenir, en moyenne, des progrès de productivité et de salaires réels plus rapides que la stratégie de substitution d'importation, dans les pays où elle a été appliquée avec succès.

On peut donner une explication à ce résultat, en dehors de l'effet stimulant de la concurrence avec les firmes des autres pays au niveau mondial: les progrès de productivité sont aussi plus lents lorsqu'on se limite au marché intérieur parce qu'on s'interdit les possibilités de production à grande échelle qui sont possibles uniquement si l'on est assuré de pouvoir exporter pour le marché mondial.

L'esprit d'entreprise a également tendance à s'affaiblir dans une économie où le monopole et la protection douanière sont la règle, ce qui confère le plus souvent des situations de "rente" aux producteurs existants. La motivation pour l'innovation et la recherche de gains de productivité diminue faute de véritable concurrence:

Pour Suzuki[2], la nature de la protection des "industries dans l'enfance" dans les politiques de substitution d'importation, a créé un

---

[1]CHEN T. et TANG D. (1987) "Comparing technical efficiency between import substitution-oriented and export-oriented foreign firms in a developing economy", *Journal of developement Economics* 26 (1987) North Holland.

[2]Suzuky N. (1976) *Asian economic Development and export oriented industrialization*, Institute of Developping Economies,Tokio, Japan , 1976, p 13..

système économique de production trop peu exigeant du point de vue de la productivité, qui a ensuite bloqué les progrès spontanés dans l'organisation plus efficace de la production.

La nécessité d'un grand marché intérieur pour qu'une stratégie de S.I. soit possible

Seul un grand marché intérieur permet d'étendre progressivement la substitution d'importation aux secteurs des biens intermédiaires et des biens d'équipement:

Dans les grands pays comme l'Inde ou le Brésil il est possible à beaucoup d'industries d'obtenir des économies d'échelle sans avoir recours à l'exportation, ce qui abaisse le coût de la substitution d'importation. Ceci peut permettre une plus grande intégration industrielle et permettre une plus grande diversification, y compris dans les activités de production de biens de productions durables.

Seul un grand marché intérieur peut donc rentabiliser les investissements industriels dans les secteurs où les économies d'échelle jouent un grand rôle. Une telle option semble donc a priori fermée aux petites économies insulaires.

C'est ainsi qu'à l'île Maurice, l'expérience de substitution d'importation dans les années soixante a produit un échec relatif, qui a conduit le gouvernement à changer radicalement de politique en 1970, par l'ouverture d'une zone franche d'exportation et l'abolition des protections tarifaires:

> "Quand le gouvernement mauricien créa la zone franche industrielle en 1970, il était devenu évident que la politique suivie dans les années 1960 pour remplacer les importations par des productions locales n'avait eu que des effets limités et insuffisants sur la croissance économique et sur l'emploi".[1]

L'épuisement de la croissance basée sur la S.I.

Même dans les économies disposant d'un large marché intérieur et de ressources naturelles exportables abondantes, il se produit fréquemment un blocage de la croissance au-delà d'un certain niveau de revenu par tête, lorsque la voie de la substitution d'importation est choisie. Ainsi, Hollis Chenery note que:

---

[1] HEIN Catherine (1987) *Les zones franches industrielles dans les états insulaires: le cas de Maurice*, in CRET (1987) *"Iles tropicales: Insularité, "insularismes"*, Collection "Iles et archipels", N°8, édité par le Centre de Recherche sur les Espaces Tropicaux, Université de Bordeaux III. pp 331-348.

"Lorsqu'ils cherchent à poursuivre leur croissance au-delà de la zone moyenne des revenus, la plupart des pays doivent diversifier leurs exportations parce qu'il est rare (sauf dans les pays exportateurs de pétrole comme le Venezuela et l'Iran) que la base des ressources soit suffisante pour permettre le maintien de la spécialisation dans le secteur primaire. Un certain nombre de pays (l'Argentine, le Chili et l'Uruguay par exemple) ont éprouvé des difficultés à passer d'une spécialisation dans le secteur primaire à une configuration plus équilibrée des exportations et ont connu des périodes prolongées où le remplacement des importations a été assez inefficace et où les devises étrangères ont imposé une limite majeure à la poursuite de la croissance."[1]

L'économiste japonais N. Suzuki a souligné, après avoir étudié le développement des industries du sud-est asiatique, la nécessité de lever, à partir d'un certain stade de développement, les restrictions douanières, pour pouvoir obtenir une croissance de la productivité et éviter les coûts de production élevés: l'entreprise ne peut rester isolée dans son propre monde, elle doit entrer en compétition active avec les produits des autres pays pour progresser et améliorer sa productivité. Il montre comment les pays du sud-est asiatique qui avaient presque tous (à l'exception de Hongkong) commencé par pratiquer la substitution d'importation ont connu un blocage de la croissance qui les a incités à abandonner cette politique et à promouvoir activement les exportations de produits manufacturés. Les pays les plus protégés et qui ont le plus tardé à adopter la politique inverse de promotion des exportations ont connu le plus de difficultés à poursuivre leur processus de croissance (il s'agit notamment des Philippines, de la Thaïlande et de l'Indonésie). Il conclut son étude en soulignant que la poursuite des politiques de substitution d'importation au-delà d'un certain stade de développement conduit, sauf exception, à bloquer l'industrialisation [2]

Voyons plus en détail les raisons qui provoquent ce blocage de la croissance basée sur la S.I., en particulier dans les petites économies:

---

[1]CHENERY H.(1979) , *Changement des structures et politiques de développement*. Publié pour la Banque Mondiale par ECONOMICA.

[2]"Il faut clairement affirmer que, même si l'industrialisation par substitution d'importation peut être justifiée jusqu'à un certain stade dans l'établissement d'une infrastructure économique, elle rencontre inévitablement plusieurs problèmes graves à terme. Ces problèmes sont de nature cumulative, et, sauf dans quelques rares cas, une telle industrialisation est vouée à l'impasse. Tant que ces problèmes ne sont pas résolus, ils entraînent des distorsions dans l'économie qui empêchent tout développement futur."SUZUKY N. (1976) *Asian economic Development and export oriented industrialization*, Institute of Developping Economies,Tokio, Japan , 1976.

La saturation du marché intérieur est atteinte rapidement, avant que n'apparaissent les économies d'échelle

La stratégie de S.I. ne permet pas d'enclencher un processus de croissance cumulative, auto-entretenue, dans un petit pays au marché intérieur limité: elle se heurte très vite à un phénomène d'épuisement: dès que le marché intérieur est satisfait par la production locale à 100% dans de nombreuses branches. Si les exportations ne prennent pas le relais à ce moment, la production stagne alors brusquement, sans créer beaucoup d'emplois ou de revenu. On atteint ce stade actuellement en Polynésie Française pour le porc, les oeufs, le jus d'ananas, le lait frais.

Progressivement, à mesure que ce stade de saturation du marché local est atteint dans tous les secteurs où la S.I. est possible, la croissance de la production locale s'essouffle. Ce point est primordial: dans un micro-marché, même les producteurs qui bénéficient d'un monopole procuré par une protection naturelle ou douanière, se heurtent rapidement à la saturation du marché intérieur, qui ne permet pas de réaliser grâce aux économies d'échelle, des gains de productivité importants, donc d'alimenter la croissance de la demande intérieure par de fortes hausses des salaires réels. Lorsque le monopole n'est pas assuré, la concurrence avec les autres producteurs locaux et les produits importés réduit encore les possibilités d'économies d'échelle, ce qui dans beaucoup de secteurs exclut d'emblée le développement d'une production locale rentable, même en présence d'une protection douanière.

En Afrique, le même phénomène de blocage de la S.I. est observé par M.E. Benissad[1]

Ce phénomène a été analysé par N. Suzuky dans le cas des économies du sud-est asiatique comme les Philippines, l'Indonésie et la Thaïlande, qu'il cite comme exemple de blocage de la croissance lorsque la politique de substitution d'importation a saturé le marché intérieur, mais

[1]"Dès que l'industrie des biens de consommation non durable conquiert, grâce aux politiques protectionnistes, le marché apparent préexistant et de dimension relativement modeste, la croissance industrielle et du produit global tend à s'essouffler, et s'épuiser. Cette voie de développement condamne ainsi l'économie à la stagnation à long terme, disent les protagonistes de la stratégie des industries industrialisantes" BENISSAD M.E.(1983) *Economie Internationale*, Editions Publisud,. pages 257 et 261.

en même temps empêché l'industrie locale d'être compétitive à l'exportation.[1]

N. Suzuky insiste particulièrement sur la difficulté de dépasser un certain stade "facile" dans la S.I., au-delà duquel les déséconomies d'échelle et la sophistication technologique croissante posent des problèmes insurmontables si l'on s'en tient à la seule satisfaction du marché intérieur.

Quand la substitution d'importation a dépassé un certain stade, le "stade facile", de nouveaux progrès deviennent difficiles à cause des problèmes d'économie d'échelle et de savoir faire technique. La substitution d'importation une fois achevée dans des secteurs à technologie simple, ceux qu'il reste à développer sont des secteurs qui requièrent une production à grande échelle et des techniques sophistiquées. La production locale dans ces secteurs va entraîner des coûts plus élevés qu'ailleurs si les unités de productions sont de petite taille pour un marché intérieur limité, ou bien si elles sont d'une taille démesurée par rapport à la capacité d'absorption de ce marché intérieur.

Celso Furtado soulevait dès 1970 le même problème dans le cas des économies d'Amérique Latine: au fur et à mesure que le niveau de vie s'élève, la sophistication et la diversité croissante de la demande entraînent la perte progressive des bénéfices des économies d'échelle dans un système économique protectionniste orienté uniquement vers la satisfaction du marché intérieur, car l'industrie doit produire une variété toujours plus grande de modèles différents, adaptés aux goûts des consommateurs, ce qui va compartimenter de plus en plus des marchés déjà étroits. L'inefficacité décroissante de la production limite les gains de productivité, donc de pouvoir d'achat. Ceci pourrait expliquer les tendances inflationnistes des économies sud américaines, car lorsque les gains de productivité se ralentissent, la seule façon "indolore" de ralentir la hausse du pouvoir d'achat et même de l'arrêter, c'est l'inflation.[2]

Comme le souligne François Vellas, dans le cas d'une petite économie insulaire, le problème des économies d'échelle devient tellement

---

[1] SUZUKI N., (1974) *Asian Economic Development and export-oriented inustrialization*, Institute of Developping Economies, East West Publications Ltd, Japan..

[2] ""Dans ces conditions, il peut se créer un système hautement intégré, formé d'unités modernes, mais aux coûts de production relativement élevés en raison des dimensions inadéquates des unités productrices. (...) Le progrès technologique sera assimilé en apparence mais ses meilleurs fruits ne seront pas cueillis." C. FURTADO, *Les Etats-Unis et le sous-développement de l'Amérique latine*, Calmann-Lévy, 1970.

insurmontable que l'option d'un développement "autocentré" paraît totalement irréaliste..[1]

Dès 1965, William G. Demas, montrait l'impasse que constituait la substitution d'importation pour les petites économies insulaires des Caraïbes, en raison du blocage de la croissance qu'elle engendre après la "reconquête du marché intérieur"[2]

Demas soulignait également la contrainte majeure que constitue pour les petites économies insulaires la faible échelle de production, qui empêche pratiquement un développement industriel intégré incluant la production de biens de production. En effet dans un très petit pays même si le revenu par habitant est très élevé (par exemple, en raison de l'exportation de ressources naturelles rares), la faible population impose vite des limites à l'extension d'activités rentables dans le domaine des biens intermédiaires et des biens d'équipements pour le marché intérieur.

Demas soulignait également très justement que la S.I. est d'autant plus difficile à réaliser que le revenu par habitant est élevé, dans une petite économie, en raison de la diversification de la demande que ne peut satisfaire une offre locale forcément spécialisée si l'on veut profiter des économies d'échelle.[3]

---

[1] "L'exigüité du marché intérieur est telle que le problème du choix entre une politique de développement autocentrée tournée vers le marché intérieur et une politique de spécialisation internationale ne paraît pas se poser, même d'un point de vue purement théorique. Les déséconomies d'échelle qui résultent du fait de l'impossibilité d'étaler les coûts élevés d'infrastructure, d'investissement et de production justifient à elles seules, la nécessité pour les petits pays insulaires de procéder à une spécialisation internationale relativement poussée de leur économie"VELLAS François (1988) : *Stratégie du commerce international des petits pays insulaires* in CRUSOL Jean, HEIN Philippe,VELLAS François (Ouvrage collectif sous la direction de...). *L'enjeu des petites économies insulaires*, ECONOMICA 1988. p 53-77

[2] "(...) dans beaucoup de pays la substitution d'importation pourrait avoir déjà atteint ses limites et le processus d'industrialisation est sur le point d'avorter à moins que des marchés à l'exportation ne soient développés. Mais (...) il est difficile d'obtenir une expansion rapide des exportations dans une structure industrielle conçue pour la substitution d'importation". William G. DEMAS (1965), The Economics of Development in Small Countries with Special Reference to The Caribbean. Mc Gill University Press, Montreal. pp. 58, 66, 74, 132.

[3] "(...) plus le revenu par tête est élevé, donc, plus la part des produits à haute élasticité-revenu est grande dans la demande intérieure est grande, plus augmente la variété de style et de modèles qu'il est nécessaire de fournir, alors que dans un pays où le revenu par tête est plus faible, il y aurait une moins grande variété de la demande. Par conséquent, dans les pays pauvres et peuplés, il est plus facile de profiter des économies d'échelle (...) *les possiblités d'un développement fondé sur la substitution d'importation sont réduites par les occasions limitées d'obtenir des*

Enfin en conclusion de son ouvrage, Demas recommande une politique s'attachant à produire pour la demande externe, en développant les exportations de produits manufacturés.

En effet, on pourrait prétendre qu'une politique de substitution d'importation peut à long terme contribuer à rendre l'offre locale plus élastique; mais cela pose le problème essentiel qui assaille les petites économies: l'éventail des activités de substitution d'importation rentables est très restreint. Il s'ensuit que même à long terme la proportion de l'offre totale produite par l'économie locale ne peut pas être très importante. L'économie doit donc plutôt s'attacher à développer la demande externe:

> "J'ai essayé de montrer que les petites économies ouvertes ne peuvent obtenir de développement que sur la base d'un accroissement des exportations de produits manufacturés (...) J'ai aussi montré qu'*il y a des limites très nettes à la substitution d'importation imposées par le manque de ressources diversifiées, et par l'absence d'économies d'échelle dans les programmes industriels consacrés uniquement au marché intérieur"*. William G. DEMAS (1965), op. cit., p 132, notre traduction.

Les surcoûts dus au protectionnisme rendent de plus en plus difficile l'exportation de biens ou de services, et la croissance bute sur la contrainte externe par manque de devises nécessaires à l'achat des biens de production et de l'énergie

Dans un petit pays indépendant, en cas de développement basé sur la S.I., le stade de la stagnation est atteint encore plus vite du fait de la contrainte externe: comme il faut importer machines, matières premières, biens intermédiaires, et énergie pour produire sur place ce qui était importé, la baisse des importations résultant de la S.I. est compensée par la hausse des importations de machines, de matériels de transports, de matières premières, d'énergie et d'autres biens intermédiaires nécessaires à ce secteur de la S.I.

Or, si on a décidé de tourner l'essentiel de l'activité agricole et industrielle vers la satisfaction du marché intérieur par une protection douanière qui permette d'écouler sur le marché local des produits non compétitifs au plan international, il devient de plus en plus difficile, au fur et à mesure que le secteur de la S.I. se développe, de trouver les devises nécessaires pour payer les importations de ce secteur. En effet,

---

économies d'échelle et par les contraintes liées aux ressources naturelles dans les petites économies."William G. DEMAS (1965), op. cit, notre traduction..

une fois que ce dernier a terminé sa "reconquête du marché intérieur", les importations de biens de consommation évitées sont chaque année de plus en plus faibles, alors que les besoins d'importation de biens de production pour le secteur de S.I. augmentent régulièrement. Comme l'écrit R. Nurkse, il existe une tendance, non seulement à "substituer les productions locales aux productions importées" ("substitution of home-produced goods for imported goods"), mais aussi à substituer des importations de biens de production aux importations de biens de consommation finale ("substitution of capital goods imports for consumer goods imports"):[1] Il en résulte donc en fait une dépendance stratégique croissante à l'égard des importations de biens de production, bien plus indispensables à la poursuite de la croissance de l'industrie locale, donc de l'emploi et du revenu national, que ne l'étaient les importations de biens de consommation avant le développement de la substitution d'importation[2].

De plus le processus reposant sur les importations à bon marché d'intrants et de biens d'équipement étranger, grâce à la surévaluation du taux de change, il devient de plus en plus difficile d'envisager leur production locale à terme, pour aboutir à une économie intégrée.[3]

Enfin, l'impossibilité de produire sur place ces biens de production va rendre de plus en plus problématique la poursuite de la croissance, faute de pouvoir trouver par un accroissement des exportations les devises nécessaires à leur achat à l'étranger[4]

---

[1] Nurkse R. *"Patterns of Trade and Development", Equilibrium and Growth in the Word Economy (Cambridge, Mass: Harvard University Press, 1961) p 319.*

[2] "The result, to oversimplify only a little, has almost universally been the growth of inefficient consumer-good producers and an increased dependence on imported intermediate and capital goods to feed these new industries (...) Import-substitution (...) increases dependence on imports; whereas before import substitution a drop in imports only meant a reduction in consumption, afterwards it means a reduction in output, employment and incomes".ROEMER Michael (1981), *Dependence and Industrialization Strategies*, World Development, vol 9, N°5, Pergamon Press Ltd, pp 435-452

[3] "Because the industrial structure depends on cheap imported inputs, it becomes increasingly difficult to move into the home production of producer goods, since these would in turn require protection and substantially raise the cost of home-produced consumer goods. Hence the economy gets locked into an industrial structure which is inefficient and unbalanced."Roemer Michael (1981), Op. Cit.

[4] "Although the process of import substitution did contribute to saving foreign exchange, the concomitant expansion of the economic activity of the nation and the ensuing growth and diversification of demand have the opposite effect of substantially increasing aggregate imports. This increase in imports following an expansion of economic activity will in time offset the decline in imports realized through import-substitution industrial production, and the absence of parallel

La poursuite de la croissance basée sur la substitution d'importation suppose donc un développement des exportations pour trouver les devises nécessaires à l'achat des biens de production non susceptibles de fabrication locale. Or précisément la politique protectionniste liée à la substitution d'importation tend à réduire de plus en plus les possibilités d'exportation.

En effet, même si la grande taille de certains pays (Inde, Brésil) est telle qu'elle puisse justifier et permettre le développement d'une industrie de produits intermédiaires et de biens d'équipement, la stratégie de S.I., en renforçant la protection de l'industrie locale, rend difficiles et relativement moins rentables les activités d'exportation, qui sont handicapées par le coût artificiellement élevé des intrants et biens d'équipement en provenance des activités locales protégées, et qui ont du mal, en raison de la protection dont elles bénéficient sur le marché local, à se hisser au niveau de qualité et d'innovation exigé sur le marché mondial. Il en résulte en général une diminution de la compétitivité des exportations du pays par rapport à celles des pays qui ont adopté la stratégie de substitution d'exportation (qui implique de se situer d'emblée dans l'optique d'une industrie compétitive au niveau international).[1] En effet l'exportation de produits manufacturés paraît impossible, car les coûts de production sont bien plus élevés qu'ailleurs, et la monnaie paraît surévaluée (voir ci-dessous). Pour les producteurs locaux, l'existence d'une protection douanière garantit des marges de profit plus élevées pour le marché intérieur, et ils se désintéressent donc de l'exportation. L'Inde fournit un bon exemple de ce problème: la politique industrielle de substitution aux importations a mis l'industrie à l'abri de la concurrence internationale. La réglementation contraignante du marché intérieur indien a constitué une protection pour l'industrie, mais a conduit à l'obsolescence et à la mauvaise qualité de nombreux produits ainsi qu'à la faible compétitivité de leurs prix l'apparition de nouveaux producteurs à structure d'exportations similaire mais plus compétitifs a entraîné une diminution de sa part de marché dans le commerce mondial: en Asie du sud-est, après avoir été de 20% en 1968/1969, la part de marché de l'Inde est tombée à 5% en 1983/84.

Pour Anne O. Krueger, la S.I., par ses conséquences défavorables sur les recettes d'exportation et par l'instauration d'un contrôle des changes, a engendré un mécanisme de cercle vicieux rendant la

---

expansion in exports gives rise to foreign exchange pressure." SUZUKY N. (1976) *Asian economic Development and export oriented industrialization*, Institute of Developping Economies,Tokio, Japan , 1976.

[1] Ainsi par exemple la part de marché des exportations de l'Inde s'est réduite au profit de celle des "4 dragons" sur le marché du Sud Est asiatique.

poursuite du protectionnisme de plus en plus indispensable, à mesure que s'accentue la non-compétitivité de l'industrie indienne en raison des coûts élevés des intrants et des biens d'équipements locaux par rapport à ceux des importations, qui accentuent le handicap des firmes locales à l'exportation, même lorsque leur coût salarial est très faible: elles ne peuvent alors profiter de leur avantage comparatif sur le marché mondial, comme le peuvent les firmes exportatrices des pays d'Asie du Sud-Est tournées vers la substitution d'exportation.

> "au fur et à mesure que la substitution d'importation progresse, elle devient de plus en plus coûteuse et antiéconomique. Pourtant les coûts élevés appellent un régime d'importation de plus en plus protectionniste afin de protéger ces industries à coût élevé."[1]

Le même genre de blocage de la croissance est apparu au Brésil, dans les années soixante, puisque Celso Furtado écrivait en 1970:

> "Bien que cela paraisse paradoxal, la substitution d'importations, telle qu'elle s'est produite au Brésil, a perdu sa capacité d'entraînement en passant des industries légères aux industries lourdes."[2]

Par ailleurs un secteur industriel habitué à la protection douanière et orienté uniquement vers le marché intérieur, ne peut du jour au lendemain acquérir les compétences nécessaires pour exporter, car il manque du savoir-faire et de l'expérience commerciale nécessaire pour se lancer sur le marché mondial, sans parler des problèmes de prix et de qualité qui sont pratiquement toujours insurmontable lorsque ces industries n'ont pas atteint la taille critique nécessaire pour bénéficier des économies d'échelle comme leurs concurrents des grands pays du Tiers Monde.[3]

Dans les petits pays, l'impossibilité d'exporter condamne les activités nécessitant une production à grande échelle: soit elles ne sont pas rentables, soit elles fonctionnent à une fraction de leur capacité normale, faisant supporter le surcoût par le consommateur (par exemple, il arrive souvent, en Polynésie Française, que des machines soient utilisées deux jours par semaine seulement).

En outre la protection douanière induit souvent une surévaluation artificielle de la monnaie, qui rend de moins en moins compétitives les exportations du pays ? C'est le cas en Polynésie Française, où le Fcfp

---

[1]KRUEGER, Anne (1975), *The benefits and costs of import substitution in India: A Microeconomic Study*, Minneapolis, University of Minnesota Press, 1975. (notre traduction).

[2]C. FURTADO, Les Etats-Unis et le sous-développement de l'Amérique latine, Calmann-Lévy, 1970, page 209.

[3]CHANSIN Jacques (1987), *Le régime fiscal de la Polynésie Française, Bilan et perspectives* Thèse de 3° cycle en sciences de gestion, Université de PARIS I, p 221.

est notoirement surévalué, ce qui rend en particulier le tourisme très peu compétitif face aux "produits" étrangers.

C'était également en Afrique francophone, avant la dévaluation de 50% du F CFA.

La S.I. est donc condamnée à s'essouffler progressivement, faute de donner à l'économie les moyens en devises nécessaires au paiement des importations qu'elle engendre.

On peut même, comme le souligne G. Destanne de Bernis,

> "arriver à un état de blocage absolu si un accroissement des exportations ne permet pas de financer l'accroissement des importations nécessaires au fonctionnement des industries fabriquant les biens de consommation: ce fut, par exemple, le cas de l'Argentine en 1955, après qu'elle eut pratiqué cette politique pendant une trentaine d'années."

Un blocage du même genre a été observé en Asie du sud-est dans les pays qui avaient poussé le plus loin et le plus longtemps le protectionnisme de l'industrie locale: les Philippines dans la deuxième moitié des années cinquante, la Thaïlande dans les années soixante-dix, et l'Indonésie dans les années quatre-vingt-dix[1].

Dans les Dom-Tom français , la contrainte externe n'existe pas, car les devises nécessaires sont fournies par la Métropole, qui intègre le déficit local à sa balance des paiements, mais la surévaluation du F CFP dans les T.O.M. du Pacifique n'en est pas moins évidente, et résulte du fait que le protectionnisme -y compris à l'égard des importations métropolitaines- a engendré une inflation plus rapide qu'en Métropole, avivée par la hausse rapide de la masse salariale de la fonction publique locale. Les effets néfastes sur les activités d'exportation sont donc tout aussi importants, sinon plus, qu'ailleurs, dans la mesure où l'ajustement monétaire, qui devrait tôt ou tard "remettre les compteurs à zéro" en constatant la perte de compétitivité dans une économie indépendante, ne se produit jamais dans les T.O.M. du Pacifique, autorisant une dérive croissante du niveau des prix intérieurs par rapport aux prix internationaux, au taux de change en vigueur.

L'économiste Anne O. Krueger a souligné, à propos de l'Inde, les inconvénients de la S.I. et du protectionnisme érigés en stratégie de développement, qui se traduisent par un véritable cercle vicieux de la protection et de la hausse des prix intérieurs des produits manufacturés, aboutissant à terme à la perte de compétitivité totale. On obtient typiquement une industrie à coût élevé qui se bâtit à l'abri d'une

---

1 "at the end of the 1950s, when the "easy phase" was over and import substitution in the capital goods sector was called for, a conspicuous impasse developed in import-substitution industrialization in the Philippines"SUZUKY N. (1976) *Asian economic Development and export oriented industrialization*, Institute of Developping Economies,Tokio, Japan , 1976.

muraille de tarifs douaniers, de contingentements et de prohibitions, et la tâche de s'éloigner de la forte prépondérance accordée à la substitution d'importation devient alors de plus en plus difficile . Le protectionnisme acquiert une vie propre qui fait qu'il a tendance à proliférer, en général aux dépens des objectifs pour lesquels il avait été initialement mis en place. [1]

A fortiori, dans le cas d'une micro-économie insulaire, qui n'a pas la taille ni les ressources naturelles nécessaires pour étendre la S.I. au secteur des biens d'équipement et des biens intermédiaires, on risque fort, en partant "à la reconquête du marché intérieur", d'accroître la dépendance économique et financière du pays, alors que le but initial visait au contraire à la diminuer .

Mais la stratégie de substitution d'importation implique aussi des contraintes sur le plan fiscal et budgétaire.

Les recettes douanières doivent être remplacées par une fiscalité sur la valeur ajoutée locale

Il est évident que les recettes douanières doivent finir par disparaître dans tous les secteurs où la S.I. a atteint son but, c'est à dire le remplacement des importations par la production locale. Il s'agit en général au départ des secteurs des biens de consommation les plus simples à fabriquer, puis des biens demandant une technologie plus sophistiquée. Enfin, dans les plus grandes économies, des biens d'équipement. Si le gouvernement n'a pas pu, simultanément, développer les recettes fiscales directes, il se trouve devant un dilemme: taxer de plus en plus les biens de production, matières premières, et l'énergie, ce qui augmente les coûts de production et dégrade la compétitivité de l'industrie locale de S.I., ou bien accepter de voir ses recettes douanières baisser continuellement, ce qui impose, ou bien de diminuer les investissements et les services collectifs, ou bien de recourir de plus en plus à l'aide et à l'endettement international, avec les conséquences que l'on sait à terme, ou bien encore de recourir à la "planche à billet", ce qui provoque les hyper-inflations et les dévaluations à répétition dont sont coutumières la plupart des économies sud-américaines.

Une véritable stratégie de S.I. ne peut donc se développer qu'à la condition de remplacer progressivement les recettes fiscales indirectes par des recettes fiscales directes, sur les bénéfices et les revenus, faute de quoi la S.I. connaît rapidement un blocage dû à la pression trop

---

[1] Anne O. Krueger, (1975), *The benefits and costs of Import Substitution in India: a Micro-Economic Study* , Minneapolis, University of Minnesota Press.

élevée des recettes douanières sur des importations de plus en plus indispensables au développement de l'industrie locale.

En effet, s'il est toujours possible, sans grand dommage, de taxer de plus en plus des biens de consommation "de luxe" ou "ostentatoires", quand le processus de S.I. s'est suffisamment développé, la majorité des importations étant constituée de biens d'équipement, de matières premières et de produits intermédiaires indispensables aux industries de biens de consommation locales, toute augmentation des taxes ou tout contingentement frappant ces biens de production a des effets catastrophiques puisqu'il condamne les industries locales à sous-utiliser leur capacité de production et à mettre la main d'oeuvre au chômage technique, ou bien à voir augmenter le coût de leurs intrants et de leurs équipements, donc le prix de revient des produits manufacturés locaux de substitution d'importation par rapport à celui des produits importés concurrents, ou bien à cesser leur activité et à licencier du personnel. Ces problèmes du secteur des biens de production vont immédiatement se répercuter sur le secteur des biens de consommation, qui est empêché d'importer ses intrants et équipements de l'extérieur par la pénurie de devises et la politique protectionniste.

Ainsi dans le cas de la Polynésie Française, la stratégie fiscale suivie jusqu'à présent (70 à 75% des recettes fiscales sont constituées par des recettes douanières) est totalement en contradiction avec l'objectif affiché de privilégier la substitution d'importation. Non seulement les droits qui frappent les matières premières et biens d'équipement restent dans bien des cas élevés, mais encore il n'y a eu aucun transfert de la fiscalité indirecte frappant les importations vers la fiscalité directe ou indirecte frappant la valeur ajoutée locale[1]. Ceci implique une croissance régulière de la pression fiscale sur des importations de plus en plus composées de biens d'équipement et d'intrants pour la production locale, ce qui renchérit et rend de moins en moins compétitifs les produits locaux de substitution d'importation par rapport aux produits concurrents importés; mais aussi rend de plus en plus problématique le financement sain des dépenses publiques en croissance régulière, au fur et à mesure que diminue la valeur relative des importations de biens de consommation finale (44% du total en 1985, 40% en 1989) par rapport à celle des biens intégrés à la production locale (56% en 1985, 60% en 1989) [2].

Sur le plan de la distribution des revenus, de nombreux auteurs ont également souligné les inconvénients présentés par la stratégie de substitution d'importation.

---

[1] Il est question, depuis 1993, d'instaurer une TVA en Polynésie Française en 1996.

[2] Source: Rapport 1989 de l'IEOM, Tableau "Structure des importations par catégorie de bien importé", p 214.

La substitution d'importation renforce le dualisme et l'inégalité des revenus

H. Chenery[1] montre que dans le cadre de la stratégie de substitution d'importation, la politique économique et les ressources se concentrent plutôt dans une fraction limitée de l'économie, ce qui accentue la tendance au développement d'une structure dualiste aussi bien dans l'agriculture que dans le secteur manufacturier. La répartition du revenu s'est dégradée dans les pays qui ont adopté cette stratégie, alors que dans la plupart des PVD capitalistes dont la répartition du revenu est équitable ou s'améliore c'est la stratégie de substitution des exportations qui a été adoptée.

Par ailleurs, Kindleberger et Lindert[2], à partir d'études de l'OCDE et de la Banque Mondiale, soulignent qu'une stratégie de S.I. a le plus souvent pour effet de renforcer les inégalités de revenu dans les pays en question, en créant des rentes de situation au profit d'une minorité d'industriels locaux ou alliés à des firmes multinationales.

Les effets néfastes de la substitution d'importation sur la distribution des revenus proviennent en partie de ce que ce choix implique le développement d'industries plus intensives en capital et moins intensives en main d'oeuvre non qualifiée que celui de la substitution d'exportation. En effet dans ce dernier cas, il faut pour profiter de "l'avantage comparatif" développer de façon prioritaire des industries légères utilisant le facteur relativement le plus abondant et le meilleur marché: le travail non qualifié. Il en résulte des créations d'emplois plus nombreuses par unité de capital, et donc une résorption plus rapide de la main d'oeuvre "excédentaire" qui, dans les PVD, pèse sur les salaires de la main d'oeuvre industrielle non qualifiée. Au contraire le choix de la substitution d'importation implique des industries plus diversifiées et en moyenne moins intensives en main d'oeuvre, ce qui laisse une importante main d'oeuvre à faible productivité dans les campagnes et dans le tertiaire traditionnel, laquelle a tendance à limiter la hausse des salaires réels dans l'industrie. Une autre raison de la hausse plus lente des salaires réels dans le cas de l'option pour la S.I. est le progrès moins rapide de la productivité du travail dans les industries protégées.[3]

---

[1]CHENERY H.(1979) *Changement des structures et politiques de développement.* Publié pour la Banque Mondiale par ECONOMICA., p 44.

[2]KINDLEBERGER Charles P. et Peter H. LINDERT, (1981) *Economie Internationale*, ECONOMICA.

[3]Des chiffres à ce sujet seront présentés plus loin, à propos de la stratégie de substitution d'exportation.

Allant plus loin, Celso Furtado pense que cette concentration des revenus est la cause d'une perte de dynamisme de l'économie, par les effets qu'elle engendre sur la structure de la demande de biens de consommation, qui réclame un type d'industrie plus intensif en capital et plus sensible à l'absence d'économies d'échelle (l'exportation ne permettant pas d'offrir un débouché à une capacité de production dépassant la taille du marché intérieur).[1]

N. Suzuky fait la même constatation pour les économies du sud-est asiatique qui persistent dans la S.I., condamnant le gaspillage des ressources rares qui résulte du haut niveau de protection douanière dont bénéficient les biens de luxe, ce qui encourage leur production locale en petite quantité à un coût très élevé, au bénéfice d'une minorité aisée:

La substitution d'importation dans le cadre d'une coopération régionale: une fausse bonne idée ?

Même dans le cadre d'une coopération régionale entre de petites économies insulaires, le marché potentiel reste trop petit. Ainsi il a été envisagé un marché commun de la Nouvelle-Calédonie et de la Polynésie Française, mais même dans cette hypothèse, la plupart des activités industrielles n'atteignent pas la taille critique.

La substitution d'importation dans le cadre d'unions douanières régionales a été avancée comme une stratégie de développement souhaitable pour les économies insulaires des Caraïbes. Les thèses de J . Crusol (1985) et D. Atchoarena (1988) ont particulièrement étudié cette question.[2]

En 1950, les travaux de W.A. Lewis[3] préconisaient, en raison de l'obstacle des économies d'échelle, une stratégie d'industrialisation grâce à une intégration régionale par le moyen d'unions douanières et de politiques industrielles coordonnées. Mais chez Lewis l'activité industrielle, en raison de l'étroitesse du marché régional, devait se spécialiser, conformément au principe des avantages comparatifs, dans les industries à forte intensité en travail, dans une optique de production

---

[1]FURTADO Celso, (1970) *Les Etats Unis et le sous développement de l'Amérique Latine*, Calmann Lévy, 1970, voir pages 208 à 219.

[2]ATCHOARENA David, Micro-insularité et valorisation des ressources humaines: L'exemple des Iles sous le Vent et des Iles du Vent de la Caraïbe anglophone. Thèse pour le doctorat de III° cycle, Université de PARIS I PANTHEON-SORBONNE, décembre 1988, 513 pages.

CRUSOL Jean (1985), *Théorie et pratique de l'intégration en économie insulaire, l'exemple des îles de la Caraïbe anglophone.*, thèse, Université Paris I.

[3]LEWIS , Sir W.A. (1950), "The industrialisation of the British West Indies", *Caribbean Economic Review*, Vol. 2, N°1.

pour l'exportation extra-régionale (ce que nous appelons stratégie d'export-substitution). Mais W. Demas, reformula en 1960 la théorie de Lewis: selon lui, l'intégration économique devait d'abord reposer sur la substitution aux importations, menée à l'échelle régionale, dans le but de réduire la dépendance à l'égard de l'extérieur, les exportations extra-régionales C.Y. Thomas étant alors secondaires. Par la suite, en 1967, les travaux de H. Brewster et [1] restaient dans la ligne de la substitution aux importations régionales, en insistant toutefois sur une politique industrielle à l'échelle régionale, ce qui impliquait une coordination étroite des politiques économiques d'industrialisation, fondée sur le rôle prédominant des capitaux publics.

Atchoarena montre comment les différentes tentatives d'intégration régionale: CARIFTA (Caribbean Free Trade Area) en 1968, puis CARICOM en 1971, ont échoué par rapport à l'objectif initial d'industrialisation par substitution d'importation régionale:

> "Admettre la persistance et la valeur de ces forces centrifuges revient à reconnaître que les pays du CARICOM sont avant tout des *économies à dynamique externe* et que les *possibilités d'import-substitution, au sein d'un marché qui même élargi reste modeste, avaient été surévaluées*".[2]

La même conclusion défavorable à la substitution d'importation dans un cadre de coopération régionale a été émise par Marius Sainte Rose dans le cas des économies insulaires des Caraïbes regroupées dans l'Organisation des Etats des Caraïbes de l'Est (OECS):

Bien que la substitution d'importation par l'intégration régionale paraisse être une stratégie pleine de bonnes intentions, note Sainte Rose, l'expérience de l'OECS montre qu'elle provoque une tendance vers des prix élevés, un manque de compétitivité internationale, en termes de prix et de qualité, et l'émergence d'une industrie inefficace, trop capitalistique et surprotégée, créant peu d'emplois, et ne bénéficiant que très peu à l'équilibre de la balance des paiements. Il semble, suggère-t-il, qu'une stratégie d'exportation présenterait de meilleures perspectives pour les industries de cette région.[3]

---

[1] H. BREWSTER ET C.Y THOMAS (1967), *The dynamics of West Indian Integration*, Kingston.

[2] ATCHOARENA David, Micro-insularité et valorisation des ressources humaines: L'exemple des Iles sous le Vent et des Iles du Vent de la Caraïbe anglophone. Thèse pour le doctorat de III° cycle, Université de PARIS I PANTHEON-SORBONNE, décembre 1988, 513 pages., p 423. Les passages soulignés sont de l'auteur, les passages en italique sont soulignés par nous.

[3] SAINTE ROSE Marius (1988), *A suggested development strategy for the Organisation of East Caribbean States (OECS)*, in CRUSOL Jean, HEIN Philippe,VELLAS François (Ouvrage collectif sous la direction de...). *L'enjeu des petites économies insulaires*, ECONOMICA 1988. p165-168.

Les économistes de l'Université de la Réunion ont également étudié les possibilités de coopération industrielle régionale avec les autres économies insulaires de l'Océan Indien. Même dans ce cadre élargi, une stratégie de substitution d'importation régionale ne semble pas fournir des perspectives de développement suffisantes:

> "L'exiguïté des marchés nationaux de la zone maintes fois soulignée, réduit les possibilités d'import-substitution et conduit à intégrer dans tout projet industriel d'envergure une composante "exportatrice" très importante (...) il peut sembler difficile de se tourner délibérément vers la grande exportation, c'est-à-dire au-delà de la zone, pour des économies relativement peu développées, mais cela apparaît de plus en plus comme la seule voie ouverte actuellement (...) en effet la stratégie d'import-substitution réduit très rapidement les possibilités de développement puisqu'elle ne s'applique, a priori, qu'à une fraction infime du marché mondial (...) En fait il faut examiner ce qui se fait, ce que l'on sait faire dans la zone plutôt que ce dont on a besoin et donc abandonner, actuellement , comme critère de développement, l'import-substitution" .[1]

Le jugement émis ci-dessus pourrait d'ailleurs avoir été influencé par les performances brillantes obtenues dans la zone par l'Ile Maurice, en matière de croissance du PIB et de l'emploi. Celle-ci a en effet adopté la stratégie de substitution d'exportation depuis les années 70, et sa bonne santé économique, en terme de croissance et d'emploi, contraste avec le marasme de l'industrie locale et le développement alarmant du chômage (37% des actifs) à la Réunion, laquelle a tout misé sur la substitution d'importation, hypothéquant ainsi ses perspectives de croissance de la production et de l'emploi, même si elle dispose néanmoins pour l'instant, grâce aux transferts métropolitains,[2] d'un niveau de vie moyen bien plus élevé.

Substitution d'exportation et S.I.: deux stratégies incompatibles

Il est illusoire de penser qu'il serait possible de passer progressivement d'une phase de développement centrée sur la S.I. à une autre centrée sur la substitution d'exportation. En effet, les

---

[1] ROCHOUX J.Y. (1988), *Industrie et Coopération Régionale dans les îles du sud ouest de l'Océan Indien*, in CRUSOL Jean, HEIN Philippe,VELLAS François (Ouvrage collectif sous la direction de...). *L'enjeu des petites économies insulaires*, ECONOMICA 1988. p 203-216.

[2] l'île de la Réunion est le département qui compte le plus grand nombre de titulaires du RMI.

conditions à réunir pour connaître le succès sont radicalement différentes dans les deux cas.

Pour développer la S.I., il faut un protectionnisme important, qui induit un niveau de prix élevé, lequel a tendance à se répercuter sur le niveau des salaires nominaux versés. Ce protectionnisme accroît donc les coûts de production pour les entreprises orientées vers l'exportation.

Or, la stratégie de substitution d'exportation repose en priorité sur la possibilité d'attirer des investissements de firmes multinationales désireuses de délocaliser la production d'une partie de leurs activités dans des pays où la main d'oeuvre est bon marché et où sa productivité est particulièrement élevée.

De nombreux pays se trouvent donc en concurrence pour attirer de tels investissements, et ceux qui ont d'abord privilégié la protection de leur industrie locale se trouvent automatiquement éliminés par le niveau des prix artificiellement élevé que cette politique protectionniste engendre. Ce handicap peut être partiellement compensé par un niveau particulièrement bas des salaires réels, ou par une productivité exceptionnellement élevée de la main-d'oeuvre locale, deux conditions qui sont loin d'être réunies en Polynésie Française.

Les deux stratégies sont donc incompatibles: on ne peut choisir l'une sans exclure l'autre. La preuve en est donnée par les nombreux pays qui ont du, devant le blocage de leur développement, abandonner brusquement la stratégie de S.I. pour adopter la S.E. (Corée du Sud, Taiwan, Singapour, Israël, l' île Maurice), alors que d'autres, ayant opéré ce "virage" trop tard, dans les années 80, ont vu leur croissance retardée (Malaisie, Thaïlande, Philippines, Fidji).[1]

Conclusion

Les nombreux effets pervers de la substitution d'importation dans le cadre d'une petite économie insulaire, la Polynésie Française, ont été abondamment décrits à l'aide de multiples exemples dans le chapitre 4 mon livre "Tahiti, Stratégie pour l'après-nucléaire" (L'Harmattan 1994). J'invite le lecteur intéressé à s'y reporter. Il est certain que les tentations sont grandes, dans une économie de transfert ou de rente, de recourir à cet artifice protectionniste, qui permet de créer des emplois et de maintenir des activités à l'abri de la protection douanière. Mais ces activités sont de moins en moins compétitives et reposent de façon cruciale sur les sursalaires de la fonction publique, qui seuls permettent

---

[1] Ceci est bien montré par Jacques Brasseul (1993) *Les nouveaux pays industrialisés*, A. Colin, pp 157-180 et par Chenery (1988); Industrialization and Growth: Alternative Views of East Asia, in Hugues H. (éd.) *Achieving Industrialisation in East Asia*, Cambridge University Press, 1988.

de trouver la demande solvable nécessaire pour faire face aux niveau des prix artificiellement élevés que cette stratégie implique. A terme, la monnaie manifestement surévaluée qui résulte de cette inflation va provoquer une asphyxie progressive de tous les secteurs d'exportation, traditionnelles ou modernes, dont le tourisme. L'économie devient alors entièrement dépendante de la manne publique extérieure.

Dans une île où l'extérieur n'amène pas ces facilités, les limites de la substitution d'importation sont atteintes encore plus vite, car en l'absence de hausse des transferts publics extérieurs, la demande solvable susceptible de payer des prix doubles du niveau international est très réduite.

Partout la substitution d'importation a montré ses limites, mais nulle part ailleurs que dans les petites îles ses limites ne sont plus évidentes, parce que les possibilités de profiter des économies d'échelle sont plus réduites, et parce que les "trous" dans le tissu productif rendent les productions locales excessivement dépendantes des importations pour les matières premières, les biens intermédiaires et les biens d'équipement.

Ceci rend absolument nécessaire la spécialisation et la recherche d'un avantage comparatif à l'exportation. Il n'y a pas de croissance rapide possible, en dehors de celle impulsée par une rente administrative ou militaire, si les exportations ne constituent pas l'activité principale, la locomotive de l'économie insulaire, qu'il s'agisse d'exportation de biens, de services financiers, ou de services touristiques.

Les exemples de succès de la stratégie de substitution d'exportation

Les stratégies de croissance fondées sur l'exportation visent à canaliser l'investissement et les ressources humaines vers les industries ayant un potentiel d'exportation plutôt que vers les industries axées essentiellement sur des marchés intérieurs, aux dimensions réduites.

Elles impliquent une excellente connaissance de l'évolution des marchés mondiaux, une innovation constante pour satisfaire la demande internationale, une recherche des économies d'échelle par la production en grande série pour les grands marchés étrangers. Il est également nécessaire d'importer au départ l'immense majorité des matières premières, des biens d'équipement et des pièces détachées nécessaires.

Hollis Chenery prend en exemple de cette stratégie la Corée du Sud, Taiwan, la Yougoslavie et Israël:

> "A la suite de la Seconde Guerre Mondiale, l'économie de tous ces pays était, au départ, totalement désorganisée. Ensuite, pendant dix

ans environ, ces pays développèrent leur industrie en cherchant à remplacer les importations. Ils purent disposer d'un afflux substantiel de ressources externes qui leur permit de soutenir une croissance rapide sans avoir à accroître immédiatement leurs exportations. Au début ou au milieu des années soixante, tous ces pays passèrent d'une stratégie orientée vers l'intérieur à une politique tournée vers l'extérieur et encouragèrent activement les exportations. (...) la réussite de cette stratégie se traduit par une augmentation rapide des exportations de produits manufacturés, par une croissance accélérée de la production industrielle et du PNB et par une dépendance moins forte à l'égard des entrées de capitaux extérieurs. (...) il s'ensuit que les neuf pays où la spécialisation dans l'industrie est bien marquée réalisent quelque 70% des exportations de produits manufacturés de l'ensemble des pays en développement, alors qu'ils ne comprennent que 5% environ de la population des pays moins développés."[1]

Chenery énumère les conditions nécessaires à la réussite de cette stratégie: l'esprit d'entreprise, la qualité de la main-d'oeuvre et l'acceptation de salaires peu élevés au départ, même si la croissance rapide de la productivité permet en général une croissance plus rapide du pouvoir d'achat des salaires que dans les autres PVD, ce qui exige que ces pays s'orientent sans cesse vers de nouveaux types d'exportations de produits manufacturés, quand leur avantage comparatif se modifie.

Les NPI d'Asie du Sud Est

A l'exception de Hongkong, qui a connu une industrialisation basée sur l'exportation dès le début, la plupart des économies du sud-est asiatique ont adopté la stratégie de substitution d'exportation pour surmonter l'impasse dans laquelle semblait les mener la S.I..

Les "quatre dragons": Hongkong, Singapour, la Corée du Sud et Taiwan, ont commencé à se développer après la seconde guerre mondiale en adoptant la stratégie de S.I.

Cependant, au début des années soixante, ces pays prirent conscience des limites de la S.I. et du prix à payer pour la politique protectionniste.

Contrairement à la plupart des autres pays en développement, ils décidèrent de changer de politique.

A partir de ce moment, il s'agissait de créer un environnement économique dans lequel la production destinée à l'exportation était au

[1] CHENERY H.(1979) *Changement des structures et politiques de développement.* Publié pour la Banque Mondiale par ECONOMICA., p 43

moins aussi rentable que celle des produits destinés à la consommation intérieure.

Pour cela, la fiscalité indirecte fut profondément remaniée: tous les biens d'équipements, matières premières, pièces détachées utilisées par les industries tournées vers l'exportation furent systématiquement détaxées. Il en allait de même, au bas de la chaîne de production, pour les fournisseurs coréens et taiwanais de biens destinés aux industries exportatrices.

De véritables subventions furent accordées aux exportateurs par le biais d'avantages fiscaux, de crédits préférentiels, et de tarifs avantageux pratiqués par les services publics; au total 15 à 20 % de la valeur ajoutée des exportations de produits manufacturés.

Hongkong, Taiwan et Singapour ont activement recherché les investissements directs multinationaux et ont eu accès aux technologies étrangères par le biais de licences, d'accords techniques et d'importations des machines les plus récentes.

De nombreuses sociétés nord-américaines ont sous-traité une partie de leur production de pièces détachées ou de produits finis.

La Corée du Sud, par contre, a eu massivement recours aux emprunts extérieurs, maintenant des restrictions à l'acquisition d'entreprises par les étrangers, aux transferts de capitaux et aux rapatriements de bénéfices des sociétés étrangères.

Dans l'ensemble les gains de productivité ayant été très importants, les salaires réels ont pu croître à des rythmes très rapides, nettement plus rapides que dans les pays ayant privilégié la stratégie de S.I. (voir tableau ci-dessous).

Productivité et salaires réels dans l'industrie, suivant la stratégie de développement.

PRODUCTIVITE ET SALAIRES REELS DANS L'INDUSTRIE (1980/1985)

(taux de variation annuel en %)

Pays	**Productivité**	**Salaires réels**
Stratégie de substitution d'exportation:		
Hong-Kong	7,2	1,7
Corée	5,6	4,0
Singapour	3,0	6,8
Taïwan	4,0	4,6
Stratégie de substitution d'importation:		
Brésil	3,2	4,3
Chili	0,6	-0,2
Mexique	2,2	-6,1

Source:"The asian NICs and US trade" World Financial Markets,Bulletin de la Morgan Guaranty Trust Company, New York, janvier 1987, traduit dans Problèmes Economiques N°2033, 17 juillet 1987.

La croissance a été plus rapide en moyenne dans les pays ayant opté pour la substitution d'exportation, notamment ceux du Sud Est asiatique, et moins rapide dans ceux qui ont opté pour la substitution d'importation, notamment ceux d'Amérique latine. Chenery montre pourquoi: en décomposant la croissance de la demande en 4 sources: l'expansion de la demande intérieur D, l'expansion des importations E, le remplacement des importations par des productions locales M, et le changement technologique T, il démontre que c'est grâce aux exportations que certains pays ont pris l'avantage sur les autres, qui misant sur la substitution d'importation, n'en ont obtenu que très peu de bénéfices pour la croissance, qui ne s'est poursuivie qu'au rythme (plus lent) de la demande intérieure. Ainsi en Amérique latine la demande intérieure représente 70% de la croissance (74% en Colombie, 91% au Mexique), contre moins de 70% en Asie (68% en Corée du Sud, 55% à Taiwan). Par contre les exportations ont contribué pour plus du tiers de la croissance en Asie (35% en Corée, 43% à Taiwan), contre moins de 15% en Amérique latine (14% en Colombie, 4% au Mexique). Mais surtout, la substitution d'importation n'a eu qu'une influence négligeable sur la croissance des pays qui avaient opté pour cette stratégie, en Amérique latine (Colombie, Mexique), ou ailleurs (Turquie). [1]

Le même résultat défavorable concernant la substitution d'importation a également été observé pour la croissance des pays africains par le CERDI, puisque ces travaux révèlent une contribution négative de la substitution des importations à la croissance, en suivant la même méthode que Chenery. [2]

N. Suzuky décrit pour sa part comment certains pays d'Asie du Sud Est ont fait le choix politique délibéré de passer brusquement d'un début d'industrialisation basé sur la S.I. à une nouvelle stratégie de S.E., en raison des blocages apparus à un moment donné de leur développement. C'est le cas notamment de Singapour, où ce changement d'orientation a eu lieu précisément en décembre 1967. Jusqu'en 1967 la croissance industrielle reposait presque entièrement sur le marché intérieur, à l'abri de droits de douane importants imposés en 1965 pour promouvoir la substitution d'importation. Dès 1967 la production commença à stagner, et le gouvernement prit la décision de promouvoir les industries d'exportation, par une loi appelée "Economic Expansion Incentive Act". A la suite de ces mesures les exportations de produits manufacturés progressèrent au rythme annuel de 57,7% de 1967 à 1969, pendant que dans le secteur de l'équipement électronique l'emploi progressait de 92% par an.

> Dans le cas de Singapour la brièveté de la phase de S.I. provient de la faible population qui limitait les possibilité d'expansion sur le marché intérieur. [3]

Dans le cas de Taïwan, c'est vers la fin des années cinquante que les autorités adoptèrent une politique de diminution de la protection tarifaire et d'incitation fiscale à l'exportation. Le montant des réductions d'impôt accordées aux exportateurs fut multiplié par 59 entre 1956 et 1967.

Au total, les résultats obtenus dans les pays ayant délibérément misé sur la stratégie de développement des exportations de produits manufacturés sont flatteurs: sur la période 1976/1986, ils obtiennent des taux de croissance annuels moyens du PIB en volume compris entre 6,5 % (pour Singapour) et 8,6% (pour Hongkong). Le volume des exportations, pendant la même période, augmente en moyenne de

---

[1] Chenery H.B (1986), Industrialisation and Growth, *Harvard Institute for International Development*, Paper N° 217, 1986, cité par J. Brasseul (1993), les Nouveaux Pays Industriels, Paris, A. Colin, p 50 et p 173.

[2] ZGILINICKI J.P. "La contribution des échanges extérieurs à la croissance", in GUILLAUMONT P. et S. (1988) *Stratégies de développement comparées, Zone Franc et hors Zone Franc.* ECONOMICA.pp 475-504.

[3] SUZUKY N. (1976) *Asian economic Development and export oriented industrialization*, Institute of Developping Economies,Tokio, Japan , 1976.

8,3% par an à Singapour, de 13,5% par an en Corée du Sud, de 13,2% par an à Taiwan, de 8,4% par an à Hongkong.

Ces taux sont nettement supérieurs à ceux obtenus par les pays orientés vers la S.I., comme la plupart des pays sud-américains ou Africains.

En définitive, parce qu'elle supprime toute discrimination à l'égard du secteur exportateur, la stratégie de substitution d'exportation permet une meilleure allocation des ressources, augmentant ainsi l'efficacité globale de l'économie, y compris dans la production pour le marché intérieur, ce qui explique que ce qui est gagné en croissance par le moteur des exportations n'est en général pas payé par un recul sur le marché intérieur : les pays orientés vers l'extérieur réussissent également mieux sur leur propre marché intérieur, du fait de leur compétitivité améliorée dans tous les domaines d'activité, et cela en raison de taux de change plus "réalistes" (non surévalués), donc moins favorables aux importations concurrentes de productions locales.

L'île Maurice, Haïti, Malte, Fidji et les autres économies insulaires adoptant la stratégie de substitution d'exportation par l'établissement de zones franches industrielles d'exportation (ZFIE)

Les petites économies insulaires ayant opté pour la stratégie de promotion des exportations de produits manufacturés ont généralement misé sur l'établissement d'une zone franche industrielle d'exportation (ZFIE). Une telle zone est ainsi définie par Basile et Germidis:

> "Aire délimitée administrativement, parfois géographiquement, soumise à un régime douanier autorisant la libre importation des équipements et autres produits en vue de la production de biens destinés à l'exportation. Ce régime s'accompagne généralement de dispositions législatives de faveur, notamment fiscales, qui constituent autant d'incitations à l'investissement étranger".[1]

La première ZFIE a été créée en 1959 à l'aéroport de Shannon en Irlande. Dans les années 70, ces zones se multiplièrent dans les PVD cherchant à attirer les investissements étrangers créateurs d'emplois et surtout générateurs de devises. Maurice fut la première île à ouvrir cette voie. D'autres ont suivi, notamment la Barbade, Bahreïn, Tonga, et récemment Fidji. Certaines îles ont étendu le régime douanier de la

---

[1]BASILE A. et GERMIDIS D. (1984), *Investir dans les zones franches industrielles d'exportations*. Paris , OCDE, 92 p., cité par DOMMEN E. (1987), *Les zones franches industrielles d'exportation (ZFIE) dans les îles*, in *Iles tropicales, Insularité, Insularismes*, Collection Iles et Archipels N° 8, CRET, Université de BORDEAUX III, pp 229-239

ZFIE sur la totalité de leur territoire (Maurice, Antigua et Barbuda, Barbade, Dominique, Montserrat, Saint Vincent, Saint-Christophe et Niévès).

Au-delà des avantages douaniers et fiscaux, les investisseurs étrangers apprécient le faible coût et la discipline de la main d'oeuvre, et l'allégement considérable des formalités administratives permis par le statut de zone franche. Pour les pays d'accueil, cette formule permet d'accorder des avantages aux investisseurs pour l'exportation, dont ne disposent pas les investissements s'adressant au marché intérieur. C'est donc une façon de supprimer de façon radicale les inconvénients d'une bureaucratie trop pesante et d'un protectionnisme exagéré des industries locales tournées vers le marché intérieur.

L'île Maurice

L'île Maurice a connu deux stratégies de développement successives: la stratégie de substitution d'importation de 1960 à 1970, et la stratégie de substitution d'exportation à partir de 1970. Les résultats obtenus ne laissent aucun doute sur le caractère avisé de l'abandon de la substitution d'importation en 1970.

En 1968, année de l'indépendance, l'économie Mauricienne était "mal partie ": Déficit budgétaire, déficit de la balance des paiements, forte dépendance à l'égard des exportations sucrières (90% des recettes d'exportation), investissements étrangers nuls, émigration vers l'étranger en raison d'un taux de chômage élevé (17%), d'un faible niveau de vie (200$ par habitant), et d'une croissance démographique rapide. Depuis 1961 une politique de substitution d'importation avait donné des résultats décevants:

> "En dépit des efforts accomplis, et des réalisations faites, les industries de substitution d'importation se révélèrent décevantes par leur dynamisme insuffisant, c'est à dire par leur faible capacité de création d'emplois, et leur coût de production élevé entraînant une augmentation du coût de la vie local. Les buts recherchés au départ étaient loin d'être atteints: résorption du chômage et économies de devises."[1]

En 1987, le PNB par tête est passé à 1500$ par habitant, la croissance annuelle moyenne a été de 7% sur les quatre dernières années, et de 30% dans le secteur industriel, la balance des paiements a enregistré un excédent, le déficit budgétaire a été ramené à 2,5% du PNB, l'inflation

---

[1] SINGARALEVOU (1987) ,*Tentative de diversification d'une économie de plantation: le cas de l'île Maurice*, in CRET (1987) *"Iles tropicales: Insularité, "insularismes"*, Collection "Iles et archipels", N°8, édité par le Centre de Recherche sur les Espaces Tropicaux, Université de Bordeaux III.

est en dessous de 1% et le taux de chômage est descendu à son niveau "frictionnel" de 5%, une pénurie de main d'oeuvre faisant même son apparition, alors que l'île voisine de la Réunion a un taux de chômage qui approche 40%. La croissance démographique s'est ralentie considérablement (moins de 1% par an). [1]

Ce retournement spectaculaire de situation est dû à la création d'une "zone franche d'exportation" en 1971. Une telle zone accueille les entreprises désirant implanter une activité industrielle tournée vers l'exportation, en garantissant d'importants avantages fiscaux: exonération totale de droits et taxes sur les produits importés et exportés dans la zone, pas d'impôt sur les bénéfices, rapatriement libre des capitaux, etc....Depuis près de cent mille emplois ont été créés dans les 530 usines de cette zone franche, ce qui a permis de résorber le chômage, de stimuler la demande intérieure et donc les industries travaillant pour le marché intérieur (hors zone franche). 85% des emplois industriels sont dans la zone franche. 90% des exportations de l'île Maurice (98% pour le textile, principale activité de la zone franche) sont à destination des pays industrialisés. Les exportations de la zone franche sont principalement destinées à la CEE, de même que les exportations de sucre, qui, grâce aux accords avec la CEE, entrent en franchise de droits de douane. Ces dernières, qui représentaient 98% du total des exportations en 1978, n'en représentent plus que 37% en 1988.

De plus, la zone franche a permis d'acquérir peu à peu la formation et les technologies nécessaires au développement industriel, notamment au travers de *joint ventures*, qui représentent 55% des firmes installées dans la zone franche. 14% seulement d'entre elles sont entièrement contrôlées par le capital étranger, 31 % étant entièrement propriété d'investisseurs locaux. Les capitaux en provenance de Hongkong ont joué un rôle important en ce qui concerne l'île Maurice.

Grâce à la zone franche, la baisse des emplois dans le secteur primaire (-12000 emplois dans l'agriculture de 1975 à 1985) a été plus que compensée par les créations d'emplois dans l'industrie (+40 000 sur la même période, principalement dans le textile, qui représente 93% de l'emploi dans la zone franche).

Le succès de la zone franche a été favorisé par plusieurs facteurs[2]:

---

1 BHEENICK Rundheersing (1988), *Le passage à une économie de main d'oeuvre qualifiée: cas particulier de l'île Maurice*, in Association pour la recherche et la technologie à la Réunion (1988) *Les économies insulaires : stratégie de développement des économies insulaires à pouvoir d'achat élevé*. Actes du Colloque de Saint-Denis de la Réunion. 7-10 novembre 1988. pp157-161.

1 HEIN Catherine (1988): Export processing zones in island countries: the case of Mauritius in CRUSOL Jean, HEIN Philippe,VELLAS François (Ouvrage collectif

- main d'oeuvre de qualité, bien éduquée, et bon marché;
- environnement politique stable;
- entrepreneurs locaux dynamiques;
- bonnes infrastructures de transport et de télécommunications;
- ouverture du marché de la CEE grâce à la convention de Yaoundé, qui a permis de bénéficier de la libre entrée des produits mauriciens à partir de 1972 (ce qui constitue un argument important pour les investisseurs de Hongkong se heurtant au protectionnisme communautaire). Maurice a été le premier membre du Commonwealth à devenir un membre associé de la CEE, avant même l'entrée de la Grande Bretagne.[1]
- incitations fiscales avantageuses: complète exemption d'impôt sur les sociétés pour 10 ans, prorogée avec des taux décroissants jusqu'à la 20° année. Depuis 1985: 15% d'impôt pour toute la vie de la société, exemption de taxes sur les dividendes pour 10 ans, libres rapatriements des profits et des dividendes, et garantie contre toute nationalisation.[2]

Aujourd'hui, la pénurie de main d'oeuvre et la hausse des salaires menacent à terme la compétitivité de la zone franche dans le domaine du textile et de la confection, aussi les mauriciens envisagent-ils une nouvelle stratégie de développement industriel visant à attirer des technologies de pointe, en tirant parti de l'élévation du niveau d'éducation de la main d'oeuvre.

Haïti

L'île d'Haïti, profitant de très bas salaires, a favorisé l'implantation d'industries d'exportation à destination du marché nord-américain, relativement proche. De 1973 à 1983, les exportations de produits manufacturés divers sont passées de 4,8 millions de dollars à 182 millions de dollars, soit une croissance de 43% par an en moyenne. En 1983, les exportations de produits manufacturés représentent 71% des exportations totales, et sont destinées presque exclusivement aux pays industrialisés (99%). Les produits textiles y occupent une bonne place, mais également des produits tels que sacs de voyage, balles de golf,

---

sous la direction de...). *L'enjeu des petites économies insulaires*, ECONOMICA , pp 199-202.

[1]HEIN Catherine (1987) *Les zones franches industrielles dans les états insulaires: le cas de Maurice*, in CRET (1987) *"Iles tropicales: Insularité, "insularismes"*, Collection "Iles et archipels", N°8, édité par le Centre de Recherche sur les Espaces Tropicaux, Université de Bordeaux III. pp 331-348.

[2]Ibidem p. 343.

etc...[1] En 1982 les zones franches d'exportation employaient 60.000 personnes à Haïti, ce qui ne représentait pourtant que 3% de l'emploi total (1.869.000 personnes).[2]

Malte

Malte, île située au milieu de la mer Méditerranée, peuplée de 350.000 habitants (en 1990), fut une colonie britannique jusqu'en 1964. Elle dépendait excessivement des dépenses militaires réalisées par le gouvernement anglais, lesquelles représentaient alors environ 15% du PIB. .Au moment de son indépendance en 1964, elle exportait peu, et il fallut rapidement trouver des ressources alternatives aux dépenses militaires britanniques. Les prévisions en 1964 étaient cependant pessimistes, et l'on pensait alors qu'une baisse du produit par tête était inévitable et qu'il faudrait avoir massivement recours à l'émigration pour éviter le développement du chômage. Dès le départ la stratégie adoptée par le premier plan de développement (1959-1964), inspirée de plusieurs rapports commandés par le gouvernement britannique dans les années cinquante, fut de développer l'industrie tournée vers l'exportation, notamment la réparation navale, et le tourisme, pour contourner le problème de l'étroitesse du marché intérieur[3]. La priorité était également d'attirer les investissements étrangers.

Les prévisions pessimistes de 1964 furent infirmées: dès 1969 le produit par tête et les exportations (notamment de vêtements) s'étaient développées rapidement, tandis que le chômage et l'émigration étaient en baisse. La construction d'hôtels avait notamment stimulé le secteur du bâtiment. De 1969 à 1979, les dépenses militaires britanniques

---

[1]VELLAS François : *Stratégie du commerce international des petits pays insulaires* in CRUSOL Jean, HEIN Philippe,VELLAS François (Ouvrage collectif sous la direction de...). *L'enjeu des petites économies insulaires*, ECONOMICA 1988. p 53-77.

[2]HEIN Catherine (1988): Export processing zones in island countries: the case of Mauritius in CRUSOL Jean, HEIN Philippe,VELLAS François (Ouvrage collectif sous la direction de...). *L'enjeu des petites économies insulaires*, ECONOMICA , p 200.

[3] "Parce que le marché intérieur de Malte était très petit {le rapport Schuster} mettait l'accent sur la nécessité de développer une production efficiente pour les marchés d'exportation, et sur le fait que ceci supposait une compétitivité de ces exportations. Cette stratégie fut une caractéristique des plans de développement adoptés dans les années 60, 70 , et 80." Lino Briguglio (1992) "Island Economies - Plans, Strategies and Performance, Malta". Economics Divison Working Papers,, N° 92/3, Research School of Pacific Studies, Australian National University, Canberra, Australie, p. 4, notre traduction.

diminuèrent graduellement pour cesser à la fin de cette période. L'essor du tourisme fut particulièrement rapide à partir des années 1970.

Aujourd'hui les exportations représentent 42% de la dépense finale totale, alors que les dépenses intérieures en représentent 58%. Les importations représentent 52% de la dépense finale, le produit intérieur brut 48%. L'économie maltaise est donc très ouverte sur l'extérieur, ce qui est le cas de toutes les îles à haut niveau de vie, en raison de la nécessité de ne produire sur l'île qu'une petite partie de la dépense intérieure, afin d'éviter le handicap des productions à petite échelle. La balance commerciale déficitaire est compensée par le surplus de la balance des services, notamment le tourisme. Les exportations de Malte sont dirigées pour plus de 85% vers les pays industrialisés et sont composées pour plus de 85% de produits manufacturés, principalement des vêtements et chaussures, mais aussi des appareils d'optique et scientifiques (+82% de 1973 à 1983) et des machines et appareils électriques (+21% sur la même période) et des machines et équipements de transports (construction navale).

Iles Fidji

Le cas des îles Fidji est intéressant. Archipel de plus de 300 îles, (dont la plus grande est 10 fois plus étendue que Tahiti), sa population (720.000 personnes) est composée à 46% d'indiens immigrés au siècle dernier comme main d'oeuvre dans les plantations de canne à sucre, à 48% de fidjiens de souche (mélanésiens), et à 6% de chinois et d'européens. En 1987 un coup d'état militaire a renversé un gouvernement démocratiquement élu à majorité indienne. Fidji a été exclu du Commonwealth, l'Australie et la Nouvelle Zélande ont protesté contre la nouvelle constitution discriminatoire pour les indiens, et remis en cause les accords de coopération civils et militaires. L'économie fidjienne a été frappée par une brusque baisse de la fréquentation touristique et une émigration de l'élite indienne.

Malgré ces difficultés, l'économie fidjienne a connu depuis 1987 un boom sans précédent dans toute son histoire (taux de croissance de 12,5% en 1989, PNB par habitant de $1500), en dépit d'énormes difficultés initiales, en particulier une grave hémorragie de capitaux et de personnel qualifié, et une image d'insécurité politique provoquée par deux coups d'Etat successifs en 1987. Ce retournement de situation spectaculaire est dû à un changement de politique économique radical: il a fallu rompre avec le mythe de l'import substitution. Sur un marché restreint à la seule clientèle locale, il était impossible de produire de façon réellement rentable. Les autorités l'ont parfaitement compris et la première règle à être adoptée fut une libéralisation des échanges par le biais d'une diminution des taxes sur les importations. Ainsi les lois du marché et de la concurrence allaient faire leur sélection et fortifier une économie jusqu'alors frileuse et protégée. Deuxième leitmotiv, exporter, créer des emplois. Pour cela, un système de mesures fiscales incitatives connues sous le nom de "Tax free zone/Tax free factory scheme" a été mis en place. Le principe en est simple: toute entreprise s'engageant à exporter au moins 95% de sa production bénéficie d'avantages fiscaux très attractifs (par exemple, exonération totale de taxes à l'importation des matières premières et à l'exportation des produits finis, exonération totale de l'impôt sur les bénéfices pendant 13 ans, etc...). L'effet a été immédiat. Depuis la mise en place du système début 1688, 98 entreprises ont été agréées, qui emploient près de 10.000 personnes. Bénéficiant en outre d'une main-d'oeuvre très compétitive et d'accords douaniers avec la plupart des grands marchés internationaux (SPARTECA pour l'Australie et la Nouvelle-Zélande, GSP pour les Etats Unis, convention de Lomé pour la CEE), les exportations fidjiennes sont désormais très bien placées surtout en ce qui concerne la confection qui a connu un développement extraordinairement rapide.

Autres îles comportant des zones franches d'exportation

Les zones franches d'exportation employaient 140.000 personnes, soit 19% de la population employée, à Porto-Rico en 1981, 10.000 personnes, soit 11% de l'emploi total à La Barbade en 1985, 4600 personnes à Bahreïn en 1982, soit 3% de l'emploi total. D'autres îles comportaient une ou plusieurs zones franches d'exportation, mais qui n'occupaient qu'une part réduite de l'emploi total: Tonga, Antilles néerlandaises, Montserrat, la Jamaïque, et la République Dominicaine.

Dans le cas de La Barbade, les machines et équipements de transport représentent 56% des exportations totales en 1983 et sont destinées pour 99,5% aux pays industrialisés.

Bahreïn, la Jamaïque, les Fidji et la Barbade se distinguent par le fait qu'une part significative de leurs exportations de produits manufacturés est destinée à d'autres PVD. Ceci ouvre aux petites économies insulaires une voie de spécialisation internationale originale: celle de "pays relais nord-sud du point de vue technologique, industriel et commercial"[1], notamment dans le cadre d'associations de libre échange régionales sud-sud telles que CARIFTA (association de libre échange des Caraïbes créée en 1968) et CARICOM (communauté des Caraïbes

---

[1]VELLAS François : *Stratégie du commerce international des petits pays insulaires* in CRUSOL Jean, HEIN Philippe,VELLAS François (Ouvrage collectif sous la direction de...). *L'enjeu des petites économies insulaires*, ECONOMICA 1988. p 53-77.

mise en place en 1972). Cependant, à propos de la Barbade, Jean VELLAS note que:

"les petits pays insulaires qui disposent d'une industrie manufacturière plus développée ont tendance à augmenter leurs exportations de produits industriels vers le nord plutôt que vers le sud (...) il existe une limite aux exportations industrielles sud-sud même pour les petites îles du fait de l'attraction des marchés des pays industriels et du fait de la politique poursuivie par les investisseurs internationaux".[1]

Conclusion

L'expérience montre que la simple ouverture d'une zone franche d'exportation proposant des avantages fiscaux aux investisseurs étrangers ne garantit pas le succès de l'opération. Les facteurs favorables, énumérés plus haut à propos de l'île Maurice, sont rarement tous réunis en même temps. Il est cependant utile de souligner que l'éloignement des grands marchés des pays industrialisés n'est plus un handicap insurmontable, comme le montre précisément l'exemple de l'île Maurice. Par contre le bénéfice d'accords douaniers spéciaux avec les pays industrialisés (Convention de Lomé, Caribbean Basin Initiative, General System of Preference, South Pacific Trade and Economic Cooperation Agreement) semble être un atout non négligeable et même indispensable.

Parmi les autres conditions essentielles requises pour le succès d'une telle stratégie: qualité et faible coût de la main d'oeuvre, stabilité politique et surtout, selon François VELLAS, bonne moralité des gouvernants :

"moralité qui est la meilleure des garanties des intérêts du pays, moralité qui, quand elle n'existe pas est le pire des facteurs de risque, même en dehors des relations".

Les avantages de cette stratégie

On a vu plus haut que les petits pays sont naturellement obligés de s'ouvrir plus largement aux échanges extérieurs que les grands pays. Pour ceux d'entre eux qui ne disposent pas de ressources naturelles importantes, mais dont la main d'oeuvre est abondante et bon marché, la voie de l'exportation de produits manufacturés s'offre naturellement

---

[1]VELLAS François : *Stratégie du commerce international des petits pays insulaires* in CRUSOL Jean, HEIN Philippe,VELLAS François (Ouvrage collectif sous la direction de...). *L'enjeu des petites économies insulaires*, ECONOMICA 1988. p 53-77.

comme la plus adaptée, car elle permet de contourner l'obstacle des déséconomies d'échelle dans l'industrie, et celui de l'insuffisante diversification des exportations traditionnelles et de l'instabilité des recettes qu'elles engendrent. Elle permet également de profiter des avantages comparatifs de l'échange international, source de gains de productivité et de niveau de vie, et d'acquérir le savoir-faire et la technologie des pays industriels.

Le principal atout des pays ayant choisi la voie de l'exportation de produits manufacturés est leur supériorité dans les domaines de la compétitivité et de la maîtrise de l'inflation: les produits fabriqués pour l'exportation doivent d'emblée bénéficier des techniques les plus élaborées de production de masse. Etant compétitives sur le plan mondial, ces industries peuvent a fortiori satisfaire au moindre coût la demande intérieure. Ainsi le coût de la vie reste bas, en raison de l'absence de protection douanière, et du haut niveau de productivité atteint dans l'industrie manufacturière.

Dans une industrie sous protection douanière, au contraire, ce que la protection fait gagner au producteur est souvent perdu, sous forme de prix plus élevés, par le consommateur. Les gains de productivité ne peuvent, dans ces conditions, être aussi rapides (ils peuvent même être quasiment nuls, comme dans certaines activités agricoles en Polynésie Française).

Dans ce cas, soit les salaires réels augmentent très lentement, au rythme des gains de productivité, et la croissance de la demande intérieure et donc de la production intérieure ne peut être que réduite, soit les salaires réels augmentent plus vite que la productivité, et la conséquence inéluctable est la perte de compétitivité, la dégradation de la balance commerciale et de la balance des paiements, rendant nécessaire soit une politique d'austérité salariale pour réduire les importations, soit des dévaluations à répétition accompagnées d'inflations galopantes, de phénomènes de "fuite devant la monnaie" et d'évasions de capitaux (cas des pays sud-américains).

De plus, dans une économie tournée vers l'exportation, le problème des économies d'échelle n'existe plus: la taille des unités de production peut être définie de façon optimale, et non pas sous-dimensionnée pour satisfaire le marché intérieur uniquement.

Par ailleurs, les produits exportés doivent être d'une qualité irréprochable pour affronter les marchés extérieurs. En particulier, ils doivent respecter les normes sévères imposées par les pays industrialisés.

Enfin, dans une économie en développement, on observe en général que les activités tournées vers l'exportation de produits manufacturés sont plus intensives en main d'oeuvre, et créent donc plus d'emplois, que les activités tournées vers l'import-substitution.[1]

Ce résultat a un effet positif sur la distribution des revenus, moins inégalitaire dans les pays ayant opté pour la substitution d'exportation que dans les économies ayant opté pour la substitution d'importation:

> "Pour ce qui concerne la répartition des revenus, les résultats laissaient penser que l'adoption de stratégies commerciales de substitution aux importations et de mesures visant à encourager les techniques nécessitant une forte intensité de capital avait probablement été à l'origine d'inégalités plus graves qu'elles ne l'auraient été en l'absence de telles stratégies."[2]

Hollis Chenery, qui a étudié empiriquement les modes de spécialisation des économies en développement, distingue trois grands groupes de pays: les grands pays, les petits pays orientés vers le secteur primaire, et les petits pays orientés vers l'industrie. Dans les petits pays, dit-il,

> "la moindre diversification des ressources et l'étroitesse des marchés renforcent les avantages qu'offre le commerce extérieur. Les capitaux étrangers sont davantage accessibles pour la plupart des petits pays et jouent un rôle plus important dans le financement de l'investissement et des importations que dans les grands pays.
> Tous ces facteurs font qu'il est plus efficace pour les petits pays de concentrer leur production sur une gamme plus étroite de produits susceptibles d'entrer dans le commerce extérieur et d'importer une fraction plus importante des produits dont ils ont besoin. Bien que la spécialisation traditionnelle dans les exportations de produits primaires reste la configuration la plus fréquente dans les pays relativement pauvres, de plus en plus de pays se sont écartés des formes relativement extrêmes de spécialisation dans le secteur primaire et quelques-uns y ont même totalement renoncé alors que leur niveau de revenu était relativement bas. Les pays membres de ce dernier groupe qui ont connu la réussite la plus grande ont profité pendant une période d'environ dix ans d'entrées importantes de

---

1 "dans la plupart des pays inclus dans l'étude, la production destinée à l'exportation était, et de loin, bien plus utilisatrice de main d'oeuvre que la production de marchandises concurrentes d'importation." KRUEGER, Anne (1984), *Stratégies commerciales et emploi dans les pays en développement*, Finances et développement, FMI, juin 1984. pp 23-25.

2KRUEGER, Anne (1984), *Stratégies commerciales et emploi dans les pays en développement*, Finances et développement, FMI, juin 1984.pp 23-25.

capitaux extérieurs, ce qui leur a permis de développer la base industrielle nécessaire à la croissance des exportations."[1]
Au total, la stratégie de substitution d'exportation a obtenu les meilleurs résultats dans les pays insulaires, là où tous les facteurs favorables étaient réunis pour son succès.[23]

Les difficultés d'application dans des économies insulaires à haut pouvoir d'achat

Il est évident que l'obstacle majeur auquel se heurtent les économies insulaires à haut pouvoir d'achat telles que celles des Dom-Tom dans l'adoption d'une stratégie de substitution d'exportation, c'est le niveau beaucoup plus élevé des salaires, et d'une manière générale de tous les coûts de production, en raison du niveau élevé des prix que produit la surévaluation de leur monnaie. Comme l'indique Catherine HEIN à propos de la zone franche d'exportation de l'île Maurice:

> "Il n'est pas évident que l'acceptation de ces salaires modestes soit la même dans tous les PVD insulaires (...) ainsi nombre d'insulaires des îles du Pacifique, que l'on décrit parfois comme vivant dans une prospère économie de subsistance et comme ayant atteint un certain niveau de satisfaction, temporaire ou même semi-permanent, pourraient bien ne pas être désireux de s'employer dans des industries franches. Dans certaines îles, d'autres sources de revenus - comme les mandats envoyés au pays par les émigrés- peuvent réduire le désir de s'employer dans une zone franche industrielle."[4]

---

[1] CHENERY H. (1979), *Changement des structures et politiques de développement.* Publié pour la Banque Mondiale par ECONOMICA., p 98.

[2]"Parmi les petites économies, ce sont celles dont la politique est la plus axée vers les exportations, comme Malte, le Botswana et Maurice, qui ont atteint les taux de croissance les plus élevés. Il a été amplement prouvé par l'expérience que toute politique de libre-échange va de pair avec un taux de croissance plus fort, un ajustement plus efficace et une affectation des ressources plus rationnelle" DE VRIES, Barend A. (1984), *La politique industrielle dans les petits pays en développement.* Finances et Développement, juin 1984.pp 39-41.

105 "Des recherches antérieures on fait apparaître une forte corrélation entre les stratégies commerciales et les taux de croissance, les résultats en matière de croissance étant meilleurs dans les pays pratiquant une politique de promotion des exportations que dans les pays encourageant les industries concurrentes d'importations"KRUEGER, Anne (1984), *Stratégies commerciales et emploi dans les pays en développement*, Finances et développement, FMI, juin 1984.pp 23-25.

[4]HEIN Catherine (1987) *Les zones franches industrielles dans les états insulaires: le cas de Maurice*, in CRET (1987) *"Iles tropicales: Insularité, "insularismes"*, Collection "Iles et archipels", N°8, édité par le Centre de Recherche sur les Espaces Tropicaux, Université de Bordeaux III. pp 331-348.

Même parmi les économies insulaires du Pacifique, les différences de niveaux de salaires sont très grande. Ainsi, à Fidji, où il n'y a pas de salaire minimum, les salaires de la zone franche d'exportation commencent à 40 ou 50 F CFP de l'heure, alors que le salaire minimum à Tahiti est de 473 F CFP, donc environ dix fois plus.

Tout espoir de lutter avec les PVD sur le plan des coûts de production est vain, étant donné le gouffre qui les sépare sur le plan des coûts de main d'oeuvre. C'est le cas par exemple de la Réunion face à la concurrence de l'île Maurice.[1]

C'est donc une stratégie différente qui est proposée pour les DOM-TOM par les auteurs liés à l'Université de la Réunion lors du colloque sur les économies insulaires à pouvoir d'achat élevé (1988).

- faire des DOM-TOM des "plaques tournantes" de réexportation vers les PVD de la région, qui peut faire jouer aux réexportateurs un rôle d'exportation de services de maintenance, notamment dans le domaine des biens d'équipement.[2]
- Privilégier la "production de biens intermédiaires et de biens d'équipement spécialisés pour le marché régional [de l'océan indien]"[3]

---

[1]"nos concurrents ne doivent pas être les producteurs ACP, ne nous trompons pas de champ de bataille, le nôtre n'est pas celui des pays à bas salaire. (...) La "zone franche" , dans son acceptation traditionnelle, n'est pas adaptée au contexte de La Réunion, où doit être privilégié le développement de secteurs d'activité à haute valeur ajoutée qui exporteront une grande partie de leur production, mais aussi le renforcement de la compétitivité des entreprises locales. Le concept de pôle franc technologique et international nous apparaît plus adapté, dans la mesure où il se démarque de l'appellation de zone franche tiers mondiste regroupant des activités de volume basées sur un faible coût de la main d'oeuvre (...)" .PAYET J.M. (1988), *Le développement industriel dans les petites économies insulaires à pouvoir d'achat élevé: l'exemple de la Réunion,* in Association pour la recherche et la technologie à la Réunion (1988), *Les économies insulaires : stratégie de développement des économies insulaires à pouvoir d'achat élevé.* Actes du Colloque de Saint-Denis de la Réunion. 7-10 novembre 1988. pp 145-156.

[2]"La Réunion assure donc là un rôle de relais entre des fournisseurs d'appareils sophistiqués et de machines complexes localisées dans des pays lointains et qui peuvent difficilement assurer le contact avec leurs clients de la zone". ROCHOUX Jean-Yves (1988) *Les exportations non sucrières à La Réunion*, in Association pour la recherche et la technologie à la Réunion (1988), *Les économies insulaires : stratégie de développement des économies insulaires à pouvoir d'achat élevé.* Actes du Colloque de Saint-Denis de la Réunion. 7-10 novembre 1988. pp 117-128.

[3]PAYET J.M. (1988), *Le développement industriel dans les petites économies insulaires à pouvoir d'achat élevé: l'exemple de la Réunion,* in Association pour la recherche et la technologie à la Réunion (1988), *Les économies insulaires : stratégie de développement des économies insulaires à pouvoir d'achat élevé.* Actes du Colloque de Saint-Denis de la Réunion. 7-10 novembre 1988. pp 145-156

- Mettre l'accent sur les exportations de services :"conseil et ingénierie, services financiers internationaux, et services de santé pour le marché régional".[1]

On pourrait cependant émettre un doute sur la capacité de cette stratégie d'exportation "haut de gamme" à correspondre aux besoins d'emplois non qualifiés des jeunes chômeurs réunionnais dotés d'un faible niveau de formation, la même réflexion étant d'ailleurs valable pour le cas de la Polynésie Française. Il faut avoir les moyens en capital humain de ces hautes ambitions technologiques, sinon, on risque d'aller à l'échec sur tous les tableaux: sur le bas de gamme, en raison d'une main d'oeuvre trop chère, et sur le haut de gamme, en raison d'une main d'oeuvre qualifiée rare, donc également très chère, en raison de la nécessité de faire appel à des "expatriés".

A titre d'exemple, en 1987, le coût horaire, charges comprises, d'un ouvrier au SMIG en Polynésie Française était de 4,92 $, contre 2,36 $ au Portugal 1,54 $ en Corée du Sud, 0,63 $ à la Jamaïque, 0,58 $ à Haïti, 0,26 $ aux Philippines, 0,15 $ en Chine.[2]

Ceci nous amène donc à la troisième stratégie possible pour les économies insulaires: la stratégie d'exportation de services.

La stratégie d'exportation de services

Pour les économies insulaires ayant peu d'espoir de développer une industrie de substitution d'exportation, l'exportation de services peut offrir une alternative séduisante. Parmi les économies insulaires, une proportion importante de celles qui ont atteint un bon niveau de développement l'a obtenu grâce à cette stratégie:

> "L'économie des mini-Etats les plus avancés semble plus diversifiée. Certains, par exemple, ont contourné l'écueil de la concentration des exportations en s'orientant vers la prestation des services -tourisme, activités bancaires offshore, entreprises multinationales- dont la demande est accrue du fait de la hausse des revenus du monde industriel".[3]

Il est évident que l'exportation de services permet d'atténuer le problème des coûts d'approche du marché des pays industriels, puisque

---

[1] Ibidem.

[2] Sources: ITSTAT pour la Polynésie Française, ATCHOARENA David, *Micro-insularité et valorisation des ressources humaines: L'exemple des Iles sous le Vent et des Iles du Vent de la Caraïbe anglophone.*, Thèse pour le doctorat de III° cycle, Université de PARIS I PANTHEON-SORBONNE, décembre 1988, 513 pages, p 279 pour les autres pays.

[3] GALBIS Vicente (1984) , *L'économie des mini-Etats*, Finances et développement, FMI, juin 1984. pp 36-39.

l'acheteur vient consommer "sur place". Par ailleurs, de nombreuses activités de services sont moins affectées par le problème des déséconomies d'échelle: la "production de masse" n'est pas forcément un avantage par exemple, dans le tourisme ou dans la banque offshore. Au contraire, les services "personnalisés", "haut de gamme", sont souvent ceux qui s'exportent le mieux et rapportent le plus.

Pour l'ensemble des petits pays insulaires en développement (34 pays), les recettes d'exportations de services représentent, d'après la CNUCED, 61,5% des exportations de marchandises de ces pays, contre 37% dans l'ensemble des PVD.[1] Pour quelques îles, les exportations de services dépassent de loin celles de marchandises: de 730% aux Bahamas, 492% à Antigua et Barbuda, 486% aux Maldives, 268% à la Barbade, 257% à Chypre, etc...

D'une manière générale, les activités de service forment une part importante du PIB des petits pays insulaires: entre 59% (Antilles néerlandaises) et 83% (Bahamas) en 1983, contre 44% dans l'ensemble des PVD.[2]

Beaucoup d'îles combinent plusieurs types d'exportations de services. Ainsi dans les Caraïbes, cohabitent souvent les services financiers et les services touristiques, qui se complètent harmonieusement, puisque les hommes d'affaire peuvent "consommer sur place", sous forme de tourisme de luxe, une partie des avantages retirés d'un paradis fiscal, par exemple.

Les îles des Caraïbes semblent d'ailleurs aujourd'hui les plus avancées vers la voie d'un modèle original de développement reposant sur l'exportation de services. Comme le souligne Marius Sainte Rose, l'avantage comparatif des petites économies insulaires est plus facile à dégager dans l'exportation de services que dans celle de produits manufacturés.[3]

---

[1] D'après VELLAS François (1988): *Tourisme international et stratégie de développement dans les pays insulaires* in CRUSOL Jean, HEIN Philippe,VELLAS François (Ouvrage collectif sous la direction de...). *L'enjeu des petites économies insulaires*, ECONOMICA 1988. pp 230-256.

[2] Ibidem

[3] "the OECS states (...) have, or can create, a comparative advantage which will enable them to specialise in some export manufacturing; but their potential specialising in the export of services is vast. "(...) "The prime area for application of the suggested strategy is that relating to the provision of both "on-shore" and "off-shore" services such as tourism, banking, shipping, insurance, medical and educational institutions, etc..."SAINTE ROSE Marius (1988), *A suggested development strategy for the Organisation of East Caribbean States (OECS).*, in CRUSOL Jean, HEIN Philippe,VELLAS François (Ouvrage collectif sous la direction de...). *L'enjeu des petites économies insulaires*, ECONOMICA 1988. pp 165-168.

L'exportation de services de tourisme

D'après les chiffres de la CNUCED, les recettes du tourisme représentent 19,5% des recettes d'exportations de marchandises des petits pays insulaires en développement, contre 11,8% pour l'ensemble des PVD, mais cette moyenne cache d'importantes disparités, certaines îles ayant une spécialisation touristique très poussée.

Les avantages du tourisme:

Le tourisme, en plus des avantages cités plus haut, possède pour les petites îles plusieurs atouts de taille:

- il est moins susceptible de dégrader l'environnement. On peut même dire qu'il est de l'intérêt bien compris de l'industrie touristique de préserver et même d'améliorer l'environnement (création de terrains de golf dans des zones arides ou en friche, par exemple) du pays où elle s'installe.
- il emploie une main d'oeuvre abondante et peu qualifiée, sans qu'un niveau d'éducation élevé soit requis pour la plupart des postes, bien qu'une compétence dans une ou plusieurs langues internationales soit évidemment nécessaire.
- il emploie la main d'oeuvre dans des sites ruraux, ce qui contribue à fixer les populations et à éviter ainsi les méfaits sociaux de l'exode rural que provoque le développement de l'industrie.
- il crée un effet d'entraînement pour des activités locales telles que le bâtiment et les travaux publics, les biens intermédiaires pour la construction, l'artisanat local, les transports terrestres, nautiques et aériens, les activités culturelles et de loisir.
- il peut permettre un taux de croissance élevé dès le départ dans une petite économie insulaire, dans la mesure où la destination connaît un succès international. Plus la destination est petite, plus les possibilités de croissance rapide sont grandes. Ainsi, sur la période 1981-1986, les entrées touristiques ont progressé de 300% aux Comores, de 89% aux Maldives.[1]

Les inconvénients du tourisme

Par contre, au niveau des inconvénients, on peut citer dans certains cas un bouleversement trop rapide des sociétés, des cultures et

---

[1]Les chiffres qui suivent sont tirés de VELLAS François (1988) : *Tourisme international et stratégie de développement dans les pays insulaires* in CRUSOL Jean, HEIN Philippe,VELLAS François (Ouvrage collectif sous la direction de...). *L'enjeu des petites économies insulaires*, ECONOMICA 1988.pp 9-21.

particulièrement des valeurs traditionnelles. Dans certains pays on assiste à des phénomènes de désagrégation de la société traditionnelle, de la famille, avec l'apparition de la délinquance juvénile , de la prostitution et de la drogue chez les jeunes. Ceci peut entraîner des réactions de rejet de la part d'une population se sentant trop "envahie" par une densité touristique trop forte. Aux îles Vierges britannique, le nombre des touristes internationaux représente dix fois la population de l'île, aux îles Caïmans huit fois, et aux Bahamas, cinq fois (en 1988).

> "Dans ces conditions, un développement touristique présente le risque de provoquer une rupture entre le secteur du tourisme international et les autres secteurs d'activité économique et de conduire à un rejet par la population locale de toute forme de développement touristique".[1]

En Polynésie, en 1984, le nombre annuel des touristes ne représentait que 67% de la population. La Polynésie, comme les Maldives (52% de touristes/population) ont décidé de miser sur un tourisme "haut de gamme" de manière à minimiser la densité touristique, et aussi en raison du coût élevé de la destination lié à l'éloignement des marchés émetteurs, qui exclut un tourisme de masse bon marché. Cependant, l'année 1991 a vu plusieurs manifestations de rejet populaire de projets touristiques, notamment dans l'île de Moorea et dans la commune de PUNAAUIA à Tahiti.

Un autre inconvénient du tourisme peut être son contenu élevé en importations, qui vient annuler partiellement les effets positifs sur la balance des paiements. Des études faites à la Jamaïque par la CNUCED montrent que les importations induites représentent 29,5% , et les paiements à l'extérieur 5,4% des recettes des hôtels, soit 34,9% au total des recettes qui repartent à l'extérieur, limitant l'apport net du tourisme en capitaux. D'après l'OMT, le taux d'importation au titre du tourisme international est particulièrement élevé dans les petits pays insulaires, par exemple pour Antigua, Aruba, les Bahamas, où il dépasse 50% de la consommation touristique.[2] On peut répondre en faveur du tourisme que la plupart des activités industrielles de substitution sont dans le même cas, du moins dans les économies insulaires: le contenu en importation est élevé en général, pour toutes les activités quelles qu'elles soient, et donc en particulier pour le

---

[1]VELLAS François (1988) : *Tourisme international et stratégie de développement dans les pays insulaires* in CRUSOL Jean, HEIN Philippe,VELLAS François (Ouvrage collectif sous la direction de...). *L'enjeu des petites économies insulaires*, ECONOMICA 1988.pp 9-21

[2]Etudes citées par DOMMEN E. et LEBALE N. (1988), *Caractéristiques des exportations de services des pays insulaires*, in CRUSOL Jean, HEIN Philippe,VELLAS François. *L'enjeu des petites économies insulaires*, ECONOMICA 1988.p 239-256.

tourisme, mais sans doute relativement moins dans le tourisme que dans les activités industrielles de substitution d'importations, du moins si l'on raisonne en importations par emploi créé.

La capacité de l'offre locale à satisfaire les besoins des hôtels sera d'autant plus faible qu'il s'agira de chaînes d'hôtels "haut de gamme" réclamant des équipements sophistiqués (ascenseurs, climatiseurs) et des produits alimentaires "occidentaux".

Par ailleurs, dans le cas d'un tourisme de masse intervenant dans de petites îles à écosystème fragile, la menace pour l'environnement peut être réelle (pollution, mort des coraux ou développement de maladies comme la ciguatera en Polynésie Française qui rend les poissons toxiques, en raison des dragages dans les lagons). La maximisation du profit à court terme peut inciter à une surexploitation des sites qui nuit finalement à l'industrie touristique toute entière (effet externe négatif assimilable à l'effet d'encombrement).

Les objections au tourisme de masse dans les petites îles sont également d'ordre socioculturelles: pour se conformer aux attentes des touristes, les habitants peuvent être amenés à déformer leurs propres manifestations culturelles, qui perdent ainsi leur identité originale: ainsi à la Jamaïque , des "shows" pour touristes présentent des spectacles "folkloriques" étrangers à la culture originale du pays. Une telle attitude peut amener à une perte d'identité culturelle nuisible à long terme. [1]

Certains auteurs soulignent le fait que de petits pays insulaires peuvent avoir de moins en moins de contrôle sur leur industrie touristique au fur et à mesure qu'elle présente les traits d'un tourisme de masse, car les capitaux et les moyens de commercialisation appartiennent à de grandes chaînes internationales dont les moyens financiers sont considérables. Ces grandes multinationales du tourisme ont par ailleurs les moyens "d'arbitrer" en faveur de telle ou telle destination en fonction des avantages consentis par les gouvernements locaux, ce qui met ces derniers en position d'autant plus dépendante

---

[1] "...the tourist establishment may develop attractions which conform to tourist expectations rather than accurately reflecting the real culture. There are many examples of such contrived cultural experiences. The Mormon-run Polynésian Cultural Centre in HawalI not only presents instant dance and ritual from the Pacific Islands but also imports and trains the performers. Tourist floor shows in Jamaica present "pseudo-Caribbean" cabaret comprising calypso, limbo dancing and fire-eating, none of which are of Jamaican origin.(...) every culture is unique, and the preservation of the indigenous heritage must be a major government prioritiy"BASTIN R. (1984) "Small Island tourism: Development or Dependency ?", *Development Policy Review*, Vol. 2, pp 79-90.

qu'une large partie des recettes en devises et de l'emploi dépend de cette activité.[1]

Enfin, l'activité touristique est soumise à des cycles, et surtout exige une "image" de sécurité des personnes et des biens, et de stabilité politique et sociale. Ainsi, l'agitation politique à la Jamaïque et l'avènement d'un parti se réclamant du "socialisme démocratique" en 1972, suivis de la proclamation de l'état d'urgence en 1976 ont mis le tourisme "sur les genoux" pour longtemps.

Les exemples de HAWAII et de GUAM

HAWAII et GUAM sont deux îles du Pacifique qui abritent des bases militaires américaines importantes, et qui sont progressivement passées d'une étroite dépendance envers la "rente" militaire à une économie principalement "tirée" par les recettes du tourisme, donc par l'exportation de services. Ce type d'évolution paraît à posteriori naturel, si on veut bien considérer le militaire venu de l'extérieur comme un touriste d'un genre un peu particulier, mais engendrant en gros le même type d'activités induites, notamment dans le secteur tertiaire, que le touriste "civil". [2] La base militaire, dans les deux cas, a en quelque sorte "préparé le terrain" pour le tourisme, contribuant à l'amélioration des infrastructures (notamment portuaires, aéroportuaires, de transport et de télécommunications). Il y a aussi la "publicité gratuite" faite par les nombreux militaires retournés dans leurs pays qui parlent de leur expérience "tropicale" autour d'eux, (en embellissant au besoin la vérité pour se conformer au mythe du paradis des mers du sud). Ceci n'est pas un facteur négligeable, la preuve en est fournie par la renommée de Bora Bora (Iles sous le Vent) auprès de la clientèle américaine: plus de 1000 soldats américains ont séjourné dans cette île pendant la guerre avec le Japon, laissant derrière eux une nombreuse descendance. Depuis les hôtels de Bora Bora sont toujours remplis, malgré des prix

---

[1] "Small nation-states are seldom able to provide the capital necessary to finance the buiding of large hotels and have to attract foreign investment. The concessions generally associated with such agreements place the indigenous governement on a different footing vis-à-vis the international community".BASTIN R., Op cit.

[2] On pourrait même considérer les dépenses d'une base militaire comme des "recettes d'exportation de services", le service en question, "défense nationale", étant un service ""non marchand" dans ce cas, alors que le service touristique est marchand. Dans les deux cas les militaires ou les touristes payent en quelques sorte le service que leur rend le pays ou Territoire d'accueil, ce qui a un effet semblable sur la balance des paiements de celui-ci. Le développement du tourisme dans une "économie de garnison" serait donc un prolongement logique d'un mode de développement reposant sur les recettes de l'exportation de services (marchands ou non).

très élevés, alors que le taux de remplissage des autres îles de Polynésie Française est beaucoup plus faible.

Le "modèle hawaïen"[1]

L'exemple de Hawaii est intéressant à plus d'un titre pour la Polynésie Française: c'est une île polynésienne du Pacifique, dont l'économie était très dépendante de la base U.S. de Pearl Harbor, avant que l'activité touristique ne devienne la principale ressource de l'île. Aujourd'hui l'économie Hawaïenne ne reçoit plus de transferts publics civils nets du gouvernement fédéral: hors les dépenses militaires, les recettes fiscales du gouvernement fédéral équilibrent les dépenses fédérales dans l'Etat. Cela fait trois analogies, et un modèle potentiel pour la Polynésie Française, qui cherche à s'émanciper de l'emprise du CEP sur son économie, et qui dispose du même type d'atouts naturels pour développer le tourisme.

Pourtant, il y a une grande différence d'échelle au niveau des populations (180.000 habitants en Polynésie Française, plus d'un million à HAWAII), des flux touristiques (130.000 touristes en Polynésie Française, 5 millions à HAWAII), et des capacités d'accueil: depuis les années soixante, HAWAII a cultivé un tourisme de masse, permis par l'avènement des avions à réaction. La proximité relative du continent américain, et le fait que HAWAII fasse partie de l'Union, ont constitué des atouts indéniables: le tourisme hawaïen est "exotique" mais "intérieur", donc confortable et sécurisant, pour le touriste américain, qui hésite à sortir des Etats-Unis.[2] Du point de vue démographique, la population d'origine polynésienne ne représentant plus qu'une petite minorité (12%), les asiatiques (japonais, chinois) qui forment 47% de la population[3], ont montré de grandes qualités d'entrepreneurs et de commerçants, et les immigrés philippins ont fourni la main d'oeuvre bon marché des hôtels. Actuellement HAWAII dépend largement du marché japonais, ce qui est facilité par l'existence

---

[1] Cette section doit beaucoup à HUETZ de LEMPS Christian, (1987) *De la primauté des plantations à l'économie de services: L'exemple des Hawaii*, in CRET (1987) *"Iles tropicales: Insularité, "insularismes"*, Collection "Iles et archipels", N°8, édité par le Centre de Recherche sur les Espaces Tropicaux, Université de Bordeaux III. pp 361-397.

[2] C'est aussi le cas du touriste métropolitain à Tahiti, mais la distance rend le coût du voyage très élevé (Tahiti est l'une des destinations les plus chères du monde au départ de France) , ce qui rend les Antilles beaucoup plus "compétitives" au niveau du tourisme "franco-français", et ne permet pas de miser sur un tourisme métropolitain "de masse".

[3] Ces statistiques sont de plus en plus indicatives, étant donné la fréquence des métissages résultant de mariages mixtes.

d'une forte et ancienne représentation de l'ethnie japonaise dans la population de l'Etat, qui permet à ces derniers de se sentir aussi un peu "chez eux", notamment en ce qui concerne les restaurants et le "shopping".

HAWAII a su très tôt faire du tourisme une industrie de masse, proposant un produit standardisé, bénéficiant des économies d'échelle dans le domaine des transports (avions à réaction gros porteur entre les îles par exemple), et dans le domaine de la distribution (circuit de distribution bien organisé à travers les tour opérateurs spécialisés, ce qui permet d'abaisser les coûts de traitement des réservations).

HAWAII a bénéficié d'une formidable publicité gratuite: la base de Pearl Harbor a compté jusqu'à 378.000 militaires américains (en 1944). Plus de 2 millions de militaires américains continentaux sont passés à Hawaii pendant la seconde guerre mondiale.

Des fortunes se firent en quelques années au contact de la "manne militaire" qui se déversa brusquement à cette époque, notamment dans les commerces et services divers, où les chinois et japonais de Hawaii excellèrent. La guerre fut l'occasion d'un intense brassage ethnique: de très nombreux mariages inter-raciaux eurent lieu, ce qui changea beaucoup les mentalités et fit naître une véritable société multiraciale là où avait longtemps régné une hiérarchie sociale stricte basée sur l'appartenance ethnique, comme dans la plupart des économies de plantation.

Après la guerre, le nombre de soldats diminua brusquement. Ils n'étaient plus que 21.000 en 1950. Cependant les dépenses militaires étaient toujours la première source de revenus de l'archipel, avec le sucre et l'ananas. La guerre de Corée relança l'activité militaire, mais surtout le tourisme commença son essor. Dès 1951, les dépenses militaires et touristiques dépassaient les exportations de sucre et d'ananas. En 1959 HAWAII fut annexée et devint le 50° Etat de l'Union. En 1960, les recettes touristiques dépassèrent celles de la canne à sucre. En 1972 elles égalaient les dépenses militaires, et dépassaient de loin les exportations de sucre et d'ananas.

En 1985 le secteur primaire n'occupe plus que 4,4% des emplois, et le secteur secondaire (dont la construction) 7,5%. L'économie hawaïenne est tout entière tournée vers le secteur tertiaire (88,1% des emplois). Hawaii est devenu l'un des Etats les plus riches de l'Union (18° en 1985 pour le PNB/habitant: 13.867 $), et possède un taux de chômage plus faible que le reste des Etats-Unis. Les bases militaires et le tourisme représentent respectivement 13,2% du PNB et 30% du PNB, alors qu'en 1959, les chiffres étaient respectivement de 21,5% pour les bases militaires et 6,9% pour le tourisme. La présence militaire reste considérable aujourd'hui (11,4% de la population en 1985: 120.500 militaires et leurs familles, et 20.000 civils locaux travaillant dans les bases), mais le tourisme est bien la première ressource, et son poids relatif ne cesse de se renforcer. On estime aujourd'hui qu'un emploi sur deux en dépend directement ou indirectement. En 1985 Hawaii recevait 4,9 millions de visiteurs. Ceux-ci dépensaient en moyenne 100$ par jour pour les américains, et 250$ par jour pour les japonais. On estime que pour 100 $ de dépenses touristiques initiales, les revenus induits représentent 172 $, grâce à l'effet "multiplicateur" de ces dépenses dans l'économie locale.

Cependant, HAWAII est très dépendante de l'extérieur pour son approvisionnement alimentaire et en produits manufacturés, le taux de couverture de ses exportations par ses importations de marchandises étant passé de 55% en 1959 à 23% en 1983. Elle a par ailleurs profité d'un afflux considérable d'investissements en provenance du Japon et de Hongkong.

L'île de Guam

Guam est encore un exemple de passage réussi d'une économie de garnison à une économie axée sur le tourisme. Il est plus significatif pour la Polynésie Française en raison de l'échelle plus comparable (180.000 habitants en Polynésie Française, 130.000 habitants à Guam), et du caractère très récent du développement touristique.

L'Ile de Guam dispose d'un statut particulier de territoire non incorporé des Etats-Unis, depuis 1898. 20% des habitants sont des militaires, 91% de la population est urbanisée, 40% de la superficie de l'île est réservée aux activités militaires. Guam a toujours joué un rôle stratégique au milieu du "lac américain", entre les bases de Subic et Clark aux Philippines et celle de Pearl Harbor à Hawaii. Pendant la guerre du Vietnam, Guam était la base arrière principale, jouant le rôle de porte-avions d'où partaient les bombardiers B 52 à long rayon d'action. Avec la fin de la guerre du Vietnam en 1973, les emplois militaires déclinèrent fortement.

L'expansion du tourisme vint combler le vide et au-delà. Dès 1981 on recensait 312.000 touristes (dont 82% de japonais), et aujourd'hui l'île de Guam connaît une pénurie aigüe de main d'oeuvre, en partie comblée par des travailleurs sous contrat venus des Philippines. Le taux de chômage, de 7,9% en 1984, est tombé à 1,6% en 1991[1]. Le salaire moyen est passé de 5,95 $ de l'heure à 7.84 $ de l'heure en 1990. Des recruteurs vont visiter les îles de Micronésie (républiques associées aux Etats Unis, dont les ressortissants peuvent entrer sans visa à Guam) à la recherche d'employés pour travailler dans la construction et le tourisme.

[1]Ces chiffres et ceux qui suivent proviennent de *Guam business news*, cité dans *Tahiti Pacifique*, juillet 1991, p 37.

Le nombre des chambres d'hôtels est passé de 1000 en 1980 à 5500 en décembre 1990, 7085 en 1991, et devrait atteindre 8305 en 1992, 10941 en 1993, 12251 en 1994. Au mois de mai 1991, 2941 chambres d'hôtels étaient en construction à Guam.

En 1991, 147 vols internationaux touchent Guam chaque semaine, représentant une capacité de 38678 passagers, soit 25 vols par jour, essentiellement en provenance du Japon. En comparaison, Tahiti reçoit 2620 touristes par semaine, dont 200 en provenance du Japon.

Guam compte 18 parcours de golf, plus celui de la base américaine, accessible aux visiteurs. Tahiti n'en compte qu'un seul, très excentré par rapport aux principaux hôtels, et Moorea vient de refuser par "référendum" la construction par un investisseur japonais d'un autre golf dans la baie d'Opunohu. A Guam les investissements japonais ont joué un rôle essentiel, de même qu'à Hawaii. Si bien qu'à propos de ces deux exemples, on est fondé à parler de plus en plus, sur le plan économique du moins, d'un condominium nippo-américain qui assure la prospérité de ces îles.

Il existe cependant un revers culturel à cette médaille flatteuse de champion de la croissance touristique, du moins d'après certains auteurs:

> "la conjonction de la forte population expatriée de militaires et de leurs familles, des travailleurs sous contrat venant des Philippines, et d'un tourisme de masse, conduit à des effets d'une rare perversité à l'égard des sociétés insulaires de faible taille. Un rapport arithmétique trop inégal entre les uns et les autres contribue à asseoir la suprématie des valeurs occidentales importées et de leurs symboles (argent, habitudes alimentaires, signes extérieurs de richesse) au détriment de celles que secrète la société locale, si elle a encore un soupçon d'existence. Ce rapport de forces contribue à exacerber la situation de dépendance vécue par les Guamaniens, d'autant plus que les témoignages multiples dont nous disposons montrent qu'ils auraient échangé leur "paradis" insulaire non contre le rêve américain, mais contre une Amérique de deuxième zone, qui ressemble plus aux banlieues tristes des mégalopoles urbaines qu'à la riviera californienne."[1]

Conclusion: HAWAII et GUAM: Modèles ou repoussoirs ?

On peut donc s'interroger finalement : les modèles de HAWAII et de GUAM sont-ils des modèles ou des "repoussoirs" pour la Polynésie

---

[1]ANTHEAUME Benoît et BONNEMAISON Joël (1988), *Atlas des Iles et Etats du Pacifique Sud*, GIP RECLUS/PUBLISUD.

Française ? Les critiques qui sont faites ci-dessus sont également celles qui ont été faites à propos de la Polynésie Française sous l'influence du CEP. Elles relèvent d'un "ethnocentrisme" à rebours, aussi paternaliste au fond que l'ethnocentrisme "primaire", et non dénué du rousseauisme et du romantisme qui s'attachent au mythe des "paradis perdus": *"nous savons, nous, mieux que vous, qui êtes de bienheureux ignorants, combien vous perdez à vouloir nous imiter, car vous n'obtiendrez toujours qu'une pâle imitation de ce que nous avons, et vous y perdrez votre âme. Restez donc à votre place de bienheureux sauvages dénués de tous soucis"*, semblent dire, en caricaturant à peine, ces critiques paternalistes. Elles n'empêchent pas les îliens de "voter avec leurs pieds" en se précipitant en masse vers les îlots de prospérité du Pacifique, ou bien, quand cela n'est pas possible, vers les métropoles des pays industriels qui leur sont ouvertes par leur citoyenneté américaine, néo-zélandaise ou australienne. Seuls les polynésiens français, depuis longtemps "pollués" par le matérialisme occidental, n'éprouvent pas, semble-t-il, ce besoin irrépressible de s'expatrier dans leur "Métropole", ou ailleurs, comme ils commençaient à le faire juste avant que le CEP ne vienne les "polluer".

Gains individuels et perte collective : le dilemme de l'action collective et la dimension culturelle du développement

Il se peut bien sûr, qu'un peuple ait à perdre beaucoup en suivant collectivement un destin qui paraît individuellement avantageux à chacun de ses membres. C'est là un des paradoxes de l'action collective mis en évidence par Mancur Olson.[1] Si l'on considère que la "qualité de la vie" , la "convivialité" dans les relations sociales est un bien public[2] qui résulte d'un certain mode de vie traditionnel, tandis que le niveau de vie et le revenu monétaire sont des biens privés qui peuvent s'acquérir "en plus" par le choix du salariat, de l'émigration, etc...bref, de l'intégration individuelle aux valeurs matérialistes "occidentales", alors, il se peut effectivement que chaque membre du groupe ait individuellement intérêt à "voter avec ses pieds" pour la civilisation occidentale moderne, pensant que ce choix individuel n'affectera pas le "bien public" dont il dispose par son appartenance à la communauté traditionnelle, tandis que dans les faits la communauté dans son

---

[1]OLSON Mancur (1978) Logique de l'action collective. PUF.

[2]Dans la théorie économique , un bien public désigne un bien qui ne peut être approprié et consommé individuellement, comme la défense nationale par exemple, et qui par conséquent et "consommé" par chacun en quantité égale, sans que la consommation de l'un ne retire de la consommation de l'autre.

ensemble perd définitivement le "bien public" culturel et social dont ses membres bénéficiaient dès lors qu'une proportion assez importante des individus qui la composent ont "sauté le pas".[1]

Le problème qui se pose inévitablement dans ce cas est: qui sera le dictateur omniscient des consciences qui pourra s'arroger le droit de juger que les changements que chacun recherche individuellement sont finalement nuisibles à la communauté, donc en définitive à tous les individus qui la composent, et donc qu'il faut contrarier la volonté des individus recherchant leur propre intérêt, et cela "pour leur propre bien" ? Le choix est d'autant plus difficile lorsqu'il s'agit de mettre en balance des gains économiques individuels et collectifs clairement comptabilisables et des pertes culturelles et sociales collectives non mesurables. Il est pour le moins difficile de s'arroger le droit, en tant qu'observateur extérieur "nanti", de juger que la perte culturelle "ne valait pas la chandelle" de l'amélioration du bien être matériel individuel. Mais il est tout aussi difficile de juger systématiquement que le critère purement économique doit être le seul à considérer. Certains parmi ceux qui "votent avec leurs pieds" peuvent effectivement et malgré eux, transformer en enfer leur "paradis". Mais de quel droit les empêcher ? De quel droit refuser à un peuple l'aspiration à la modernité et à son confort matériel, même si cela a un coût social et culturel irréversible? Inversement évidemment, de quel droit imposer un choix qui refuserait de prendre en compte des critères non économiques ?

L'exportation de services financiers.

L'exportation de services financiers semble convenir aux petits pays insulaires. En effet, il est facile, en raison de l'inexistence des frontières terrestres, d'y établir des régimes fiscaux et administratifs très particuliers applicables uniquement aux non-résidents sans s'attirer l'hostilité immédiate de pays voisins menacés directement par l'évasion des capitaux et l'évasion fiscale, et sans entraîner d'effet sur les réglementations applicables aux résidents.

On distingue plusieurs types de réglementations susceptibles de générer une exportation de services financiers:

-Les centres internationaux d'affaire offshore;

-Les assurances captives;

[1] C'est, mutatis mutandis, le même problème d'action collective que celui des producteurs dans une situation de concurrence parfaite: chacun a intérêt à produire le plus possible, ce qui réduit à zéro le profit économique à long terme de l'ensemble des producteurs (voir OLSON Mancur (1978) Logique de l'action collective. PUF. p 29-31).

Les centre internationaux d'affaire "off shore" et paradis fiscaux

Ils nécessitent une réglementation fiscale attirante, une bonne stabilité politique, une infrastructure de télécommunications très performante, un personnel qualifié (banquiers, juristes, comptables) , un secret bancaire garanti.

Le centre financier offshore est un endroit où des transactions financières peuvent être menées dans une parfaite neutralité fiscale pour les sociétés et particuliers étrangers.

Le "paradis fiscal" signifie que des actifs peuvent y être détenus et des profits peuvent y être réalisés par des sociétés et des particuliers étrangers sans qu'aucune fiscalité ne les frappe, ou bien avec des conséquences fiscales très faibles.

En pratique les centres financiers offshore ont tendance à s'implanter là où existe une réglementation offrant un paradis fiscal.

Les Bermudes sont un exemple classique de réussite dans ce domaine: 6000 sociétés étrangères y sont enregistrées, employant environ 6000 personnes. Ils s'agit surtout de fonds de placement et de compagnies d'assurances.

Aux îles Caïmanes, le paradis fiscal créé en 1982 compte 455 banques offshore. Les Bahamas comptent 250 banques. Ces deux îles représentent 12 à 13% du marché mondial des eurodevises. Aux Bahamas l'activité bancaire emploie 2000 personnes, soit 7% des emplois, et représente 50 millions de dollars par an de revenus.[1] En 1980 les banques des Bahamas avaient prêté plus à des non-résidents que les banques françaises (125 milliards de $ contre 119 milliards de $).[2]

Aux Antilles néerlandaises, selon J. Chansin :

> "l'activité du paradis fiscal apportait en devises et bénéfices bruts 200 millions de $ U.S. soit environ 17 milliards de F CFP, ce qui représentait le tiers du budget des Antilles Néerlandaises. Cette déclaration est d'autant plus intéressante que la taille des Antilles Néerlandaises est très proche de celle de la Polynésie Française

---

[1] Les chiffres concernant les Bermudes, les îles Caïmanes, et les Bahamas sont cités par DOMMEN E. et LEBALE N. (1988), *Caractéristiques des exportations de services des pays insulaires*, in CRUSOL Jean, HEIN Philippe,VELLAS François. *L'enjeu des petites économies insulaires*, ECONOMICA 1988.p 239-256.

[2] Source: Bank of England quaaterly Bulletin, 22:1 (1982) , tableau K, cité dans PENOT-DEMETRY Josée (1983) *The role of financial centers in economic development in the Pacific*, Pacific Islands Development Program, East West Center, OAHU, HAWAII.

(230.000 habitants contre 140.000 habitants pour la Polynésie, pour l'année 1977)."[1]

Bahreïn possède également un centre bancaire offshore important, et Maurice a inauguré le sien en 1989.

Dans le Pacifique le Vanuatu a ouvert un centre financier et un paradis fiscal, les îles Cook offrent un cadre légal pour un tel centre financier depuis 1982, mais sans réelles conséquences semble-t-il. Parmi les paradis fiscaux, on compte aussi Tonga et Pitcairn, et parmi les centres financiers, Hong Kong et Singapour.

Seul le Vanuatu, parmi les petites îles du Pacifique, a un centre financier significatif, mais les chiffres montrent que son importance est négligeable par rapport aux centres financiers des Caraïbes. La plupart des "clients" du Vanuatu sont en Australie ou à Hongkong. Une étude chiffrait en 1982 à 65 le nombre de banques enregistrées à 65, le nombre d'emplois induits à 200, et la contribution au PNB à 5 à 10%.[2] Le moins qu'on puisse dire est que cette activité est loin d'avoir "tiré" significativement l'économie du Vanuatu hors du sous développement.

Les assurances captives.

"Une compagnie d'assurance "captive" est une compagnie d'assurance (ou de réassurance) qui est détenue ou contrôlée par une société extérieure au secteur des assurances et qui a principalement été créée pour assurer ou réassurer les risques de la société mère ou de ses filiales".[3]

Le plus grand centre d'assurances captives (1200 compagnies enregistrées en 1982) est celui des Bermudes. Il s'adresse principalement au marché nord américain. Il s'agit pour les sociétés concernées de bénéficier d'avantages fiscaux. Par ailleurs aux Etats-Unis la réglementation des assurances étant différente suivant les Etats, le fait de situer son activité aux Bermudes simplifie la tâche des grandes sociétés implantées à travers de nombreux Etats de l'Union.

---

[1]CHANSIN Jacques (1987), *Le régime fiscal de la Polynésie Française, Bilan et perspectives* Thèse de 3° cycle en sciences de gestion, Université de PARIS I. p 135.

[2]PENOT-DEMETRY Josée (1983) *The role of financial centers in economic development in the Pacific*, Pacific Islands Development Program, East West Center, OAHU, HAWAII.

[3]DOMMEN E. et LEBALE N. (1988), *Caractéristiques des exportations de services des pays insulaires*, in CRUSOL Jean, HEIN Philippe, VELLAS François. *L'enjeu des petites économies insulaires*, ECONOMICA 1988.p 239-256.

Les "Foreign Sales Corporation" américaines

Il s'agit de sociétés de commerce implantées à l'étranger dont le statut résulte d'une loi fiscale américaine de 1984 qui a introduit ces mesures d'incitation à l'exportation.

Une société américaine qui constitue une F.S.C. pour réaliser ses ventes à l'étranger en tire des avantages fiscaux importants, notamment une exonération fiscale de 16% des bénéfices réalisés à l'exportation.

Une F.C.S. doit maintenir un bureau, un directeur, une comptabilité, un compte bancaire, et tenir ses conseils d'administration et assemblées générales dans le pays d'accueil. elle doit y réaliser également ses opérations de ventes.

La majorité des F.S.C. sont basées dans les paradis fiscaux des Caraïbes.

Un statut de paradis fiscal est-il envisageable dans un Territoire de la République ?

La Polynésie Française est un paradis fiscal pour les particuliers, en l'absence d'impôts sur le revenu des personnes physiques, sur la fortune, sur les successions, sur les revenus de l'épargne placée à court terme dans les banques locales. Un impôt sur les plus-values foncières et immobilières instauré en 1989 a été partiellement supprimé depuis, puisqu'il ne concerne plus que les plus-values sur les terrains d'habitation non bâtis.

Mais ce statut de paradis fiscal pour les particuliers n'attire nullement les investisseurs extérieurs, qui, ne résidant pas en Polynésie Française, sont imposés dans leur pays d'origine.

Des projets de paradis fiscal sur le modèle de certaines îles des Caraïbes sont donc régulièrement mis à l'étude. Ainsi un rapport du Comité Economique et Social de Polynésie Française de 1985 traite de la question suivante: "*Le paradis fiscal est-il une option de développement valable pour la Polynésie Française ? Quelles en sont les conditions de réalisation ?*"[1].

Plus récemment (1987), une thèse de sciences de gestion de J. Chansin, soutenue à l'Université PARIS I, traite du même sujet.[2]

---

[1]Comité Economique et Social de Polynésie Française : "*Le paradis fiscal est-il une option de développement valable pour la Polynésie Française ? Quelles en sont les conditions de réalisation ?*" rapport présenté au nom du Comité Economique et Social de Polynésie Française par Yves CEVAER . N°48, mai 1985.

[2]CHANSIN Jacques (1987), *Le régime fiscal de la Polynésie Française, Bilan et perspectives* Thèse de 3° cycle en sciences de gestion, Université de PARIS I.

L'auteur commence par noter, comme nous l'avons fait plus haut, la contradiction inhérente au système fiscal actuel en Polynésie Française:

"La logique du système fiscal actuel est contraire au développement de la production locale, qui, en diminuant la dépendance économique, menace le rendement des taxes perçues à l'importation. Une politique active de développement conduit en effet à une réduction des droits de deux manières:

-la protection des productions existantes suppose des taux élevés sur les produits concurrents importés ou des contingentements ou des interdictions d'importer. Ces dispositifs privent le budget d'une recette lorsque leur but est atteint;

-la création de conditions favorables à la promotion des productions potentielles locales conduit à l'inverse à diminuer les droits sur les matières ou produits semi-ouvrés importés et utilisés dans les fabrications locales dont le développement est recherché. Les biens d'équipement nécessaires doivent également, dans la même optique, être détaxés. La recette fiscale se trouve donc diminuée par la réduction des droits. Ces pertes ne trouvent aucune compensation dans la taxation de la production locale. Il apparaît donc qu'une politique active de développement économique doive normalement conduire à une diminution du prélèvement indirect, ce qui, dans la perspective d'un accroissement des besoins budgétaires, constitue un inconvénient sérieux." (Chansin J. (1987), Op.Cit.)

J. Chansin recommande en conséquence l'instauration d'une fiscalité directe sur les revenus des personnes physiques résidentes, dont les recettes pourraient être intégralement consacrées à la diminution de la fiscalité douanière sur les importations (notamment sur les biens d'équipement), ainsi que l'instauration d'une *"zone destinée à être un havre ou paradis fiscal (...) dont le but essentiel consistera à attirer les investisseurs internationaux"*. Dans son esprit, les avantages fiscaux accordés seraient exclusivement réservés aux non résidents: *"le but étant d'attirer les investisseurs étrangers, il est normal que ce régime fiscal privilégié ne doive pas s'adresser aux Polynésiens qui restent soumis au régime de droit commun."*

La zone défiscalisée serait située dans la presqu'île de Taravao, à 50 km de Papeete, en bordure d'un port naturel qui doit faire l'objet d'aménagements portuaires importants, projets qui étaient déjà officiellement budgétisé en 1986, et qui restent actuellement d'actualité, mais qui ont été jusqu'à présent repoussés d'année en année, pour des raisons budgétaires et d'instabilité politique.

J. Chansin propose de créer dans ce nouveau pôle de développement

"un véritable havre fiscal avec création des activités suivantes: zone franche, place financière offshore, etc... ".(Chansin J. (1987), Op .Cit.)

On doit remarquer que si l'isolement géographique dans une zone délimitée peut paraître nécessaire pour développer une activité de zone franche industrielle d'exportation (bien que ce ne soit pas le cas partout), il peut sembler tout à fait inutile en ce qui concerne l'activité de paradis fiscal. Or nous avons vu plus haut tous les obstacles qui semblent se présenter en Polynésie Française en ce qui concerne la création d'une ZFIE.

Pour que ce paradis fiscal soit accepté par la France, l'auteur insiste sur le fait que

> "les nouveaux bénéficiaires des privilèges fiscaux ne doivent pas être des nationaux français ou résidents métropolitains de telle façon qu'il n'y ait aucune perte de substance fiscale pour la Métropole. Sur ce point, un système de réglementation polynésien peut être aisément calqué sur le traité imposé par la France en 1963 à la Principauté de Monaco"..
> (Chansin J. (1987), Op. Cit.)

Cependant la principauté de Monaco étant indépendante et souveraine, les citoyens monégasques ne sont pas, comme les polynésiens, citoyens français. On peut se demander, dans ces conditions, si les mêmes règles pourraient s'appliquer à la Polynésie Française, ainsi que le suggère l'auteur. En effet le système qu'il envisage implique que seuls des citoyens ou des entreprises non français, donc non originaires du Territoire ou de Métropole, pourraient bénéficier d'avantage fiscaux. Dans la mesure où les entreprises et particuliers installés dans cette zone pourraient être amenés à avoir des activités concurrentes des entreprises locales hors zone franche, il en résulterait obligatoirement un problème de concurrence inégale. On peut donc penser, comme le suggère l'auteur, que cette enclave serait exclusivement consacrée à des productions pour l'exportation (zone franche d'exportation), et à des activités financières internationales (banques offshore, compagnies d'assurance captives, sociétés de commerce ou d'investissement), dont les principes de fonctionnement ont été exposés plus haut.

Les problèmes posés par ce genre d'activités en Polynésie Française sont multiples:

- Il semble qu'une des conditions de réussite des activités financières internationales soit le secret bancaire, ce qui serait certainement mal accepté par l'Etat français dans la mesure où cela ouvrirait des possibilités de fraude fiscale pour des sociétés ou particuliers français. Par ailleurs, ce genre d'activités crée apparemment peu d'emplois, et au surplus, des emplois très qualifiés, alors même que les besoins d'emplois de la grande majorité des polynésiens concernent des emplois non ou peu qualifiés. Il serait même très probable que la plupart des emplois créés, notamment dans les activités bancaires et juridiques, doivent être pourvus par des non polynésiens, étant donné la pénurie de diplômés polynésiens dans ce domaine.

J. Chansin mentionne certes les emplois induits au niveau du "tourisme haut de gamme", les riches particuliers bénéficiaires du paradis fiscal étant incités à venir dépenser sur place l'argent "économisé" grâce au secret bancaire.

> "le touriste en Suisse n'est pas arrêté par les problèmes d'argent. Il y a tout lieu de croire aussi que les futurs "touristes fiscaux" visitant la Polynésie Française feront partie de cette même catégorie de touristes".[1]

Cependant, il faut souligner que le développement de ce tourisme "haut de gamme" repose lui-même sur l'existence d'un problématique (dans le cadre institutionnel actuel) secret bancaire, qui conditionne le développement d'un véritable paradis fiscal.

- On pourrait éventuellement tabler aussi sur les emplois créés par l'établissement de riches "retraités" venus profiter localement dans un cadre touristique internationalement réputé des fonds accumulés grâce aux privilèges du "paradis fiscal". Le bon niveau d'équipement de santé, d'hygiène, de transport et de télécommunications, ainsi que la banalisation des communications par satellite (paraboles pour la réception des télévisions étrangères, FAX et Modem pour le contact direct à distance avec des associés du pays d'origine), rendent de moins en moins pénalisant l'éloignement géographique de la Polynésie Française par rapport aux grandes métropoles anglo-saxonnes qui entourent le Territoire. L'obstacle de la langue et de la culture françaises reste cependant un gros obstacle pour espérer la clientèle de retraités étrangers résidents permanents, car il y a une grosse différence entre les objectifs et les exigences du "touriste fiscal" et ceux du "retraité fiscal". Une condition sine qua non d'un développement de cette "clientèle" serait une absolue sécurité des personnes et des biens ainsi qu'une parfaite stabilité politique, deux objectifs que le Territoire n'est pas actuellement en mesure de garantir absolument.

- Un dernier obstacle de taille au développement d'activité bancaire "offshore" est le fuseau horaire peu favorable qu'occupe la Polynésie Française. Ainsi que le note le rapporteur du Comité Economique et Social de Polynésie Française:

> "Il ne s'agit donc pas d'un créneau facile à développer d'autant plus que le fuseau horaire dans lequel se situe la Polynésie Française (GMT-10) n'est pas très favorable (Paris, Londres et New York

[1]CHANSIN Jacques (1987), *Le régime fiscal de la Polynésie Française, Bilan et perspectives* Thèse de 3° cycle en sciences de gestion, Université de PARIS I.

fermés pendant la journée de travail à Papeete, alors que Hong Kong n'est pas encore ouvert)."[1]

Dans ces conditions bien peu d'investisseurs extérieurs seraient attirés, d'autant plus que, en excluant les personnes ou sociétés de nationalité française, on doit pratiquement viser une "cible" anglo-saxonne, pour qui se pose l'obstacle linguistique, et surtout la force de l'habitude d'une communauté des affaires du Pacifique Sud, centrée de longue date sur la Nouvelle-Zélande, l'Australie, et les anciennes colonies britanniques membres du Commonwealth, pour qui la Polynésie Française ne représente en somme, avec la Nouvelle Calédonie, qu'une enclave française au milieu d'un "lac anglo-saxon", avec laquelle les relations d'affaire ont toujours parues peu "naturelles". A l'obstacle linguistique s'ajoute en effet des systèmes juridiques très différents, et des raisons historiques et politiques (opposition aux essais nucléaires), qui ont toujours limité les investissements des pays anglo-saxons de la région dans les Territoires français du Pacifique.

Au terme de cette analyse on ne peut qu'être très réservé sur l'avenir d'un modèle de développement reposant sur la notion de paradis fiscal et de services financiers internationaux en Polynésie Française. Le rapport précité conclut d'ailleurs:

> " Au terme de ce rapport il est clair que le Paradis Fiscal ne peut être l'unique option de développement valable pour la Polynésie Française".

L'exemple voisin du Vanuatu, (ex condominium franco-anglais des Nouvelles Hébrides), montre bien que le paradis fiscal ne peut, comme dans certaines îles des Caraïbes, offrir une option crédible de développement, parce que la région du Pacifique Sud français se trouve trop à l'écart, géographiquement (distance et fuseau horaire) et culturellement, du marché nord américain, comme du marché asiatique. L'obstacle linguistique ne doit pas non plus être négligé, ni celui des compétences locales, limitées parmi la main d'oeuvre autochtone pour laquelle le développement de l'emploi est visé.

---

[1]Comité Economique et Social de Polynésie Française (1985) : "*Le paradis fiscal est-il une option de développement valable pour la Polynésie Française ? Quelles en sont les conditions de réalisation* ?" rapport présenté au nom du Comité Economique et Social de Polynésie Française par Yves CEVAER . N°48, mai 1985, p 36.

Les autres exportations de services

Nous nous contenterons de mentionner ici quelques activités de service recensées par DOMMEN et LEBALE[1].

Services d'escale, d'entreposage et de transbordement

Les îles peuvent servir d'escale intermédiaire servant au stockage intermédiaire, avant redistribution des produits à la région environnante. C'est ce qu'envisage de faire Malte pour le commerce des grains en Méditerranée. Les Antilles néerlandaises sont devenues un lieu d'entreposage et du stockage temporaire de marchandises notamment pour les importateurs d'Amérique Latine. Certaines îles du nord des Caraïbes servent de relais clandestin dans le transbordement de la drogue, arrivée d'Amérique latine dans de petits avions.

Le rôle d'escale maritime a souvent été important dans l'histoire des îles (Malte, Bermudes, Canaries, Açores, Hawaii, Singapour...), et c'est la cause même du peuplement de certaines îles (Maurice, Sainte Hélène). L'évolution des transports maritimes a diminué l'importance de ce rôle. Aujourd'hui la technique des gros porte-conteneurs a marginalisé les petits ports et les îles lointaines. La réalisation d'un port en eau profonde capable d'accueillir les gros porte-conteneurs dépasse souvent les moyens des plus petites îles. Les îles qui peuvent se doter des infrastructures nécessaires peuvent ainsi jouer un rôle de plaque tournante de transbordement pour les plus petites îles des archipels environnants.

De nombreuses îles ont profité, depuis 1945, du rôle d'escale aérienne: Terre Neuve, Iles Cocos (Keeling), Fidji, Maurice, et Singapour pour qui ce rôle reste notable.

Services de saisie et de traitement des données informatiques

Dans les Caraïbes, certaines entreprises nord américaines ont profité de la main d'oeuvre bon marché pour délocaliser des activités de saisie et de traitement de données informatiques, de constitution et de consultation de bases de données. Cinq entreprises sur les 23 de la zone franche de La Barbade sont spécialisées dans cette activité, appelée à un grand essor étant donné la constitution rapide de réseaux informatiques internationaux.

---

[1] DOMMEN E. et LEBALE N. (1988), *Caractéristiques des exportations de services des pays insulaires*, in CRUSOL Jean, HEIN Philippe, VELLAS François. *L'enjeu des petites économies insulaires*, ECONOMICA 1988.p 239-256.

Services philatéliques

Dans les très petites îles, la vente de timbres postes à l'exportation, recherchés par les collectionneurs, peut représenter des ressources importantes: à Tuvalu (7349 habitants en 1979), cela couvre le budget ordinaire du gouvernement. Aux Tonga, cela représente 8% des recettes budgétaires, et aux îles Cook, 13% des recettes hors subvention budgétaire de la Nouvelle Zélande.

Services d'enseignement

L'université St George à la Grenade forme des étudiants en médecine de 33 nationalités différentes, qui désirent s'installer aux États-Unis ou au Royaume Uni.

Services de transport

Certaine îles ont leur propre compagnie aérienne internationale (Air Nauru, Hawaiian Air[1], Singapore Airlines), d'autres leur compagnie de navigation (Maldives Shipping Limited). Cependant ces cas sont rares. Une compagnie de navigation tahitienne (Tahiti Line) a dû cesser ses activités en 1986.

Pavillons et passeports de complaisance.

Les pavillons de complaisance les plus utilisés sont ceux de Panama et du Liberia, mais des pays insulaires accordent également des pavillons de complaisance: Chypre, les Bahamas, les Bermudes, les îles Caïmanes, et les îles Kerguelen (pour les armateurs français). L'immatriculation des bâtiments français aux îles Kerguelen assure aux marins français les avantages sociaux de la sécurité sociale, tout en permettant aux armateurs d'échapper au code de travail maritime et aux conventions collectives de la Métropole. Seul un quart de l'équipage doit être de nationalité française, et le reste de l'équipage a un statut social moins favorable.

Récemment le gouvernement des Tonga a vendu des passeports de complaisance, notamment à de riches ressortissants de Hongkong. Les sommes ainsi réunies, considérables à l'échelle du pays, ont fait l'objet d'un scandale politique déclenché par l'opposition parlementaire au

---

[1] Internationale au sens où elle assure un service avec les Etats Unis. Le Vanuatu a aussi possédé pendant un temps sa propre compagnie aérienne. C'est un vieux projet aussi en Polynésie Française.

gouvernement, accusé de détourner ces sommes à des fins politiques ou personnelles.

Remises de travailleurs émigrés à l'étranger ou en Métropole.

Il ne s'agit pas là vraiment d'une exportation de services, mais cela y ressemble, puisqu'il s'agit de comptabiliser des ressources provenant de la fourniture de services de travailleurs nationaux ou originaires des îles non indépendantes résidant et travaillant à l'extérieur (à l'étranger ou dans la Métropole), ressources qui apparaissent bien dans la rubrique " services", sous rubriques "revenus du travail", dans la balance des transactions courantes de la France. Comme on le sait, il s'agit de ressources très importantes pour beaucoup d'îles des Caraïbes, dont les Antilles françaises, et pour certaines îles du Pacifique telles que les îles Cook, Niue, etc... Ainsi à Anguilla et Barbuda, aux Caïmanes, aux îles Cook, la population émigrée égale ou dépasse la population résidente. Ces travailleurs émigrés conservent des liens très étroits avec leur famille, envoient une partie de leurs salaires, et reviennent souvent prendre leur retraite dans leur île d'origine.

Résidences de 3° âge pour retraités

Les îles au climat agréable et disposant d'un attrait touristique, et pouvant offrir en plus la sécurité des personnes et des biens, ainsi qu'un système de soins et des infrastructures de transport et de communications performantes, peuvent miser sur l'accueil de retraités fortunés dans des résidences de 3° âge. Il s'agit en quelque sorte de touristes permanents, qui ont l'avantage de consommer sans représenter une concurrence sur le marché de l'emploi local. Mais il est évident que l'éloignement peut être un handicap pour ce genre d'activité, car les personnes âgées sont peu disposées à s'éloigner durablement de leur famille proche.

Conclusion

Il est certain que l'exportation de services est la stratégie qui convient le mieux aux économies insulaires à haut niveau de vie, celles qui ne peuvent profiter d'un avantage comparatif au niveau des salaires, mais qui disposent d'une bonne infrastructure de transports, de télécommunications, de soins médicaux, d'une main d'oeuvre qualifiée, et de sites propices au tourisme. Ainsi, l'île Maurice, confrontée aux effets de la hausse des salaires en raison de la pénurie de main-d'oeuvre provoquée par le succès de sa zone franche industrielle d'exportation, s'oriente de plus en plus vers le tourisme et l'exportation de services financiers.

L'exportation de services financier et le "tourisme d'affaire" sont des activités qui se complètent harmonieusement, les profits de l'évasion fiscale pouvant avantageusement être consommés ou investis "sur place" dans un tourisme de très haut de gamme ou dans des "résidences secondaires" de grand luxe ou des yachts, ce qui évite d'avoir à rapatrier illégalement dans le pays d'origine les sommes ainsi gagnées.

Nous étudierons plus loin dans quelle mesure cette stratégie peut être appliquée en Polynésie Française.

L'économie autocentrée (self-reliant), version Pacifique

The "Pacific Way"

Nous avons présenté plus haut brièvement les thèses favorables au développement autocentré, soucieuses d'un développement intégrant la dimension socioculturelle, et cherchant à préserver une structure sociale communautaire traditionnelle jugée préférable au modèle occidental de société.

G. Blanchet expose dans sa thèse "croissance induite et développement autocentré en Polynésie Française", les hypothèses de ce courant théorique:

> "La remise en cause d'un développement quantitatif, inégalitaire et extraverti conduit à proposer un modèle plus autonome et plus juste, adjoignant à sa dimension économique la prise en compte de facteurs sociaux et culturels propres à chaque pays.
>
> " L'exigence nouvelle d'une autonomie plus grande est inséparable d'une conception de développement qui se veut globale et refuse de réduire l'homme à sa dimension économique et la réalité d'un pays à la croissance de son produit mesuré de façon abstraite, statique et quantitative.
>
> "Elle vise à promouvoir une croissance qualifiée d'auto-générée, d'autopropulsée, d'autocentrée, d'auto-dynamique ou d'auto-entretenue selon l'aspect qui en est privilégié, l'accent donné au mot d'autonomie visant à contrebalancer une situation de dépendance qu'il s'agit de renverser ou de dépasser."

Est donc proposé, dans cette optique théorique, une stratégie de développement "reposant sur la mobilisation locale des énergies et des ressources, faisant appel à des techniques simples et à une main d'oeuvre abondante, dirigée vers la demande intérieure et la production de biens de première nécessité. Il s'accompagne d'un regain d'intérêt accordé aux activités artisanales de petites dimensions jusque là négligées et sacrifiées à un développement industriel extraverti."[1]

Cette conception a inspiré en grande partie la politique d'aide de l'Etat français dans les DOM-TOM, notamment en faveur des activités agricoles et artisanales.

Elle a rencontré un écho favorable parmi les élites des petits pays insulaires du Pacifique, soucieuses de mettre en avant les spécificités culturelles régionales et une "qualité de vie" qui fait la réputation de ces îles supposées paradisiaques depuis les récits des premiers navigateurs (Cook, Bougainville, Wallis)[2], mais aussi soucieuses de préserver les privilèges menacés de la classe dirigeante issue des anciennes chefferies aristocratiques, dont l'autorité repose sur la "coutume", remise en cause par l'exigence démocratique qui accompagne en général le développement économique[3]:

Nombreux sont les intellectuels et dirigeants de l'Océanie qui soulignent la nécessité d'un développement multidimensionnel, respectueux des valeurs et de la culture des peuples océaniens, soucieux de préserver la qualité du mode de vie insulaire traditionnel, et ne pas élever exagérément les aspirations matérielles des insulaires. Le développement est défini comme un processus de croissance des peuples et des sociétés vers des buts conscients et inconscients tournés vers l'amélioration quantitative et qualitative de leur bien-être. De ce fait il n'y a pas un critère unique par lequel juger de la qualité du développement des sociétés. Du fait que les sociétés diffèrent par leur échelle de valeurs et leurs objectifs, les pays en développement ne sont pas tenus de copier le mode de développement qui a été adopté en d'autres lieux et en d'autres temps. Par conséquent, les petits états

---

1 G. BLANCHET, (1986), *Croissance induite et développement autocentré en Polynésie Française"*, thèse de doctorat d'Etat en sciences économiques, Université de RENNES 1.

2 Ce n'est peut être pas un hasard si ces hommes qui ont tant fait pour établir le "mythe" du paradis sauvage insulaire ont chacun donné leur nom à une île du Pacifique.

3 C'est notamment le cas à FIJI, où le coup d'Etat militaire avait pour but de préserver les privilèges de l'élite fidjiennes face au pouvoir des syndicats et aux revendications démocratique de la population indienne, le colonel RABUKA ayant mainte fois répété que la démocratie ne convient pas aux Fidji. Les royaumes polynésiens comme celui des Tonga représente la caricature extrême de ces régimes traditionnels aristocratiques dont la survie est liée à l'immobilisme économique et social.

insulaires du Pacifique doivent également considérer la possibilité de développer des styles de vie de qualité avec moins d'abondance matérielle.[1]

Ce souci de préserver un mode de vie modeste mais souvent décrit par les voyageurs comme proche du paradis sur terre, dénote au fond un certain sentiment de supériorité océanien: si partout dans le monde des écrivains, des intellectuels, des touristes admirent le mode de vie océanien traditionnel, le comparant favorablement à bien des égards à "l'univers impitoyable" des métropoles capitalistes, certains mêmes, parmi les privilégiés de l'occident, choisissant d'abandonner tout pour venir vivre dans ces îles paradisiaques, pourquoi donc abandonner ce mode de vie tant envié au nom du progrès économique ?[2]

Cette conception s'accorde par ailleurs très bien à la mentalité insulaire , toujours très conservatrice par rapport aux innovations apportées trop rapidement de l'extérieur, de peur de remettre en cause le fragile équilibre écologique, socio-politique et économique des îles.[3]

Dans le contexte des îles du Pacifique, la conception du développement endogène a connu une version locale résumée dans le terme "Pacific Way", utilisé pour la première fois par le premier ministre fidjien Ratu Sir Kamisese Mara dans un discours prononcé en 1970 à l'Assemblée Générale des Nations Unis où venait d'être admis Fidji. Dans sa thèse "Croissance Induite et développement autocentré en Polynésie Française", Gilles Blanchet analyse la naissance, l'approfondissement et la remise en question progressive de cette idéologie de la "voie pacifique". Quelle en est la signification ? Il s'agit

---

[1] KAVALIKU Langi, (1981) *"A strategy for Pacific Island Development"*, Pacific Perspective, Vol 9 N° 2, pp 62-76.

[2] "Quelle est la relation entre la richesse matérielle et cet objectif souvent désiré mais mal défini, la qualité de la vie ? Et même si c'était possible, est-il souhaitable que les peuples des îles du Pacifique aient toute la richesse matérielle des américains, des australiens ou des japonais ? On pourrait même se demander si ce niveau de vie élevé est souhaitable, même dans ces pays. Qu'est ce que cela leur apporte ? Qu'est ce que cela a à voir avec la qualité de la vie ? .KAVALIKU Langi, (1981) *"A strategy for Pacific Island Development"*, Pacific Perspective, Vol 9 N° 2, pp 62-76. Notre traduction.

[3] "De vieilles habitudes de cohésion et d'identité éveillent inévitablement l'attention des insulaires sur les dangers de transformations radicales et les poussent à se défendre. Ainsi les îles rejettent-elles souvent les projets de développement qu'on leur propose de peur qu'ils ne réduisent leurs ressources, détruisent leur folklore, compromettent ou abolissent leur autonomie, en un mot ravagent leur patrie."LOWENTHAL, David (1987) *A propos du développement insulaire: besoins, incertitudes, résistances.*, in *Iles tropicales: Insularité, Insularisme*, Collection "Iles et Archipels N°8, CRET, Université de Bordeaux III, pp 193-207.

d'un processus de développement qui se veut original, spécifique aux peuples du Pacifique:

> L'hypothèse sous-jacente dans la "Pacific Way" est que le processus de développement ne doit pas être de type occidental ni de type traditionnel, mais d'un type spécifique qui doit produire des Etats insulaires modernes mais pourtant "Pacifique" [1]

La thèse de la "voie pacifique" du développement reste souvent bien imprécise quand il s'agit d'aller au-delà des grands principes et de définir les objectifs et les priorités des politiques de développement à mener. La simple affirmation du refus de copier servilement le modèle occidental, et d'adopter des critères uniquement économiques pour mesurer le développement et la "qualité de la vie", ne tient pas lieu, à elle seule de stratégie de développement, surtout dans des îles qui se caractérisent par une forte dépendance envers l'aide occidentale, dont les montants par tête sont parmi les plus élevés du monde, qu'il s'agisse d'îles indépendantes ou politiquement intégrées à une Métropole. Dans la pratique, c'est bien souvent l'aide occidentale d'une part, et la stratégie de substitution d'importation d'autre part, qui ont constitué les deux piliers du développement économique des économies insulaires du Pacifique, avec parfois l'appoint d'exportations de produits de base agricoles ou miniers (coprah, phosphate), ou celui du tourisme.

> C'est d'ailleurs parmi les défenseurs même de la thèse du développement endogène que s'exprime parfois quelques doutes.[2]

Pourtant, le développement autocentré ou "self-reliant" est avant tout conçu comme un choix politique, un refus d'accepter une forme ou une autre de dépendance économique et culturelle à l'égard de l'extérieur, et un farouche désir de préserver une harmonie sociale, une culture et un mode de vie spécifique, même si cela doit avoir un prix économique.[3]

---

[1]KAVALIKU Langi, (1981) *"A strategy for Pacific Island Development"*, Pacific Perspective, Vol 9 N° 2, pp 62-76. Notre traduction.

[2] "je suis bien conscient de ce qu'une telle stratégie a de défensif et même de conservatoire (conservation des structures villageoises, conservation des sols, conservation des hommes) et qu'elle se présente plus comme une stratégie d'enrayage du sous-développement que comme une stratégie de développement proprement dite"BELLONCLE , G. (1982) Archives de Sciences Sociales de la Coopération et du Développement N°60, avril-juin .

[3]Le président de KIRIBATI l'exprime ainsi:

"C'est notre conviction fondamentale qu'il n'y a pas d'autre alternative que de développer notre pays de manière à pouvoir nous tenir debout sur les deux jambes que Dieu nous a données. Nous pensons aussi que toute autre alternative n'en serait pas vraiment une, parce que cela reviendrait à nous condamner à une dépendance perpétuelle envers les autres, ce qui est en contradiction avec nos objectifs nationaux, et ne peut pas véritablement être considéré comme une voie vers le développement

Autant les insulaires émigrés à l'étranger ou en Métropole s'adaptent en général remarquablement vite à la culture occidentale d'adoption, autant dans leur propre île ils opposent une résistance déterminée envers tout ce qui pourrait nuire à la culture et à l'organisation sociale insulaire. C'est donc avant tout dans un but de préservation sociale (et écologique) que le développement capitaliste de type occidental, notamment par le biais du tourisme ou de l'exploitation minière, est vu avec méfiance par la population, comme l'attestent récemment en Polynésie Française la réponse négative des habitants à l'occasion de deux consultations populaires au sujet de projets d'investissements touristiques, l'un sur le lagon de PUNAAUIA, et l'autre dans la baie d'OPUNOHU à MOOREA. C'est dans le même sens qu'on peut interpréter l'opposition actuelle des habitants de l'atoll de MATAIVA à l'exploitation du phosphate sur leur île.

Mais la défense d'un développement autocentré ne repose pas uniquement sur des arguments socioculturels. Certains auteurs l'ont recommandé pour des raisons de stratégie économique à long terme, en raison des caractéristiques particulières des petites économies insulaires, qui les rend particulièrement vulnérables à une stratégie de développement extraverti.

Justification économique du développement autocentré

Tisdell et Fairbairn[1] ont recommandé, pour les petites économies insulaires du Pacifique, basées sur un secteur agricole d'autosubsistance, d'adopter un objectif d'autosuffisance à long terme. Ils soulignent le danger, dans de telles économies aux ressources internes limitées, d'une augmentation de la population et du niveau de vie permis par un accroissement provisoire des ressources extérieures, que ce soit grâce à une rente naturelle minière, ou grâce à des cultures d'exportation soumises à des fluctuations de cours. Le danger est que l'accroissement à un taux "malthusien" (plus de 2%/an) de la population permis grâce aux gains dus à l'échange international rende ensuite impossible, en cas de réduction des recettes d'exportation, un retour à l'économie d'autosubsistance antérieure, et cela d'autant plus que les

---

"TABAI I. (1987), *The right to Development:*, unpub paper to Evatt Foundation Conference on Human Rights in the south Pacific. , cité dans CONNELL J. (1988), *Sovereignty & Survival, Island Microstates in the Third World*, Research Monograph N°3, University of Sydney, p 30. Notre traduction.

[1] Tisdell, Clem et Fairbairn, T'eo Ian , (1984) "Subsistence Economies and Unsustainable Development and Trade: Some Simple Theory", *The Journal of Development Studies*, pp 227-241.

habitants risquent d'avoir négligé le secteur agricole, vendu leurs terres à des étrangers ou à des entreprises capitalistes, ou même d'avoir complètement "oublié" les méthodes ancestrales.[1] Même si ce retour est possible, malgré l'accroissement de la population, le coût psychologique du renoncement aux produits importés auxquels la population s'est habituée peut être grand. Le danger est évidemment du même ordre lorsque l'apport extérieur est une rente sous forme d'aide publique d'un Etat développé, bien que les auteurs n'aient pas évoqué spécifiquement cette éventualité dans leur démonstration.[2]

Le danger est d'autant plus grand, disent les deux auteurs, lorsque les ressources proviennent de l'exploitation d'une richesse non renouvelable, telle que le phosphate de Nauru ou le nickel de Nouvelle-Calédonie, d'autant plus que la terre agricole peut dans certains cas être sacrifiée à la mine, ce qui est le cas de la presque totalité des terres à Nauru, par exemple. Il se peut donc que lorsque l'exploitation cesse, les habitants se retrouvent avec une frontière des possibilités de production considérablement rétrécie par rapport à la situation antérieure. Dans ce cas, disent Tisdell et Fairbairn, il serait sage de ne pas distribuer tous les gains de la rente minière, mais de les capitaliser en les investissant à l'étranger par le moyen d'un fond de placement. Nous avons vu plus haut que c'est précisément ce qu'ont fait Nauru et Kiribati.

Dans les cas d'une rente monétaire issue de l'aide extérieure (ou bien de l'exportation de services de tourisme, qu'ils n'évoquent pas spécifiquement), on peut penser que là aussi la possibilité d'un arrêt brusque de ces sources de revenus risque de provoquer une grave crise et une situation pire que celle d'une île "sous développée", mais vivant dans une relative prospérité dans le cadre de l'autosubsistance.[3]

---

[1] C'est le cas dans l'île de Nauru, ou l'agriculture a été abandonnée complètement (il n'y a d'ailleurs plus de terres cultivables en raison de l'exploitation minière). C'est le cas dans les atolls des Tuamotu, ou les méthodes ancestrales (fosses à cultures) ont été abandonnées, et sont maintenant un objet d'étude pour les archéologues de l'ORSTOM, qui cherchent à recueillir des témoignages d'anciens à ce sujet.

[2] "It is possible that in small economies that would otherwise be self-sufficient or almost so, such as some of the small island economies of the Pacific, and dependent largely upon a subsistence sector, the growth of export industries while giving short-term gains may result in development that is unsustainable (...) given the type of subsistence economy envisaged above, it is very risky for the economy to develop an export industry based on the supply of non-subsistence goods. This can lead to unsustainable developement and to severe adjustment problems that mignt have been avoided by concentrating on the production of subsistence goods, or on production for the home market."Op. Cit. p 233

[3] Alors que partout ailleurs, économie d'auto-subsistance signifie invariablement pauvreté, misère, insécurité, ce qui caractérise les îles du Pacifique, c'est précisément

Le modèle utilisé par Tisdell & Fairbairn est du type ricardien. Il peut être exposé à partir du diagramme page suivante.

Supposons qu'en l'absence de ressources extérieures, la fonction de production de l'économie d'autosubsistance est représentée par la courbe OABC. On suppose que les ressources en terre et en capital sont données, et que le progrès technique n'intervient pas.

La droite OD indique le niveau de denrées de subsistance par habitant considéré comme nécessaire dans cette économie d'autosubsistance.

Pour un niveau de population inférieur à P1, disons Ps, il existe un surplus de travail, c'est à dire que la production Ys est suffisante pour la subsistance de la communauté, alors qu'on pourrait produire Y's. Cela signifie que la communauté n'a pas besoin de fournir un travail "à plein temps": c'est l'abondance dans la pauvreté, ou la "société de loisir".[1]

---

le fait que la générosité de la nature permet cette "abondance" relative dans le secteur d'auto-subsistance, les besoins essentiels pouvant être couverts, dans les îles peu peuplées, avec un minimum d'heures de travail par jour. BERTRAM et WATERS parlent à ce propos de "subsistence affluence" . Ceci explique l'impression "paradisiaque" que donnent les récits des visiteurs et ethnologues des mers du Sud, et ceci d'autant plus qu'au début du XX° siècle, toutes ces îles étaient notoirement sous-peuplées, le contact avec l'homme blanc ayant apporté maladies et alcoolisme, qui ont décimé les populations jusqu'au début du XX° siècle. Ainsi l'intérieur de l'Ile de Tahiti était plus densément peuplé au moment de sa découverte qu'aujourd'hui.

L'impression de "paradis perdu" que ressent le polynésien d'aujourd'hui, devenu "esclave" de ses besoins nouveaux en objets importés, est sans doute aussi une nostalgie confuse de cette paisible économie d'auto-subsistance où l'effort requis pour la satisfaction des besoins essentiels était beaucoup plus faible que maintenant, les cultures d'exportations et la nacre n'étant destinées alors qu'à acheter le "superflu" importé. C'est ainsi aussi que les habitant du petit atoll de MATAIVA, dans les Tuamotu, refusent énergiquement l'exploitation du phosphate sur leur île, malgré les promesses d'emplois et de revenus qui leurs sont faites, car ils désirent préserver leur mode de vie traditionnel.

[1] A titre d'exemple de cette société de loisir, l'ethnologue suédois Bengt DANIELSSON donne dans son livre ""l'île du Kon-Tiki" , un tableau de l'emploi du temps habituel d'une "famille normale" de l'atoll de Raroïa, dans l'archipel des Tuamotu, en 1950. Voici l'emploi du temps du père de famille:

Lundi: matin: coprah, après midi: repos. Mardi: matin: bavarde avec des amis, après midi: pêche. Mercredi: matin: repos, après midi: bavarde avec des amis. Jeudi: matin: lit la bible, après midi: bavarde avec des amis. Vendredi: matin: coprah, après-midi: repos, Samedi: matin: repos, après-midi: bavarde avec des amis. Dimanche: matin: va à l'Eglise, après-midi: bavarde avec des amis. (DANIELSSON Bengt, (1953) , *L'île du Kon Tiki*, Editions Albin Michel, p 152-153).

Qu'une après midi de pêche suffise à nourrir une famille ne devrait pas étonner quiconque a pêché dans les Tuamotu, où il est par ailleurs possible de conserver le

Le modèle ricardien de Tisdell & Fairbairn

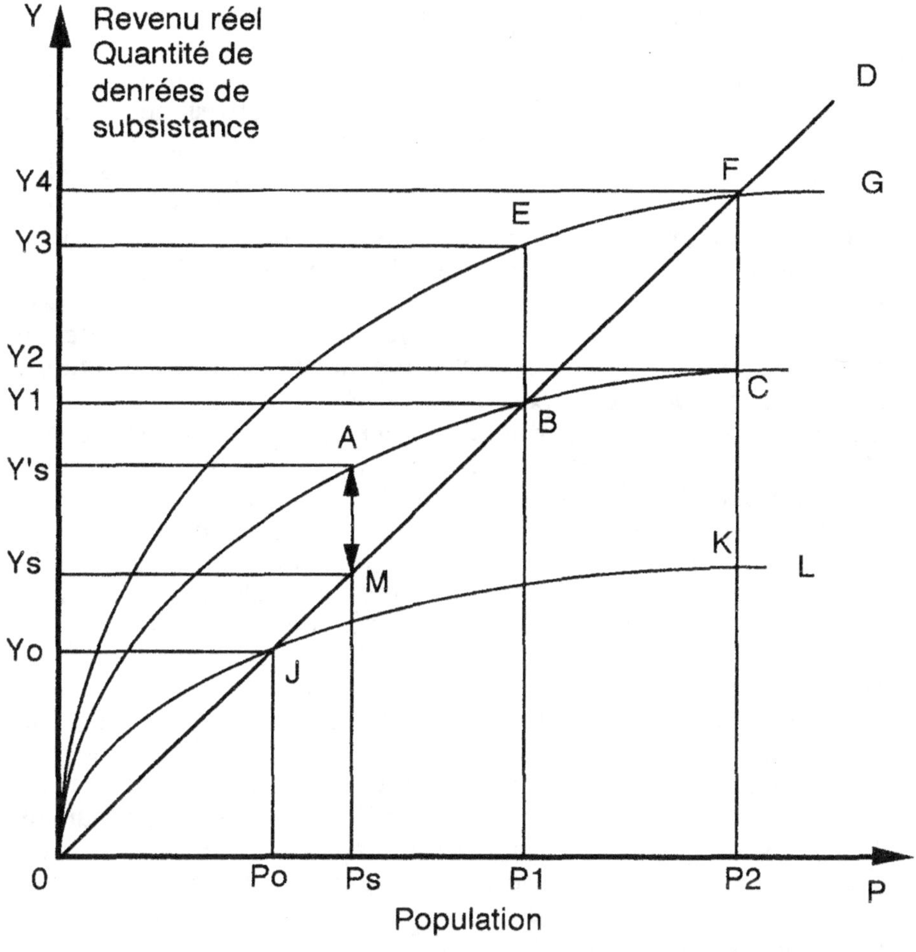

Tant qu'il existe un potentiel de travail non utilisé disponible, la population pourra augmenter jusqu'à P1, correspondant au point B d'intersection entre OD et OABC, qui est l'équilibre de population

---

poisson dans des parcs à poisson, ou dans des viviers faits de grillage au bord du lagon.
A propos de l'emploi du temps des femmes, B. DANIELSSON note:
"Les femmes surtout ont une existence étonnamment libre et oisive. Tant qu'il y a un enfant dans son voisinage, une femme mariée tgravaille le moins possible à la maison, et comme la terre qu'elle a reçue de ses parents lui appartient en propre, elle ne dépend pas de son mari au point de vue économique. Son occupation principale est vraiment de papoter avec des amies et de se confectionner de nouveaux vêtements.". (Ibidem. p 156).

compatible avec la survie de la population. Au-delà de P1, la consommation par habitant tombe en dessous de ce qui est considéré comme normal.

Au niveau de population P1, la communauté peut choisir de réduire la quantité de travail consacrée au secteur d'autosubsistance pour la production de produits pour l'exportation, (coprah, café, vanille, phosphate, tourisme) qui vont être échangés contre des produits importés, à un taux d'échange jugé avantageux, qui permettra d'obtenir, grâce aux biens importés, une plus grand quantité réelle de biens qu'avant l'échange: la quantité Y3, correspondant à une nouvelle fonction de production OEFG. Le produit par tête s'élève alors à Y3/P1, au-dessus de la valeur considérée comme "normale" en économie d'autosubsistance: c'est l'abondance relative: les cultures d'exportations payent le "superflu". [1]

L'échange international permet d'augmenter la productivité moyenne du travail dans l'économie. La fonction de production se déplace donc vers le haut en OEFG, en incluant dans Y les biens obtenus grâce aux recettes d'exportation. L'accroissement des denrées (locales et importés) disponibles permet à long terme un accroissement de la population jusqu'à P2, point d'équilibre où la production locale et les importations obtenues en échange des exportations suffisent juste à fournir le produit par habitant nécessaire, Y4/P2. A ce point, toutefois, les exportations ne paient plus le "superflu", mais l'essentiel.

Supposons qu'il se produise un effondrement des cours des exportations, un épuisement de l'exploitation minière, une crise touristique. La fonction de production revient instantanément à OABC, ou pire, à OJKL, si des terres ont été sacrifiées à la mine, au tourisme, à l'urbanisation, ou si le savoir-faire agricole s'est perdu, ou si l'organisation communautaire ne fonctionne plus aussi bien, ce qui implique une moins bonne productivité du travail qu'à l'origine. Le produit par tête baisse alors, soit à Y2/P2 si on peut revenir sur la fonction de production de départ OABC, soit même encore plus bas si on se situe en K sur la fonction OJKL pour les raisons données plus haut.

---

[1]Cela correspond assez bien à ce que racontent les récits de la vie en Polynésie dans les années 1930-1950: le polynésien dilapidait en général presque immédiatement le produit de la vente de perles ou de nacres en marchandises superflues ou en fêtes, ne comptant pas du tout là dessus pour "améliorer l'ordinaire". Ainsi, à propos de pêcheurs de Raroïa, en 1950, qui venaient de gagner 30000 F chacun, une somme énorme pour l'époque, grâce à la plonge des nacres, Bengt Danielsson écrivait: "Je ne sais pas exactement comment ils s'y prirent pour dépenser en une tumultueuse semaine de fête jusqu'à leur dernier sou, mais je soupçonne que la plus grande partie de l'argent passa en alcool et en jeux de hasard."
DANIELSSON Bengt, (1953), *L'île du Kon Tiki*, Editions Albin Michel, p 304.

Au total, la communauté peut se retrouver avec une population qu'elle ne peut convenablement nourrir, ce qui ne serait pas arrivé si la communauté ne s'était pas ouverte aux échanges.

Discussion du modèle de TISDELL et FAIRBAIRN

Le problème souligné par le modèle de Tisdell et Fairbairn peut trouver sa solution de plusieurs manières:

- La rente naturelle ou "artificielle" peut être consacrée en partie à moderniser le secteur de subsistance, ce qui peut permettre de nourrir une population plus nombreuse, grâce au progrès technique dans l'agriculture.
- Le progrès technique dans le secteur d'exportation peut aussi permettre d'augmenter la productivité, donc les recettes par tête, dans ce secteur (cas du nickel), ce qui peut permettre de compenser une baisse des cours.
- Le tourisme fournit des recettes qui ne sont pas soumises à des variations erratiques de cours mondiaux. Même si les recettes touristiques peuvent être irrégulières, la tendance de la demande mondiale est beaucoup plus progressive que pour la plupart des produits d'exportation traditionnels. Surtout, le tourisme peut développer des activités induites dans l'artisanat, l'agriculteur, le commerce, les communications, les télécommunications, qui peuvent bénéficier aussi à la communauté rurale traditionnelle.
- Théoriquement une politique de contrôle des naissances peut régler le problème. Pratiquement cela se révèle très difficile dans les îles du Pacifique, en raison de l'influence des églises et de la force des traditions;
- L'aide internationale permet de subventionner les cultures d'exportation en cas de baisse des recettes (mécanisme STABEX de la CEE) ou les cultures d'autosubsistance (subvention du coprah et de la vanille en Polynésie Française), ce qui permet de maintenir en vie un secteur agricole malgré les autres sources de revenu.
- L'aide de métropoles ou d'anciennes métropoles ou d'organismes internationaux permet de soutenir le budget de l'Etat et le niveau de vie des habitants par des transferts publics qui remplacent les recettes d'exportation;
- L'excès de population peut trouver un débouché dans l'émigration vers des pays industriels ou d'autres pays océaniques bénéficiant d'une rente. Nous avons vu que c'est ce qui s'est passé dans le cas des îles étudiées par BERTRAM et WATTERS, notamment KIRIBATI qui a ainsi pu atténuer les conséquences de la perte de sa rente phosphatière. Non seulement l'émigration soulage la pression démographique sur les terres et permet donc une amélioration de la productivité marginale dans

l'agriculture traditionnelle, mais de plus elle apporte des ressources monétaires extérieures par les envois de fonds de l'étranger, qui prennent la place des recettes d'exportation et finissent par remplir le même rôle.

- Enfin s'il s'agit d'une rente minière ou énergétique "capitalisable", les travaux cités plus haut de Sweder van Wijnbergen sur le "dutch disease" ont montré qu'il pouvait être "optimal", à long terme, d'utiliser une partie des revenus de la rente pour les placer dans un fond commun de placement investi sur des valeurs mobilières et immobilières internationales, stratégie adoptée par KIRIBATI, NAURU, et le KOWEIT, par exemple.

Cela dit, malgré ces nombreuses objections possibles à leur théorie, l'ampleur de l'émigration observée dans de très nombreuses économies insulaires, que ce soit dans les Caraïbes, dans l'Océan Indien, ou dans le Pacifique, montre bien que *le problème soulevé par TISDELL et FAIRBAIRN n'est pas seulement théorique: c'est souvent un début de développement basé sur l'exportation, qui, en créant de nouveaux besoins, et en réduisant l'influence du contrôle social communautaire, déclenche effectivement un mouvement d'émigration de grande ampleur, là où c'est possible.* Là où c'est plus difficile, pour des raisons politiques, (comme à CUBA ou à HAITI), on constate alors effectivement de fortes pénuries lorsque les recettes d'exportation diminuent. Dans toutes les îles à haut niveau de vie, dont les DOM-TOM français, la dépendance envers les biens importés à pris une ampleur irréversible, et l'obligation d'un retour à l'autosubsistance par la brusque disparition des recettes extérieures (exportation, tourisme, aide, mandats des émigrés) serait tout à fait catastrophique, marquant une très forte réduction du niveau de vie et des bouleversements sociaux insupportables, avec probablement une émigration massive des plus qualifiés, car les îles ne peuvent, en autarcie, assurer à leurs habitant un niveau de vie équivalent à celui dont ils bénéficient grâce à l'échange et aux diverses formes de rente qu'elles reçoivent.

Le problème malthusien existe donc encore aujourd'hui, comme dans les temps antérieurs à la découverte des îles du Pacifique,[1] dans la mesure où la pression démographique sur les ressources foncières supprime peu à peu l'attrait du secteur villageois traditionnel d'autosubsistance, qui, en raison des caractéristiques particulières des cultures en cause et de la faible étendue de leur superficie, est peu susceptible de progrès technique par les moyens classiques de la

---

[1]Dans l'histoire pré-coloniale des îles polynésiennes, la pression démographique sur les ressources disponibles était un problème constant, qui se réglait:
- par l'infanticide, les guerres et les sacrifices humains;
- par l'émigration vers d'autres îles, ce qui est à l'origine des migrations qui ont peuplé le Pacifique.

mécanisation. L'émigration permet, en allégeant cette pression et en recréant une relative sous-population, de rendre cet attrait au secteur d'autosubsistance, en réduisant le nombre d'heures de travail nécessaires au mode de vie traditionnel, et en apportant le complément monétaire nécessaire à l'achat de biens importés sous forme de mandats envoyés par les émigrés.[1]

Le problème de la surpopulation est posé avec bien plus d'acuité dans les DOM, qui, nous l'avons vu, ont à la fois une forte population émigrée et un fort taux de chômage. Ainsi, en mars 1982, la population des personnes originaires des DOM-TOM (y compris les enfants nés en France) résidant en Métropole était de 402.000 personnes. De 1954 à 1982, le nombre des personnes nées dans les DOM installées en France (sans leurs enfants nés en France) a été multiplié par 13, passant de 20.660 à 269.112.[2] Ceci n'empêche pas un taux de chômage proche de 40% à la Réunion, par exemple, malgré l'émigration de 75.000 réunionnais en Métropole, ce qui est à peu près l'équivalent de 10 fois le nombre d'emplois à créer chaque année à la Réunion pour les jeunes qui arrivent sur le marché du travail. Il est tout à fait clair que dans tous les DOM-TOM, à l'exception peut-être de la Nouvelle-Calédonie (à cause des recettes liées au nickel), un arrêt brusque des transferts métropolitains, en supposant qu'il ne soit pas compensé par l'aide d'autres puissances industrielles, créerait une situation véritablement catastrophique, pouvant aller jusqu'à la famine, étant donné la quasi-disparition du secteur primaire d'autosubsistance que ces transferts ont provoquée, et l'effondrement prévisible du secteur tertiaire marchand qui n' est que l'excroissance du tertiaire non marchand.

Seule l'assurance de la pérennité de ces transferts est donc en mesure de garantir l'avenir des DOM-TOM. En ce sens, on peut dire que les thèses de TISDELL et FAIRBAIRN ne sont pas dénuées de fondement: théoriquement, le risque pris par la dépendance envers les ressources extérieures est grand.

---

[1] En Polynésie Française, les migrations internes vers le "secteur moderne" de Papeete et de sa banlieue, et de Mururoa et Hao (sites atomiques), remplissent le même office. La migration vers Papeete entraîne même une relative dépopulation des archipels, ce qui contribue à maintenir dans ceux-ci un secteur d'auto-subsistance très loin d'atteindre la zone des rendements décroissants. Ainsi aux îles Marquises, malgré un accroissement rapide de 36% entre 1977 et 1988, soit +3,4% par an, la population n'est que de 7358 personnes, soit 7 habitants par km^2, alors que, selon les premiers découvreurs, les Marquises comptaient entre 80000 à 90000 personnes à la fin du XVIII° siècle, qui trouvaient à se nourrir avec les techniques agricoles primitives de l'époque. (TOULLELAN P.Y. (1991), *TAHITI est ses archipels*, p 136, et Recensement de 1988, ITSTAT, p 46.)

[2] MARIE Claude Valentin (1986) "Les populations des DOM-TOM en France", *Ici là-bas*, N° 7, reproduit dans *Problèmes Economiques*, N° 1994.

Mais, si ce risque est théoriquement grand, il est pratiquement faible, ainsi que le souligne BERTRAM à propos des îles néo-zélandaises ayant acquis leur indépendance après une longue période de dépendance politique et économique: ni les insulaires, habitués aux marchandises importées et au confort moderne, ni la puissance tutélaire, pour qui l'aide accordée reste "une goutte d'eau" dans l'océan budgétaire, n'ont intérêt à "couper les ponts" brusquement. Il en irait bien autrement, naturellement, pour d'anciennes colonies très peuplées, qui coûteraient beaucoup plus cher au budget de l'Etat protecteur pour un même niveau d'aide par habitant. Dans la mesure où ces quelques îles, résidus des "confettis de l'Empire", sont peu nombreuses et peu peuplées, la puissance métropolitaine a tout intérêt à poursuivre son aide même après l'indépendance, de manière à garder leur allégeance politique au moindre coût. En effet le coût politique d'un "largage" total serait certainement disproportionné par rapport au coût de l'aide accordée, étant donné le faible nombre d'habitants concernés.[1]

D'une part, la suppression de l'aide publique reçue par les îles "à haut niveau de vie" est beaucoup moins probable que l'effondrement des recettes d'exportation des îles "à faible niveau de vie", et d'autre part, les îles à haut niveau de vie ont atteint un tel degré de dépendance envers l'extérieur et ont développé leur population tellement rapidement qu'il paraît totalement exclu de pouvoir persuader les habitants, désormais complètement habitués au confort importé, à y renoncer de quelque manière que ce soit, pour retourner à la situation antérieure d'économie "villageoise".

On peut donc dire que l'analyse de TISDELL et FAIRBAIRN s'applique bien aux îles encore proches de l'économie d'autosubsistance , mais que le retour à l'autosubsistance n'est pas une stratégie politiquement viable dans les îles "à haut niveau de vie importé" que sont les DOM-TOM français, les territoires des Etats-Unis, ou même dans les Etats associés à la Nouvelle-Zélande et à l'Australie, qui ont pourtant un niveau de vie nettement plus bas que les territoires français ou américains.

Cependant, il reste que l'analyse de TISDELL et FAIRBAIRN doit faire réfléchir sur le type de développement souhaitable dans des micro-économie insulaires ou les structures sociales communautaires sont intimement liées à un "mode de production villageois communautaire":

---

[1]Il existe cependant une grande différence à ce sujet: aucun Etat de la région ne paye les fonctionnaires insulaires deux fois plus cher que chez lui, comme le fait la France dans ses Territoires. En cas d'indépendance, la simple suppression de cette "majoration" (inconcevable une fois partis les fonctionnaires "expatriés"), ajouté au départ du CEP, premier employeur du Territoire, suffirait à provoquer une crise de première importance en Polynésie Française.

En introduisant un développement capitaliste sans discernement, on risque de détruire un équilibre socio-économique relativement satisfaisant pour la communauté insulaire, et cela pour des gains en terme de niveau de vie somme toute limités.

Plusieurs types de développement capitaliste existent dans le Pacifique: Hawaii (tourisme), Samoa américaines (pêcheries et conserveries), Guam (tourisme). Dans tous les cas, il y a eu soit destruction de la société insulaire traditionnelle (Hawaii, Guam) soit marginalisation ou quasi-élimination de l'ethnie autochtone (Hawaii), soit (Samoa), un fort mouvement d'émigration (65000 samoans en Californie, 20000 à HAWAII, pour 36000 restés dans leur île), traduisant un total abandon des valeurs insulaires et une profonde insatisfaction des habitants: ne trouvant plus dans leur pays ni la qualité de la vie communautaire traditionnelle, ni le niveau de vie individuel de la métropole capitaliste, les habitants émigrent en masse, attirés par "l'effet de démonstration" véhiculé par les touristes et les médias.

Rhétorique et pratique de la "self-reliance" dans les îles du Pacifique: "de la subsistance à la subvention"

Le Samoa occidental n'a pas connu un tel développement capitaliste. Il est resté très proche de la société traditionnelle d'autosubsistance. C'est le seul pays du Pacifique à avoir été classé dans les Pays les Moins Avancés (PMA). C'est aussi une société aristocratique très rigide, dirigée par une noblesse de naissance, qui détient un triste record mondial, celui du taux de suicide, et dont 30% de la population totale a émigré, notamment aux Samoa américaines, où elle fournit la main d'oeuvre des conserveries de thon américaines. L'aide extérieure représente plus du tiers du PIB. Il est donc bien difficile de savoir si la préservation de la société pré-capitaliste et de la "qualité de vie insulaire" au Samoa Occidental a eu des effets moins négatifs que son élimination aux Samoa américaines. Il semble en tout cas que la "qualité de vie insulaire" soit un bien public dont la production est soumise à la loi des rendements décroissants, et donc que la surpopulation en diminue très rapidement les bienfaits.[1]

Le choix d'un développement "self-reliant" est politiquement difficile, car il impose à une communauté le refus d'un développement économique de type capitaliste, ouvert sur l'extérieur, au nom de la préservation d'une "qualité de vie insulaire", qui, si elle est souvent magnifiée par les ethnologues ou les touristes de passage, est toujours à démontrer aux yeux des intéressés, irrésistiblement attirés par les

---

[1] Ulafala Aiavao, "Slow suicide in Samoa", *Pacific Islands Monthly*, july 1991, p 37.

richesses et le confort matériel occidental. Au nom de qui, au nom de quoi, se poser en dictateur éclairé des consciences, et refuser à un peuple une aspiration à un confort matériel plus grand atteint plus rapidement ? Au nom de quoi condamner à l'émigration les individus les plus jeunes et les plus dynamiques, qui ne s'accommodent pas du poids de la tradition, de la hiérarchie, du contrôle social étroit, de l'absence de démocratie et d'initiative individuelle des sociétés traditionnelles polynésiennes, profondément conservatrices et hiérarchisées ?

Ce problème n'est que peu évoqué par les défenseurs du développement autocentré, version Pacifique: les dirigeants sont supposés savoir démontrer au peuple les dangers que comporte un développement "capitaliste" suivant aveuglément le modèle occidental:

> "Les peuples insulaires du Pacifique, en général, comme les autres humains, veulent améliorer leur bien-être matériel. L'effet de démonstration leur a fait entrevoir les plaisirs du confort matériel. Par ailleurs, ils mesurent le niveau de vie local d'après l'étalon des sociétés occidentales. (...) Il n'est pas éthique de dire aux gens quelles sont leurs aspirations, leurs besoins, mais peut-être qu'il est possible de réfléchir avec eux à d'autres standards de richesse matérielle basés sur les réalités économiques locales."[1]"

Au-delà des déclarations de principe sur l'objectif de "self-reliance", les Etats insulaires du Pacifique ont continué en général à devenir, après l'indépendance politique, de plus en plus dépendants économiquement de l'aide des économies occidentales et des mandats de travailleurs émigrés. Les plus pauvres de ces Etats sont passés "de la subsistance à la subvention" et du "statut productif au statut de rentier", selon J. CONNEL:

> "Malgré l'accent mis après l'indépendance sur le besoin d'une plus grande autonomie économique, au-delà de la simple autonomie budgétaire, cette rhétorique n'a pas pu masquer la réalité d'une incorporation croissante de ces états micro-insulaires (...) Les plus petites colonies et micro-Etats, par choix, et les plus grands d'entre eux, faute d'une meilleure solution, ont accru leurs liens avec les grandes puissances métropolitaines et sont passés du statut productif au statut de rentier.(...) Dans tous les cas les communautés

---

[1]"Pacific Island peoples, in general, like other human beings, want improvement in material welfare. the "demonstration effect" has driven home to them the pleasure of material well-being. Moreover, they are judging the standard of material wealth through the yardstick used by Western societies. (...) It is not ethical to tell people what their aspirations, needs and wants are, but perhaps it is possible to think through with them optional standards of material welfare based on the economic realities." KAVALIKU Langi, (1981) "*A strategy for Pacific Island Development*", Pacific Perspective, Vol 9 N° 2, pp 62-76.

insulaires ont refusé le retour à l'autosubsistance, l'émigration des jeunes a réduit les opportunités de développement locales, et les gouvernements métropolitains ont accepté, plus ou moins à contrecoeur, de construire une nouvelle forme de dépendance bureaucratique".[1]

Un exemple: les problèmes du "développement autocentré" en Polynésie Française

La thèse de doctorat de Gilles Blanchet (Rennes I, 1986), publiée aux Editions de l'ORSTOM (1987), s'intitule "Croissance induite et développement autocentré en Polynésie Française". L'auteur étudie longuement les différentes tentatives de développement "autocentré" dans le Territoire, notamment sous la forme de productions locales à petite échelle :

> "Aujourd'hui la théorie et la pratique s'accordent à reconnaître le rôle positif d'une petite production émanant de la base et soulignent qu'un développement véritable doit être assumé de l'intérieur. Cette étude se propose de voir dans quelle mesure de telles propositions s'appliquent en Polynésie Française. Elle choisit comme champ d'investigation la petite production marchande et l'envisage comme la fraction des activités dites informelles qui accède au marché et semble à la fois la plus facile à saisir et la mieux à même de se développer" .[2]

Dans la première partie de sa thèse, l'auteur aborde le "soubassement théorique de l'étude", et "l'articulation générale de l'étude". Ses préférences théoriques sont énoncées dès l'abord, sans que les autres options possibles soient vraiment évoquées:

> "L'idée de départ est qu'un développement véritable ne peut se concevoir que dans le cadre d'une prise en main effective par les intéressés de leurs propres destinées et que, dans la situation actuelle du Territoire, c'est à travers une petite production impulsée de la base qu'il semble avoir le plus de chances de se concrétiser (...) la mise en oeuvre d'un développement autocentré est également rendue souhaitable par la nécessité de faire contrepoids au CEP dont l'économie locale est à ce point tributaire que même les partisans de son départ en redoutent les conséquences (...) en dépit des obstacles

---

[1]CONNELL J. (1988), *Sovereignty & Survival, Island Microstates in the Third World*, Research Monograph N°3, University of Sydney. pp 81-82, notre traduction.

[2]BLANCHET Gilles (1987) *Croissance induite et développement autocentré en Polynésie Française.* Thèse de doctorat d'Etat de Sciences Economiques, Université de RENNES I, 1986. Travaux et documents microédités, Editions de l'ORSTOM, PARIS. 681 pages. Citation extraite du résumé en page 1.

que rencontre encore aujourd'hui la petite production locale, c'est d'elle que dépend une autosuffisance en faveur de laquelle plaident la situation de crise internationale et la liberté d'action revendiquée et partiellement obtenue par les élus locaux (...) c'est dans cette perspective qu'est analysée l'évolution récente de l'économie et qu'est mis l'accent sur les petites activités, dites informelles ou non structurées, qui s'intercalent entre l'espace non marchand et l'espace dominé par le capital et les lois du marché." [1]

L'auteur porte son étude en particulier sur la petite hôtellerie artisanale, et sur la pêche et l'aquaculture artisanales.

Il constate dans l'ensemble les résultats médiocres de ces tentatives de développement "au ras du sol".[2]

Il conclut son étude par les remarques suivantes:

"Malgré l'accroissement des activités généralement considérées comme informelles, la spécificité de la situation de la Polynésie Française semble expliquer qu'elles n'aient pas le même développement et n'aient pas encore la même signification qu'ailleurs. (...) De ce fait n'ont apparemment pas eu le temps de se développer , comme dans beaucoup de pays du Tiers Monde, deux circuits parallèles recourant à la sphère de l'économie marchande mais se distinguant par la nature, les prix et les débouchés des biens ou services offerts."[3]

En se référant manifestement aux économies dualistes africaines ou sud-américaines, l'auteur semble presque regretter ce dualisme économique et social qui est la manifestation des inégalités et de la misère dans les campagnes et dans les villes: nul ne vend des cigarettes à l'unité, nul ne lave les vitres des voitures dans la rue, nul ne propose des massages sur la plage, nul ne cire les chaussures des passants, ou ne mendie de l'argent (ce qui est dans certains pays du Tiers Monde une véritable profession).

Les conclusions optimistes de G. BLANCHET quant à l'accroissement des activités informelles (voir citation ci-dessus) ne sont guère corroborées par les données plus récentes du recensement de 1988, qui donnent une population employée dans le secteur primaire de 7553 personnes, soit 11,3% de la population active occupée en 1988, contre 12.211 personnes et 46% en 1962. De 1983 à 1988, le nombre des agriculteurs est passé de 5253 à 3406, celui des éleveurs de 186 à

---

1. BLANCHET gilles, Op. Cit. pp 10, 31, 35.

2 BLANCHET Gilles (1987) *Croissance induite et développement autocentré en Polynésie Française.* Thèse de doctorat d'Etat de Sciences Economiques, Université de RENNES I, 1986. Travaux et documents microédités, Editions de l'ORSTOM, PARIS. 681 pages. pages 420-423.

3 Ibidem p 436.

171, celui des pêcheurs, aquaculteurs et perliculteurs de 1148 à 1561, celui des marins pêcheurs et ouvriers de l'aquaculture et de la perliculture de 203 à 223, celui des artisans de 3192 à 2515, celui des patrons de restaurants, cafés, hôtels de 233 à 173. L'amélioration constatée des effectifs pour les professions de la mer concerne essentiellement la perliculture, dont le développement a été très rapide, comme nous l'avons vu plus haut.

L'auteur reconnaît implicitement l'échec du mode de développement autocentré "au ras du sol" dans sa conclusion, sans toutefois l'admettre explicitement.[1]

L'impression laissée par cette étude très fouillée de plusieurs expérience de développement de petites productions informelles, la plupart conformes aux vues des instances officielles et à ce titre largement subventionnées et même appuyées par l'aide technique d'établissement publics, est celle d'un échec général. L'auteur hésite cependant à reconnaître et à analyser d'une manière globale, et non pas seulement cas par cas, les causes de cet échec.

Curieusement, c'est dans le résumé de la thèse en première page qu'il paraît donner une conclusion plus tranchée, bien qu'assez confuse dans sa formulation :

> "Dans une dernière partie, les difficultés rencontrées par les petits producteurs, le poids de l'Etat et la permanence du CEP laissent penser qu'un développement centré sur les petites activités locales ne saurait être une panacée susceptible d'éclipser l'interrogation fondamentale que pose une dépendance qui ne se cantonne pas au ras du sol et freine le raccordement aux réseaux de solidarité qui se tissent dans le Pacifique Sud".

Dans un article publié plus récemment, au titre évocateur de désillusion: "Du discours à la réalité en milieu insulaire: Rhétorique du développement autocentré et pratique du développement intégré", G. BLANCHET reconnaît de façon plus explicite l'échec du développement autocentré, en Polynésie Française comme en Nouvelle-Calédonie, décrivant ainsi le hiatus entre la rhétorique des politiques officielles et la réalité:

> "Comme dans les départements d'Outre-Mer, il s'agit de faire davantage participer les populations à leur propre avenir par la propagation d'un modèle de croissance au ras du sol. Cette volonté s'inscrit dans la logique (...) d'un modèle de développement autocentré susceptible de résoudre les injustices et les inégalités qu'a

[1] Op. Cit p. 441-442.Il est significatif de constater que l'auteur n'envisage pas d'autres "méthodes préconisées pour les pays en voie de développement" que celles dont il parle: pour lui, si ces méthodes échouent, c'est manifestement que la Polynésie Française n'est pas un "vrai" pays en voie de développement, car sinon elles auraient du réussir.

engendrées ou n'a pas su résorber un développement trop excentré. Mais, en dépit des pétitions de principe, des recommandations des experts et des mesures adoptées en faveur d'un développement plus autonome, celui-ci devient de plus en plus aléatoire et ce sont surtout les flux financiers en provenance de la Métropole qui se renforcent."

L'article, contrairement à la thèse, aborde de front les causes profondes de cet échec du développement autocentré, en utilisant le concept d'"économie de transfert" proposé par C. de Miras pour l'économie martiniquaise:

"De plus en plus, les petites économies des TOM, comme celles des DOM, tendent à devenir des "économies de transfert". Ce sont les fonds fournis par l'Etat qui jouent un rôle moteur alors, qu'en dehors du nickel, les productions locales n'ont qu'une importance secondaire et un effet d'entraînement limité.(...) Dans la mesure où les fonds disponibles sont de moins en moins liés à un effort productif sur le plan local, la relance de la production, aussi souhaitable puisse-t-elle apparaître aux uns et aux autres, devient contingente. Elle fait l'objet d'une désaffection d'autant plus grande qu'elle se voit sapée dans son ressort profond par des flux croissants de fonds publics, quand bien même visent-ils à pallier l'insuffisance de la production." [1]

Abordant ensuite le cas des autres économies insulaires du Pacifique, pour la plupart indépendantes politiquement, il y constate également partout l'échec des politiques de "self-reliance" qu'il présentait pourtant au début de sa thèse comme la seule stratégie de développement possible:

"Cette politique de "self-reliance" n'a pas donné les résultats escomptés et les essais en direction d'une approche régionale des problèmes de développement n'ont guère eu plus de succès (...) force est de constater que, dans une majorité de cas, la contribution la plus effective en matière de croissance est désormais moins imputable à la mise en valeur des ressources locales qu'à des activités liées à l'extérieur, qu'il s'agisse du tourisme, du commerce ou de flux financiers liés à l'aide reçue ou aux fonds expédiés par la population émigrée".[2]

Les raisons de cet échec sont à notre avis tout à fait claires: étant donné le niveau des salaires du secteur public et celui du SMIG, il est tout à fait illusoire de vouloir développer des initiatives "au ras du sol", donc à faible productivité, donc à faible revenu, quand la

---

[1] BLANCHET Gilles (1989) Du discours à la réalité en milieu insulaire: "Rhétorique du développement autocentré et pratique du développement intégré". *Journal de la société des Océanistes*, N° 88-89, année 89 - 1 & 2 pp 45-51.

[2] BLANCHET Gilles (1989), Ibidem. p 50.

"bureaucratisation" générale de la population active, le niveau toujours plus étendu de la protection sociale, y compris pour les non salariés ruraux, joints à la solidarité familiale des familles étendues, évince irrésistiblement les activités productives "informelles": le développement "au ras du sol" intervient spontanément dans un pays pauvre, il cesse spontanément dans un pays riche d'une rente extérieure, comme la Polynésie Française, car les hauts salaires "exogènes" permis par la rente administrative (ou atomique) dans le secteur public et dans le secteur protégé des services exigent dans les autres secteurs (capitalistes ou "informel) une forte productivité du travail, donc un haut niveau de capital par emploi créé.

Les seuls succès dans le domaine des activités à petite échelle en Polynésie Française se trouvent, à notre sens, dans certaines activités de service telles que les "roulottes-snack-bar" (hautement rémunératrices), et dans la perliculture de type familiale et coopérative, seule activité "au ras du sol" (et même en dessous du niveau de la mer) à avoir littéralement "décollé" en Polynésie Française, en raison de son caractère très rémunérateur, conféré par la rente issue d'un monopole mondial sur un marché très porteur. Malheureusement, ni les "roulottes-snack" (institution typiquement polynésienne), ni les fermes coopératives perlières, dont certaines présentent tous les traits d'une activité "informelle", n'ont été évoquées dans la thèse de G. BLANCHET, alors que de tels succès pouvaient enfin apporter de l'eau au moulin des activités "informelles".[1]

---

[1] G. BLANCHET reprend à son compte (page 35) une définition des "activités informelles" de P. HUGON: "activités à petite échelle où le salariat est très limité, où le capital est faible, mais où néanmoins il y a circulation monétaire,vente de biens et services onéreux". (HUGON P. (1980) , "dualisme sectoriel ou soumission des formes de production au capital. Peut-on dépasser le débat ?", *Revue Tiers Monde*, Tome XXI, N°82, avril juin, p 237. Cette définition colle assez bien à beaucoup de coopératives ou associations familiales perlicoles des Tuamotu.
Cependant, paradoxalement, ce développement des activités "informelles" dans la perliculture est du à l'action pionnière d'un grand capitaliste international, J.C. BROUILLET, qui a le premier créé de toute pièce la première ferme perlière aux Tuamotu et en même temps "lancé" le marché mondial de la perle noire, qui n'existait pas. Peut -être ces origines capitalistes douteuses, et le caractère élitiste du produit, ont-ils déterminé l'exclusion de la perliculture du champ de l'enquête. Pourtant, le caractère artisanal de cette culture en fait un des seuls secteurs où la grante taille ne confère pas un avantage décisif, les économies d'échelle jouant relativement peu à ce niveau. A rendements d'échelle constant, secteur peu concentré: les grandes fermes perlières capitalistes (R. WAN, l'un des plus grands propriétaires de fermes perlières, qui a racheté l'île de Marutea Sud à J.C. BROUILLET, se déplace en jet privé) coexistent donc sans problème avec des exploitations familiales et coopératives recevant l'aide technique de l'EVAAM.

Conclusion

Ce chapitre a passé en revue les principales stratégies de développement possibles dans les pays en voie de développement insulaires. Il apparaît que les petites économies insulaires ne peuvent atteindre un haut niveau de développement économique que par une large ouverture sur l'extérieur.

En particulier, les politiques d'autarcie (version traditionnelle, ou version socialiste), comme celles de substitution d'importation, semblent vouées très rapidement à l'échec dans ces microéconomies qui ne peuvent prétendre développer une industrie intégrée ou une agriculture moderne mécanisée et sont en général pauvres en énergie et en matières premières.

La plupart des petits pays insulaires, tout en affichant des objectifs de "self-reliance", sont devenus, depuis deux décennies, de plus en plus dépendants, qu'ils soient indépendants politiquement ou non, au fur et à mesure que s'accroissait le niveau de vie des habitants.

En 1967 Benedict concluait son livre en affirmant que la meilleurs solution pour les petits territoires était de recourir à une forme ou une autre d'intégration avec leurs voisins.[1]

Aujourd'hui on peut constater que la plupart des économies insulaires ont développé des liens étroits avec de puissantes économies industrielles, et que la plupart des tentatives de coopération régionale ont échoué:

> "Bien que les micro-économies insulaires aient officiellement eu comme objectif une plus grande autonomie économique, et une meilleure intégration régionale de leurs économies, après l'indépendance elles se sont invariablement intégrées plus profondément aux économies des puissances métropolitaines. Bien que les projets d'intégration régionales se poursuivent (...) cette coopération régionale a été dans l'ensemble un échec, et les petits états ont maintenu et même accru leurs liens avec les lointaines puissances métropolitaines De plus, comme semble l'indiquer la fin de l'ère des indépendances, les micro-états et les colonies qui ont une "relation particulière" avec une grande puissance métropolitaine s'en sortent probablement mieux que les autres." [2]

---

[1] "The best solution for small territories is to look for some form of economic integration with their neighbours" BENEDICT B. (ed.) (1967), *Problems of Smaller Terrritories*, The Athlone Press, University of London.

[2] CONNELL J. (1988), *Sovereignty & Survival, Island Microstates in the Third World*, Research Monograph N°3, University of Sydney.

Paradoxalement, cette nécessaire ouverture sur l'extérieur est aussi une menace pour le fragile équilibre social et culturel des économies insulaires. Les pays et territoires insulaires du Pacifique tiennent à sauvegarder des valeurs culturelles et des structures sociales qui semblent peu compatibles avec un développement accéléré de type capitaliste. La modernisation à marche forcée peut paraître une agression trop forte pour le fragile milieu socioculturel et écologique insulaire.

Dans ce contexte d'ouverture économique mais de préservation socioculturelle, le modèle MIRAB de dépendance économique peut paraître un moindre mal dans le sens où l'aide publique extérieure et les envois de fonds des travailleurs émigrés permettent d'élever le niveau de vie tout en conservant un secteur traditionnel "subventionné", et en limitant au minimum le secteur privé capitaliste. Ce modèle intègre en fait l'économie insulaire à une économie dominante. L'île, malgré son indépendance politique formelle, est une apparence d'économie autarcique traditionnelle, devenant en fait une "île banlieue" de l'économie dominante, très dépendante des importations et des transferts publics et privées qui en émanent. Il s'agit donc en fait d'une politique d'autarcie "subventionnée": le "secteur moderne" de l'économie se trouve ailleurs, seul subsiste un secteur agricole traditionnel, mais incapable à lui seul de soutenir le niveau de vie dont disposent les habitants, d'où le déficit commercial, compensé par les transferts publics et privés venus de l'économie dominante.

Cependant, l'un des avantages du modèle MIRAB, c'est de permettre aux insulaires une plus grande liberté dans leurs choix individuels ou familiaux: la liberté de choisir entre les avantages et les inconvénients du secteur moderne et du secteur traditionnel permet de "jouer sur les tableaux", et donc d'atteindre des niveaux de satisfaction "socioculturels" impossibles à obtenir dans une économie qui aurait soit sacrifié le secteur traditionnel au développement capitaliste, soit au contraire choisi l'autarcie complète aux dépens du niveau de vie, sans l'exutoire possible de l'émigration. Il s'agit donc d'un modèle qui préserve la liberté d'action, dans le cadre d'une économie transnationale, des familles étendues, et qui à ce titre, est susceptible, plus que les autres, d'aboutir à un compromis satisfaisant entre les bienfaits socioculturels de la tradition et les bienfaits économiques de la modernité, si du moins la dépopulation du secteur traditionnel ne mène pas à sa disparition pure et simple.

Aussi peu satisfaisant intellectuellement que puisse paraître, a priori, le statut d'économie de banlieue d'une Métropole (ou ex-Métropole) développée, c'est, paradoxalement, la solution qui semble le mieux préserver la liberté de choix socioculturelle et économique des insulaires, car elle évite d'imposer la disparition du mode de vie traditionnel au nom de la modernité économique, ou inversement de réduire arbitrairement le confort matériel au nom de la fidélité à la tradition. Les "soupapes de sécurité" socioculturelles fonctionnent donc efficacement, alors que dans les sociétés insulaires ayant tout misé sur le capitalisme, ou au contraire tout misé sur l'autarcie, le rétrécissement des possibilités de choix engendre des phénomènes d'anomie. [1]

Une voie à priori prometteuse, celle de la substitution d'exportation, dont les excellents résultats, en termes d'emplois et de croissance des salaires réels, sont observables à Maurice, Fidji, et dans certaines îles des Caraïbes, reste strictement réservée aux pays à bas salaires. Au fur et à mesure que les salaires réels augmentent, la spécialisation internationale de ces pays doit évoluer vers des productions à haute valeur ajoutée, ce qui demande une main d'oeuvre de plus en plus qualifiée, et une infrastructure irréprochable. Cette voie semble peu envisageable en Polynésie Française, étant donné le niveau élevé du SMIG et la surévaluation du F CFP.

Enfin, du côté de la stratégie d'ouverture, les meilleurs résultats, en terme de croissance et de niveau de vie, ont été obtenus, si l'on excepte les îles bénéficiant d'une rente, naturelle ou "artificielle", par les économies insulaires ayant misé sur l'exportation à grande échelle de services: tourisme, services financiers (paradis fiscaux, banques offshore, assurances offshore), philatélique, d'éducation, de traitement de données, exportation de main d'oeuvre (émigration), etc.... On pourrait logiquement rattacher à cette catégorie d'exportation la vente du "service" de "porte-avions terrestre" pour base militaire (pour lequel d'ailleurs la compensation prend souvent la forme d'un "loyer" forfaitaire), qui diffère très peu, formellement, de la vente de services touristiques. Il est clair que les îles disposent dans ce domaine d'un avantage comparatif qu'elles doivent exploiter, et que cette stratégie est nettement préférable à celle d'une industrialisation hypothétique, que ce soit pour l'exportation ou pour la substitution d'importation, particulièrement lorsque la petite taille du marché insulaire pose le problème des déséconomies d'échelle. La voie de l'exportation de services paraît d'autant plus prometteuse dans les économies insulaires à hauts salaires, où la rentabilité des productions agricoles traditionnelles, aussi bien que manufacturières moderne, n'est pas assurée, à moins de coûteuses subventions gouvernementales, dont le poids risque d'être imposé indirectement sur le secteur exportateur de services, notamment touristiques.

---

[1] Ces phénomènes semblent en effet exister aussi dans les économies qui refusent à leurs habitants un développement capitaliste et la démocratie occidentale au nom de la tradition: voir le taux de suicide élevé au SAMOA OCCIDENTAL, dont nous avons parlé plus haut.

Cette voie de l'exportation de services heurte quelque peu les conceptions "tiers-mondistes" longtemps dominantes, qui ne voient dans ces stratégies "extraverties" que des formes nouvelles de dépendance, contraires à l'objectif de "self-reliance":

> "Une des problèmes les plus importants que les petites îles ont à rencontrer lorsqu'elles mettent en oeuvre leur politique commerciale et cherchent à développer les secteurs les plus dynamiques est que ces politiques économiques peuvent paraître passées de mode, et même tout à fait impopulaires, dans les "milieux internationaux du développement " (...) toute mention du tourisme, d'investissements étrangers, de travailleurs émigrés sur des bateaux étrangers, de zones franches d'exportation, de paradis fiscaux, de banques offshore, de bases stratégiques, de pavillons de complaisance, d'exportation de produits exotiques, etc... va directement à l'encontre des recommandations des partisans du développement autocentré [self reliant], 'au ras du sol'[grass root]'".[1]

Le développement par le tourisme, comme à HAWAII ou à GUAM, peut intervenir logiquement dans la foulée d'une période de "tourisme militaire", qui aura permis de mettre en place les infrastructures nécessaires au développement touristique (Port, aéroport, télécommunications, secteur d'importation, de distribution, de services financiers), et le développement de la ressource humaine (qualifications acquises par la main d'oeuvre locale ayant travaillé dans les bases militaires).

Mais les conséquences socioculturelles de ce mode de développement sont controversées. La marginalisation des ethnies autochtones, ou leur inexistence au départ, semble avoir souvent permis ce type de développement qui semble peu compatible, à terme, avec le maintien d'une civilisation refusant l'adoption sans réserve des valeurs occidentales. Cette opinion doit cependant être nuancée et vérifiée. Il semble que dans certaines îles, comme BALI, une civilisation traditionnelle très vigoureuse et bien enracinée dans des croyances religieuses très anciennes peut relativement bien résister à l'envahissement touristique. L'originalité et la force de la culture locale deviennent alors au contraire un atout touristique de taille, qui incite les habitants à en préserver et même à en développer les manifestations. Lorsque les habitants d'un pays prennent conscience que les touristes occidentaux viennent de très loin et payent très cher pour venir admirer leur propre culture, cela ne peut que la revaloriser à leurs propres yeux, (s'il en était besoin).

---

[1]DOMMEN E. & HEIN, P.L. (1985) Foreign Trade in Goods and Services: the Dominant Activity of Small Island Economies, in E. DOMMEN and P. HEIN, eds, *States, Microstates, and Islands,* Croom Helm, London, 152-184. Notre traduction.

Mais il semble que les traditions communautaires soient les plus difficiles à maintenir dans une économie dominée par le tourisme occidental, dans la mesure où le salariat et la monétarisation de l'économie provoquent inévitablement un affaiblissement des solidarités communautaires traditionnelles. Dans cette optique, la préservation de la propriété communautaire des terres paraît essentielle, de même que l'interdiction de leur aliénation à des étrangers. De plus, il semble préférable de favoriser la création d'enclaves touristiques plutôt que la dispersion tous azimuts de cette activité. La création d'enclaves permet effectivement de préserver un secteur traditionnel relativement non contaminé par l'économie marchande qu'apporte le tourisme.

Chapitre 3
Les différentes stratégies de développement à l'épreuve des faits

Le débat entre les partisans du développement "extraverti" et ceux du développement "endogène" peut être mieux éclairé à partir des études empiriques de la croissance dans les PVD. Il est en effet possible de déterminer, à posteriori, si la croissance a été plutôt tirée par la demande intérieure, par les exportations, ou par la substitution d'importation.

Nous verrons à ce propos les travaux de Chenery, ceux du CERDI sur les économies africaines, puis nous exposerons nos résultats sur les Dom-Tom insulaires.

Les travaux de Chenery

Le modèle de Chenery distingue 4 sources de la croissance de la demande:

-l'expansion de la demande intérieure, D

- l'expansion des exportations, X

- le remplacement des importations, M

- le changement technologique , T.

Si la S.I. était plus efficace que la S.E. comme stratégie de croissance, on devrait trouver que les pays dont la croissance est la plus forte ont profité principalement du remplacement des importations comme source de croissance. Or Chenery montre qu'au contraire les pays pour lesquels la croissance a été la plus rapide (Yougoslavie, Japon, Corée, Taiwan, Israël), alors que les pays ayant adopté une stratégie de substitution d'importation (Colombie, Mexique, Turquie) n'en ont retiré aucun bénéfice, l'élargissement de leur marché intérieur ayant été la source principale de leur croissance, le remplacement des importations ou "reconquête du marché intérieur" n'ayant eu qu'une très faible influence sur leur rythme de croissance.

Sources de la croissance en volume, en % du total

Pays	croissance en %	D	X	M	T	Total
Colombie 1953-1970	5,9	74	14	7	5	100
Mexique 1950-1975	6,5	91	4	3	2	100
Turquie 1953-1973	5,9	87,3	7	2,4	3,3	100
Yougoslavie 1962-1972	8,7	84,5	27,5	-13	1	100
Japon 1955-1972	11	85	14	-3	4	100
Corée 1955-1973	11,2	68,5	35	-	-3,5	100
Taiwan 1956-1971	12	55,5	43,5	1	-	100
Israël 1958-1972	10	72	36	-11	3	100

Source: H.B Chenery, *Industrialization and Growth*. Harvard Institute for International Development, Paper N° 217, 1986. Cité par J. Brasseul , *les Nouveaux pays industrialisés*, A. Colin, Paris, 1993,p 50. Note: un chiffre négatif indique une contribution négative à la croissance du facteur en cause.

Les travaux du CERDI sur les pays africains

Les travaux du CERDI en France ont permis d'expliquer les sources de la croissance dans les PVD africains et les autres PVD. La méthodologie de ces travaux, inspirée de celle de Chenery, sera étudiée plus loin, puisqu'elle sera appliquée aux Dom-Tom insulaires dans le chapitre suivant.

Les résultats de cette étude démontrent clairement l'échec de la substitution d'importation comme stratégie de croissance des pays africains.

Les contributions respectives de la demande intérieure, des exportations, et de la substitution d'importation (remplacement des importations par la production intérieure pour satisfaire la demande intérieure) dans la croissance du PIB sont indiquées dans le tableau suivant, exprimées en points de taux de croissance du PIB nominal, en utilisant la moyenne pondérée pour les pays composant les groupes considérés:

Sources de la croissance du PIB dans les PVD, les PVD africains, et les PVD non africains, entre 1960 et 1981, en point de croissance annuel

Points de taux de croissance du PIB	PIB	D	X	M
AFRIQUE	4,5	3,9	1,0	-0,4
PVD moins Afrique	5,7	5,2	0,9	-0,4
Ensemble PVD	5,6	5,1	0,9	-0,4

Source: ZGILINICKI J.P. "La contribution des échanges extérieurs à la croissance", in GUILLAUMONT P. et S. (1988) *Stratégies de développement comparées, Zone Franc et hors Zone Franc.* ECONOMICA.pp 475-504.

La contribution de la S.I. est donc constamment négative, que ce soit pour les PVD africains ou pour les autres: en moyenne la S.I. a contribué négativement à la croissance sur cette période, enlevant 0,4 points de taux de croissance nominal annuel. Les pays africains ayant connu en moyenne une croissance nominale plus faible que les autres, la S.I. y a eu un effet négatif proportionnellement plus important, alors que ces pays avaient précisément fondé dans la plupart des cas leur stratégie sur une croissance par la S.I. Au contraire dans les pays ayant choisi une stratégie d'ouverture, la "reconquête du marché intérieur" a été en général plus facile, grâce aux progrès rapide de productivité que leur conféraient l'exigence de compétitivité à l'exportation. Ce sont donc en définitive les PVD qui ont refusé la stratégie de S.I. qui ont le mieux réussi dans la "reconquête du marché intérieur", qui est un sous-produit de la compétitivité acquise en acceptant la compétition internationale à armes égales.[1]

Commentant dans un autre ouvrage les résultats de Zglinicki, P. Guillaumont note que les pays d'Afrique classés "tournés vers l'intérieur" par Balassa en fonction de leur politique économique n'ont pas eu une croissance stimulée par le remplacement des importations d'après Zglinicki , et inversement des pays classés "tournés vers l'extérieur" par Balassa ont profité d'une croissance stimulée par le remplacement des importations:

> "La classification ainsi obtenue [par Balassa] ne coïncide que partiellement avec l'analyse qui résulte des sources de la croissance [de Zglinicki]: le Sénégal et la Côte d'Ivoire restent dans deux

---

[1]Il faut noter toutefois que les conclusions tirées ici des résultats de Zglinicki sur l'efficacité des politiques de S.I. ne sont pas les siennes, car lui-même ne tire aucune conclusion de cette sorte de son étude, ni d'ailleurs sur les stratégies suivies et les résultats obtenus par pays.

catégories opposées, mais le Bénin apparaît comme tourné vers l'intérieur au lieu de l'être vers l'extérieur, et inversement le Cameroun; (...) en fin de compte il apparaît que les différents critères examinés ici d'un développement tourné vers l'intérieur ou vers l'extérieur ne sont pas nécessairement concordants..."[1]

Cette absence de concordance entre la classification d'après les politiques adoptées (celle de Balassa) et celle mesurant les sources de la croissance (celle de Zglinicki) peut paraître au contraire tout à fait cohérente avec ce que l'on devrait attendre a priori, si la réalité correspond à l'échec des objectifs des politiques de S.I.: ce sont les pays favorisant la S.I. par le protectionnisme qui ne l'ont dans les faits pas du tout obtenue, alors que les pays plus ouverts, grâce à une meilleure compétitivité et un taux de change plus réaliste, ont pu mieux défendre leur marché intérieur face aux importations. Ni Zglinicki, ni Guillaumont ne semblent envisager cette hypothèse pour expliquer leurs résultats. Pourtant Guillaumont , citant les travaux de Balassa et de la Banque Mondiale, reconnaît au début de son article la possibilité d'un tel échec de la stratégie de S.I. à effectivement entraîner une croissance par la S.I.[2]

---

[1]GUILLAUMONT P. (1985) *Protectionnisme, substitution à l'importation et développement tourné vers l'intérieur* in Bernard LASSUDRIE-DUCHENE et Jean Louis REIFFERS, Le Protectionnisme, ECONOMICA, pp 203-227.

[2]"Or la substitution à l'importation peut se produire sans protection, et inversement; et le développement tourné vers l'intérieur, selon le sens donné à cette expression, plus précisément selon qu'on désigne ainsi le résultat ou les moyens d'une politique, peut se faire avec ou sans protection, ou bien avec ou sans substitution à l'importation.

"Une constatation faite par Balassa et la Banque Mondiale illustre cette ambigüité. Face au premier choc pétrolier les pays en développement qui se sont structurellement le mieux ajustés, non seulement par promotion de leurs exportations, mais aussi par remplacement de leurs importations, sont les pays qui ont eu une politique qualifiée "d'outward looking" ou de tournée vers l'extérieur; au contraire les pays ayant eu une politique tournée vers l'intérieur, "inward-looking", ont moins réussi dans la substitution à l'importation. Ce paradoxe apparent est aisément expliqué par le fait que les pays ayant eu des politiques tournées vers l'extérieur ont été plus compétitifs que les autres, pour les biens substituts de produits d'importation comme pour les biens d'exportation, ainsi que par le fait que leurs importations, non déjà réduites au minimum, étaient plus flexibles." GUILLAUMONT P. (1985) *Protectionnisme, substitution à l'importation et développement tourné vers l'intérieur.* in Bernard LASSUDRIE-DUCHENE et Jean Louis REIFFERS, Le Protectionnisme, ECONOMICA, pp 203-227. Il est intéressant de constater que Guillaumont néglige un peu plus loin dans son article d'utiliser la même explication pour rendre compte du paradoxe de "l'absence de concordance" des résultats obtenus par Zglinicki sur les sources de la croissance par rapport à ceux de Balassa sur les stratégies adoptées.

Il semble que la confusion résulte de ce que Guillaumont considère les sources de la croissance, non pas comme un indicateur des résultats (positifs ou négatifs) d'une stratégie d'ouverture ou de repli, mais comme un indicateur "du contenu même" de cette stratégie.

En effet, à propos de l'indicateur fourni par Zglinicki sur les sources de la croissance, il note qu'il *"représente en partie le contenu même d'une stratégie"*[1]

En conclusion, les effets néfastes de la stratégie de substitution d'importation semblent aujourd'hui largement documentés depuis plus de 20 ans, comme le souligne M. Roemer dans son "survey" sur les stratégies de développement:

> "La substitution d'importation, ou développement autocentré, a été de très loin la stratégie de développement préférée des gouvernements du Tiers Monde. Elle a été maintenant en vigueur depuis assez longtemps et essayée dans des circonstances assez diverses pour nous donner une assez bonne idée de ses échecs, et il semble qu'il y ait peu de doute parmi les économistes que ses inconvénients dépassent de façon substantielle ses avantages (...) Le temps et la grande taille peuvent atténuer les facteurs d'inefficacité entraînés par le développement autocentré, et plus le pays est grand plus courte sera la période nécessaire. Cependant, pour la grande majorité des petits pays, pour les Kenya, Pérou et Sri Lanka du monde, il semble qu'il y ait peu d'espoir d'échapper aux formes de dépendance entraînées par un processus d'industrialisation par substitution d'importation, sur des périodes de deux décennies ou plus"[2]

---

[1] "Dans le premier cas [part des importations et des exportations dans le PIB], on examine un état qui est en partie le résultat d'une stratégie; dans le second cas [mesure du remplacement des importations comme source de la croissance], *on analyse un mode de croissance qui représente en partie le contenu même d'une stratégie*; dans le troisième cas [politique commerciale plus ou moins protectionniste], on examine les moyens mis en oeuvre, instruments plus ou moins efficaces, d'une stratégie.GUILLAUMONT P. (1985), Op. Cit p. 205. Les parenthèses ont été rajoutées par nous pour rendre plus clair ce paragraphe se rapportant à une énumération précédente des trois types d'indicateurs pouvant servir à juger du caractère "autocentré" ou "extraverti" du développement. Passage souligné par nous.

[2] M. ROEMER (1981), Dependence and Industrialization Strategies, *World Development*, Vol 9, N°5, pp 435-452. Notre traduction.

La mesure des sources de la croissance: application aux Dom-Tom

La méthode de calcul

Trois carburants peuvent alimenter la croissance de la demande satisfaite par l'offre locale: la croissance de la demande intérieure, celle des exportations, et la "reconquête du marché intérieur" par les productions locales, autrement dit la substitution de produits locaux aux importations, qui se manifeste par la baisse de la propension à importer de au cours du temps.

Pour savoir quel est le type de croissance obtenue, et donc savoir si la politique de substitution d'importation a porté ses fruits, il faut déterminer précisément quelle est la part relative de ces trois facteurs qui explique la croissance observée du PIB.

Pour cela il est possible d'utiliser un modèle de décomposition de la croissance suivant les principaux facteurs contribuant à l'accroissement de la demande, c'est à dire des emplois finals (suivant l'optique keynésienne de la croissance).

Les premiers travaux empiriques de ce type sont dus à Hollis B. CHENERY, les résultats ayant été exposés plus haut[1].

Il s'agit de décomposer a posteriori la croissance des emplois du PIB en trois "sources":

1) Variation de la demande intérieure (Total des emplois moins Exportations);

2) Variation de la demande extérieure (Exportations);

3) Remplacement des importations (ou substitution d'importation) par une production intérieure.

Seule la troisième "source" correspond à la contribution de la stratégie de substitution d'importation à la croissance du PIB. La deuxième "source", au contraire, correspond en principe à la stratégie de promotion des exportations.

Mathématiquement, la décomposition part de l'identité ressources-emplois finals:[2]

---

[1]CHENERY H.B. (1960) , "Patterns of Industrial Growth", *The American Economic Review*, vol. 50, n° 4, septembre, pp 624-654.

CHENERY H.B. (1979) *Structural Change and Development Policy*, Oxford University Press, traduit en français dans: *Changements des structures et politiques de développement* , publié pour la Banque Mondiale par ECONOMICA.

[2]Voir ZGLINICKI J.P. "La contribution des échanges extérieurs à la croissance", in GUILLAUMONT P. et S. (1988) *Stratégies de développement comparées, Zone*

(1) **O = Q + M = DI + X** ;
avec O = Offre = Ressources = PIB+Importation; Q = PIB, M = Importations, DI = Demande intérieure (Total des emplois - Exportations), X = Exportations.

Passant en variation, (désignée par Δ), l'identité s'écrit:

(2) **ΔQ + ΔM = Δ DI + ΔX**;

On suppose que le coefficient d'importation mt se calcule comme la part de l'offre totale O qui est importée (au début de la période t):

mt = Mt/Ot ; où l'indice t se rapporte à la période t.

Le coefficient d'importation mt varie donc de période en période. La variation des importations peut être décomposée en

-variation induite par la variation de l'offre (à m constant) : mo ΔO;

- variation induite par celle de m, à offre constante: O1 Δm;

Soit:

(3) **Δ M = mo.ΔO + O1.Δm** ; où o et 1 correspondent aux années initiale et terminale.

D'où la décomposition totale de ΔQ, en remplaçant dans l'équation (2) ΔM par sa valeur dans (3) et en réarrangeant les termes:

(4) **ΔQ = (1-mo).ΔDI + (1-mo). ΔX - Δm.O1;**

(1-mo).ΔDI est la contribution de la demande intérieure à ΔQ;

(1-mo). ΔX est la contribution des exportations à ΔQ;

- Δm.O1 est la contribution de la substitution d'importation à ΔQ.

Il s'agit de contributions nominales: les effets-prix et effets quantités ne sont pas distingués à ce stade (les comptes économiques ne le permettent pas de toute façon en Polynésie Française). Pour obtenir des chiffres plus significatifs, on rapporte chacune des contributions soit à ΔQ/100, pour obtenir la contribution relative nominale de chaque facteur dans la croissance du PIB en % de celle-ci, soit à Qo/100, pour obtenir la part, en point de croissance du PIB nominal, de chacun des facteurs.

On trouvera en annexe un exemple du détail des calculs qui permettent d'aboutir aux résultats ci-dessous.

Franc et hors Zone Franc. ECONOMICA, pp.475-504, et GUILLAUMONT P. (1985) *Protectionnisme, substitution à l'importation et développement tourné vers l'intérieur.* in Bernard LASSUDRIE-DUCHENE et Jean Louis REIFFERS, Le Protectionnisme, ECONOMICA, pp 203-227.

Les sources de la croissance de la demande en Polynésie Française

Reprenant la méthode ci-dessus, en utilisant les données des comptes économiques 1976-1992, on a procédé à la décomposition de la croissance nominale de la Polynésie Française sur la période 1977-1992. En moyenne sur la période, le résultat est le suivant (on trouvera en annexe les tableaux et graphique année par année).

Contribution de chaque facteur en points de croissance nominale	Part dans le tx de var° annuel moyen		
	1977-92	1977-83	1984-92
Contribution de DI	10,2%	18,6%	5,6%
(dont contribution de DIPUB)	*(4,0%)*	*(7,0%)*	*(2,3%)*
Contribution des exportations	0,8%	1,3%	0,5%
Contribution de la S.I.	0,8%	0,2%	1,4%
Croissance nominale du PIB	11,8%	20,1%	7,5%
Taux d'inflation en glissement	8,6%	12,8%	6,6%

En pourcentage de la croissance totale du PIB, on obtient:

Contribution de chaque facteur en part relative en % de la croiss	Part dans la croissance de la période		
	1977-92	**1977-83**	**1984-92**
Contribution de DI	86,61	92,58	75,30
(dont contribution de DIPUB)	*(33,64)*	*(34,90)*	*(30,10)*
Contribution des exportations	6,47	6,47	6,15
Contribution de la S.I.	6,91	0,82	18,85
Croissance nominale du PIB	100,00	100,00	100,00

Note: DIPUB = consommation et Formation brute de capital fixe des administrations.

La substitution d'importation a donc eu une contribution positive, mais très marginale (0,8% par an sur un taux de croissance de 11,8% par an), expliquant seulement 7% de la croissance obtenue pendant cette période, la contribution des exportations est également faible. 86,6% de la croissance est expliquée par l'évolution de la demande intérieure, qui s'est accrue en moyenne de 11,8% par an. On constate cependant une nette amélioration de la part de la S.I. après 1984, puisque de 1977 à 1983, sa contribution est négligeable (0,8% de la croissance totale), tandis que de 1984 à 1992 sa part passe à 19% de la croissance totale, soit 1,4% par an sur une croissance de 7,5%. Ceci correspond sans aucun doute à la politique protectionniste menée depuis 1984, date du statut d'autonomie interne (prohibitions d'importation, contingentements, hausse des taxes sur les produits concernés). Surtout, depuis 1987, la croissance de la demande intérieure nominale s'étant considérablement ralentie (voir graphique en annexe), la part relative de la SI dans la croissance paraît plus forte qu'auparavant. Mais surtout, depuis 1992, la baisse des importations militaires a été importante, ce qui a abaissé artificiellement le coefficient d'importation, laissant croire statistiquement à une meilleure satisfaction de la demande intérieure par la production locale. Mais en fait il s'agit uniquement d'une baisse de la demande militaire de produits importés: les importations civiles n'ayant pas diminué, elles n'ont pas mieux contribué qu'auparavant à la satisfaction de la demande intérieure.

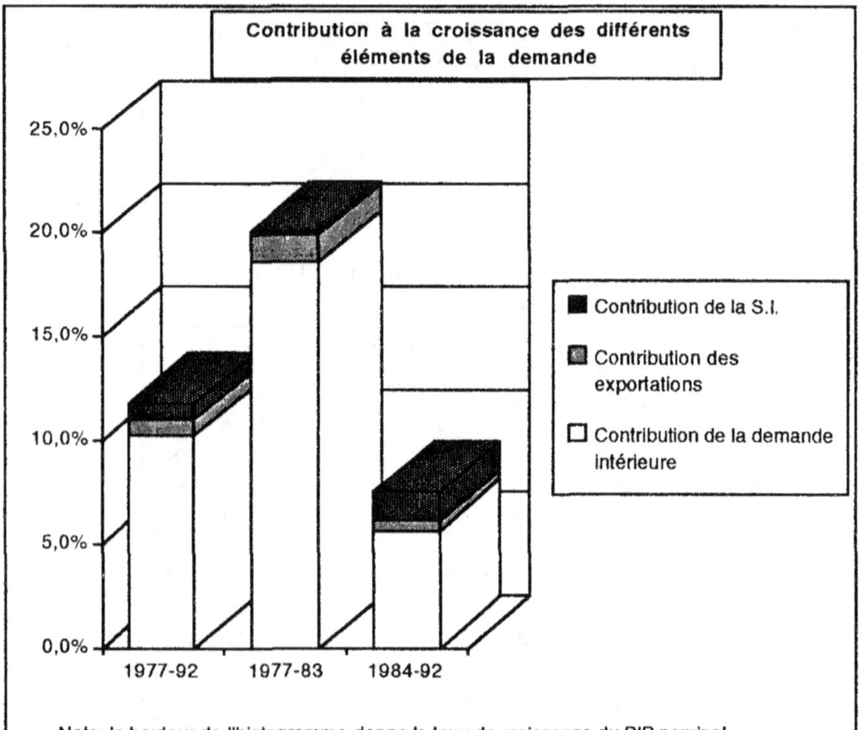

Note: la hauteur de l'histogramme donne le taux de croissance du PIB nominal.

On voit que la part de la demande intérieure est largement prépondérante dans l'explication de la croissance quelle que soit la période. La demande intérieure est elle-même alimentée, via l'effet multiplicateur, par la demande publique DIPUB. En effet, si l'on fait le rapport moyen sur la période de DI/DIPUB, on obtient 2,48. Si l'on multiplie DIPUB par 2,48 pour chaque année, on obtient une très bonne approximation de DI, comme le montre le graphique ci-après.

Ceci démontre qu'en fait la croissance du PIB de la Polynésie Française a été "tirée" par la demande publique et ses effets induits sur la demande privée susceptible d'être satisfaite localement (BTP, services). Cet effet multiplicateur de DIPUB semble cependant plus faible depuis 1987, ce que l'on peut très certainement attribuer à l'augmentation du flux de capitaux privés vers l'extérieur, lié lui-même à la détérioration des perspectives de rentabilité de l'investissement local et à l'instabilité politique des années 1987-1991.

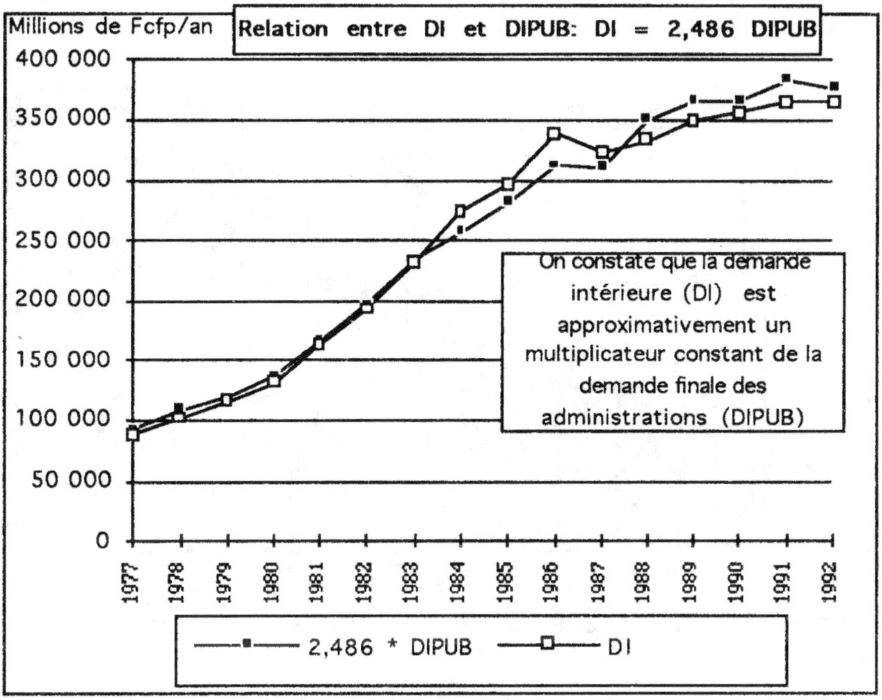

En conclusion il est certain que sur la période considérée la croissance du PIB a été "tirée par les dépenses publiques", elles même alimentées par les transferts publics en provenance de Métropole (en 1992 ils représentent 110 milliards de Fcfp pour un PIB de 304 milliards de Fcfp, soit 1,81 millions de Fcfp par habitant et par an, ou 9 millions de Fcfp par ménage et par an).

Dans l'ensemble la substitution d'importation ne semble pas avoir apporté une contribution importante à la croissance, la demande intérieure ayant constitué la source essentielle d'accroissement du Produit Intérieur Brut. L'amélioration de la contribution de la S.I. en 1985 et 1986 semble plutôt due à un effet-prix exogène et provisoire (amélioration des termes de l'échange due au contre-choc pétrolier et à la baisse des dollars U.S., N.Z. et AUS.) qu'à un effet-quantité marquant une "reconquête du marché intérieur" par la production locale. En 1992 la contribution apparemment exceptionnelle de la S.I. à la croissance est trompeuse: la baisse importante des importations (-7,8 milliards de Fcfp) provient intégralement des importations militaires (1992 marque le début du "moratoire" sur les essais nucléaires décidé par la France), les importations civiles étant restées rigoureusement stables par rapport à l'année précédente. Cette baisse des importations n'est donc pas du tout en réalité l'effet d'une substitution de la production locale à des importations civiles.

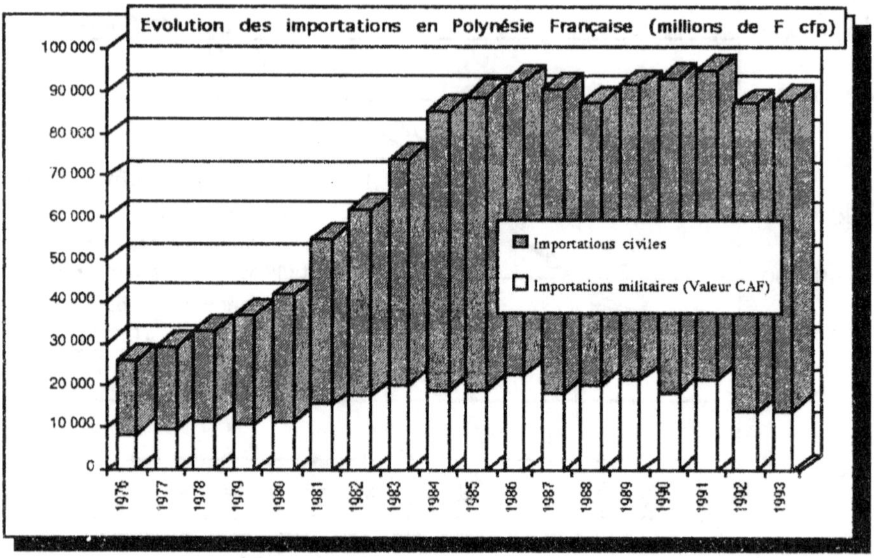

Cependant, sur la période, le coefficient d'importation passe de 32% en 1977 à 22% en 1992, en grande partie à cause de la baisse relative des importations militaires. Mais les importations civiles sont maintenant peu susceptibles de "compression", car elles sont constituées de plus en plus soit d'énergie, de matières premières, de biens intermédiaires et de biens d'équipement, soit de produits de consommation non susceptibles d'une production locale. Tout accroissement de la production locale provoque en effet des importations induites de biens d'équipement et de biens intermédiaires.

Ces résultats sont dans l'ensemble assez semblables à ceux cités plus haut concernant l'ensemble des PVD et les PVD africains: même si la contribution de la S.I. est nulle ou négative dans les premiers, et légèrement positive dans le cas de la Polynésie Française, il semble de toute façon amplement démontré que la S.I. ne peut en aucun cas apporter à long terme une contribution significative à la croissance. En effet une fois la "reconquête du marché intérieur" obtenue sur un nombre limité de créneaux, cette source de croissance s'épuise d'autant plus rapidement que les transferts publics ne permettent plus d'alimenter artificiellement la croissance d'une demande intérieure susceptible de payer des prix artificiellement élevés pour des produits locaux protégés de la concurrence extérieure par des prohibitions d'importation, des contingents ou des droits et taxes prohibitifs, venant s'ajouter à des coûts d'approche et à des marges commerciales déjà importantes (voir en annexe un tableau comparatif pour les prix des produits fabriqués localement en Polynésie Française et les prix d'articles semblables en France).

En Polynésie Française la clientèle des fonctionnaires locaux et expatriés au salaire "majoré" (de 84% à 113%) par rapport à la métropole a permis d'entretenir longtemps l'illusion que des activités pouvaient s'implanter avec succès en vendant à des niveaux de prix doubles de ceux de la métropole (voir tableau ci-après).

Comparaison des prix en Polynésie Française et en métropole pour quelques articles de fabrication locale (prix en Fcfp en 1994)

Article	prix en PF	Prix en métropole	Rapport PF/Métro
Yaourt (1)	68	15	4,5
Oeufs (12)	332	191	1,7
boîte Pepsi 33cl	70	26	2,7
Eau minérale (le litre)	66	30	2,2
Papier toilette (1)	62	30	2,1
Jambon supérieur (kg)	2000	798	2,5
Côte de porc (kg)	1035	434	2,4

Lorsque la masse salariale publique (plus de la moitié de la masse salariale totale) stagne, cette illusion disparaît. La "reconquête du marché intérieur" exige alors toujours plus de protectionnisme, générateur de hausses de prix, et le pouvoir d'achat des fonctionnaires tendant à baisser, la crise s'installe.

Contribution à la croissance nominale du PIB des différents éléments de la demande, Polynésie Française, 1977-1992.

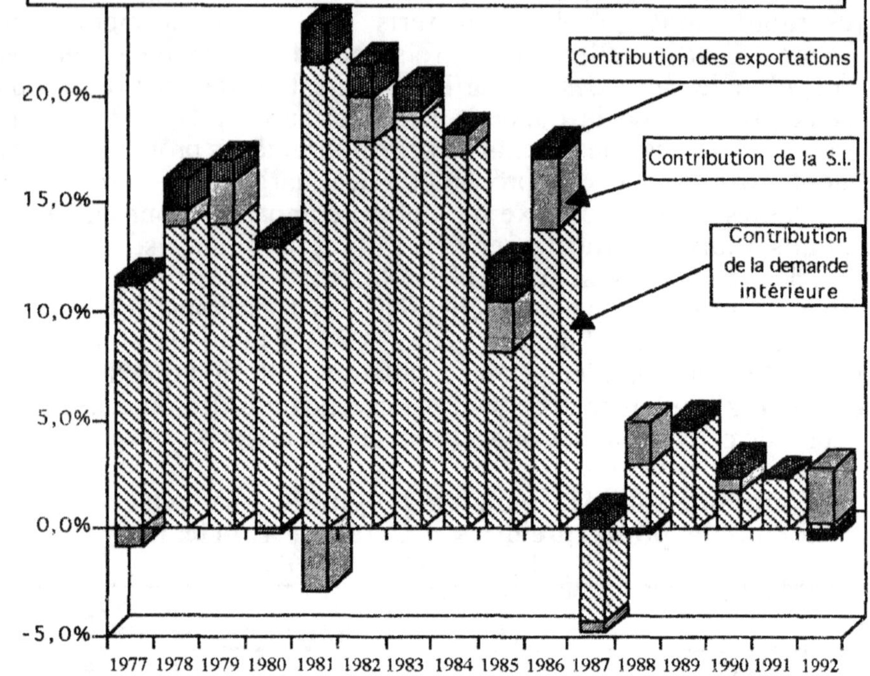

Note: la hauteur totale de l'histogramme correspond au taux de croissance nominal du PIB

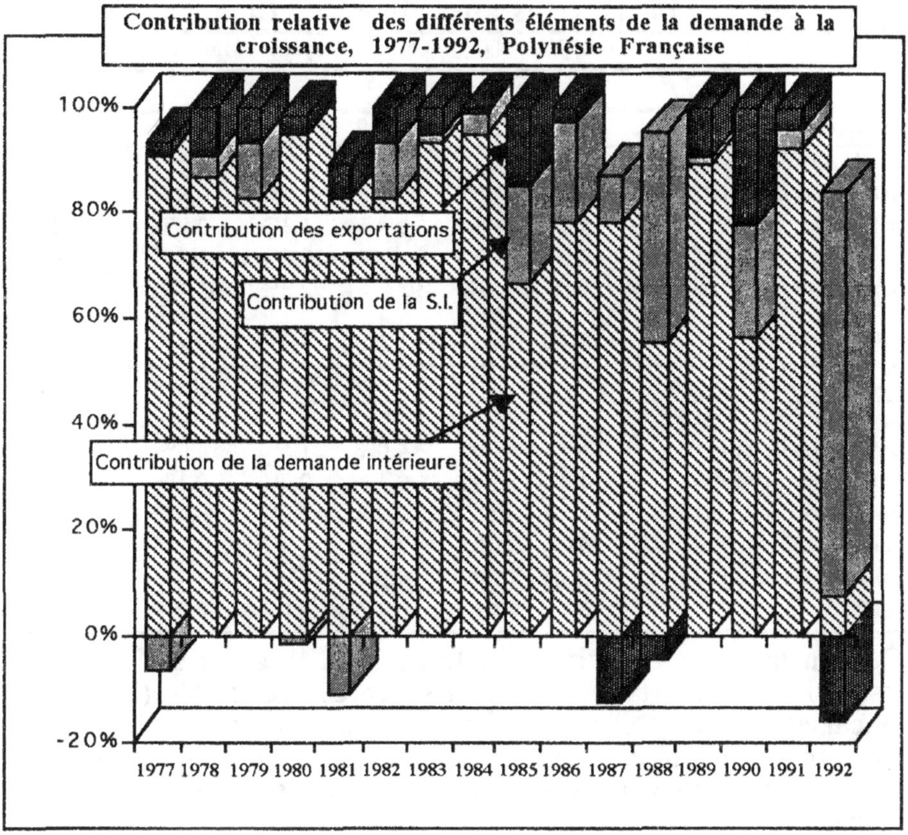

Les sources de la croissance dans les Dom-Tom

La même méthode de calcul a été appliquée à tous les Dom-Tom, pour vérifier d'éventuelles différences. Pour cela, on a utilisé pour les D.O.M. les tableaux emplois-ressources publiés par l'INSEE en 1993 dans "20 ans de comptes des départements d'Outre Mer, 1970-1989" (Insee Résultats, économie générale, N°81-82-83, décembre 1993). Les tableaux emplois ressources pour les deux Tom du Pacifique: la Polynésie Française et la Nouvelle Calédonie, ont été puisés dans les comptes économiques publiés par les Institut Territoriaux de la statistique de ces deux territoires, et convertis ensuite en FF.

Les résultats de cette étude sont résumés dans le tableau suivant:

Sources de la croissance dans les Dom-Tom

	Pol. F.	N.C	Guad.	Guyane	Martin.	Réunion
Contribution relative	71-89	79-89	71-89	76-89	71-89	71-89
en % de Δ PIB						
Contribution de la DI	87,2%	71,6%	99,9%	111,4%	96,8%	98,1%
Contrib° des export°	5,0%	34,8%	0,4%	1,1%	0,8%	1,7%
Contribution de la S.I.	8,0%	-1,9%	-1,4%	-20,2%	3,8%	0,0%
Total 1+2+3	100,2 %	104,4 %	98,8%	92,3%	101,4%	99,8%
Résidu	-0,2%	-4,4%	1,2%	7,7%	-1,4%	0,2%
Contribution absolue en	71-89	79-89	71-89	76-89	71-89	71-89
point de croissance du PIB						
Contribution de la DI	13,4%	7,9%	14,0%	21,5%	14,0%	14,9%
Contrib° des export°	0,8%	3,8%	0,1%	0,2%	0,1%	0,3%
Contribution de la S.I.	1,2%	-0,2%	-0,2%	-3,9%	0,6%	0,0%
Total 1+2+3	15,4%	11,2%	13,9%	18,3%	14,7%	15,2%
taux de variation du PIB	15,3%	11,0%	14,0%	19,3%	14,4%	15,2%
Résidu	-0,1%	-0,3%	0,1%	1,0%	-0,2%	0,0%

On constate que dans tous les Dom-Tom la contribution de la substitution d'importation à la croissance est très faible (Polynésie Française), nulle (Réunion), ou négative (Nouvelle Calédonie, Martinique, Guadeloupe, et surtout Guyane). La contribution des exportations n'est significative que pour la Nouvelle-Calédonie, grâce au Nickel.

Les Dom-Tom ont donc connu une croissance impulsée par la demande intérieure, elle-même alimentée par les sursalaires de la fonction publique et les transferts sociaux.

Or les politiques officielles ont souvent été tournées soit vers l'encouragement des activités de substitution d'importation, soit vers la promotion et la subvention des activités d'exportation. Ces politiques ont donc été largement inefficaces puisqu'elles ont manqué leur objectif.

Annexe: la méthode employée pour le calcul des sources de la croissance dans les Dom-Tom

La place manque pour reproduire ici in extenso l'ensemble des tableaux de calcul, nous nous bornerons donc à donner un exemple: celui de la Martinique, pour les premières années de la période.

La première partie du tableau reproduit l'identité ressources-emplois des comptes économiques.

La deuxième partie est le tableau des calculs intermédiaires. Il a pour objet de montrer comment on peut décomposer la variation nominale du PIB (Δ PIB) en trois composantes.

1. Contribution de la demande intérieure DI: (1-m) ΔDI,
2. Contribution des exportations: (1-m) ΔX
3. Contribution de la substitution d'importation S.I.:(-Δm) O1, où O1 est le total des ressources (PIB + importations) de l'année écoulée, Δm la variation de m par rapport à l'année précédente (m(t) est remplacé partout par m pour simplifier).

On constate à la ligne 4 que le total 1+2+3 est peu différent de la variation observée du PIB (ligne 5), la différence étant un résidu positif ou négatif selon les années.

Les 5 premières lignes du tableau de calcul correspondent au calcul de:

m (importations/ total des ressources), DI (total des emplois finals moins exportations), ΔDI , Δm, ΔX.

Ces résultats intermédiaires permettent le calcul des lignes 1,2 et 3, qui donnent les trois composantes de la variation observée du PIB nominal Δ PIB:

1) (1-m) ΔDI,
2) (1-m) ΔX et
3) (-Δm) O1,

La troisième partie du tableau donne pour chaque année les 3 contributions relatives en % du PIB, en divisant les lignes 1, 2, 3 et 4 du tableau des calculs intermédiaires par la ligne 5, c'est à dire par ΔPIB.

Le total des contributions relatives en % de la variation totale Δ PIB n'est pas exactement égal à 100. La différence par rapport à 100 constitue le résidu, tantôt positif, tantôt négatif, qui apparaît à la dernière ligne de ce tableau. Le calcul de la première colonne (moyenne sur l'ensemble de la période) est expliqué plus loin.

La quatrième partie du tableau donne la contribution relative en point de croissance du PIB, obtenue en rapportant les trois contributions respectives à la variation de ΔPIB (lignes 1,2 et 3 du tableau des calculs intermédiaires) par le PIB de l'année précédente (Qo) qui se trouve à la première ligne du tableau emplois-ressources, et à la colonne de l'année précédente.

Millions de FF

	Martinique	1970	1971	1972	1973	1974
RESSOURCES						
a	Produit Intérieur Brut	1600	1826	2074	2390	2609
b	Importations	818	870	882	1097	1420
c	**Total**	2418	2696	2956	3487	4029
EMPLOIS						
d	Consommation finale	1884	2028	2311	2698	3146
e	F.B.C.F.	377	467	427	491	477
f	Exportations	-10	12	-40	54	59
g	Variations de stocks	167	189	258	244	347
h	**Total**	2418	2696	2956	3487	4029

	Martinique					
	Tableau des calculs	*1970*	*1971*	*1972*	*1973*	*1974*
b/c	Coefficient d'importation (m)	0,34	0,32	0,30	0,31	0,35
h-f	Demande intérieure (DI)	2428	2684	2996	3433	3970
	Variation de DI	Δ DI	256	312	437	537
	Variation de m	Δm	-0,02	-0,02	0,02	0,04
	Variation des export. (X)	ΔX	22	-52	94	5
1	Contribution de la DI	(1-m)ΔDI	173	219	300	348
2	Contrib° des export°	(1-m) ΔX	15	-36	64	3
3	Contribution de la S.I.	(- Δm) O1	42	72	-57	-152
4	Total 1+2+3		230	254	307	198
5	Variation du PIB	Δ PIB	226	248	316	219

	Martinique					
	Contribution relative	*71-89*	*1971*	*1972*	*1973*	*1974*
	en % de Δ PIB					
(1/5)	Contribution de la DI	96,8%	76,7	88,3	94,8	158,8
(2/5)	Contrib° des export°	0,8%	6,6	-14,7	20,4	1,5
(3/5)	Contribution de la S.I.	3,8%	18,6	29,0	-17,9	-69,6
(4/5)	Total	101,4%	101,9	102,6	97,3	90,6
	Résidu	-1,4%	-1,9	-2,6	2,7	9,4

	Contribution relative	*71-89*	*1971*	*1972*	*1973*	*1974*
en pt de croissance du PIB						
1/Qo	Contribution de la DI	13,96%	10,8%	12,0%	14,4%	14,5%
2/Qo	Contrib° des export°	0,11%	0,9%	-2,0%	3,1%	0,1%
3/Qo	Contribution de la S.I.	0,55%	2,6%	3,9%	-2,7%	-6,4%
4/Qo	Total	14,66%	14,4%	13,9%	14,8%	8,3%
5/Qo	tx de variation du PIB	14,42%	14,1%	13,6%	15,2%	9,2%
	Résidu	-0,23%	-0,3%	-0,3%	0,4%	0,9%

Les taux de croissance annuels moyens en points de croissance du PIB qui figurent dans la première colonne (71-89) de la 4° partie du tableau ci-dessus sont obtenus en calculant une moyenne harmonique des indices de variation base 1 année précédente (ou coefficients multiplicateurs annuels), calculés eux-mêmes à partir des chiffres figurant pour chaque année dans le tableau des calculs intermédiaires, aux lignes 1,2,3 et 4, en faisant à chaque fois le rapport du chiffre de l'année en cours sur celui de l'année précédente.

Le tableau des indices d'évolution base 1 année précédente est reproduit ci-dessous, pour les 4 premières années de la période, la première colonne correspondant à la moyenne harmonique des indices d'évolution base 1 année précédente des années 1971 à 1989. La moyenne harmonique est le produit des indices ou coefficients multiplicateurs annuels de 1971 à 1989, élevé à la puissance 1/n où n est le nombre d'années (ici n = 18).

en indice 1 = PIB de de l'année précédente	*71-89*	*1971*	*1972*	*1973*	*1974*
Contribution de la DI	1,140	1,108	1,120	1,144	1,145
Contrib° des export°	1,001	1,009	0,980	1,031	1,001
Contribution de la S.I.	1,006	1,026	1,039	0,973	0,936
Total 1+2+3	1,147	1,144	1,139	1,148	1,083
taux de variation du PIB	1,144	1,141	1,136	1,152	1,092

Le taux annuel moyen de variation pour chaque ligne s'obtient alors en soustrayant 1 et en multipliant par 100. C'est celui qui figure dans la première colonne de la 4° partie du tableau de la page précédente

Ainsi la contribution de la DI sur 71-89 est (1,140-1) x100 = 14% (en fait 13,96% avant arrondi), chiffre indiqué dans la première colonne du bas du tableau "contribution relative en point de croissance du PIB". La contribution relative en % de la croissance de Δ PIB , sur l'ensemble de la période 1971-1989, s'obtient alors simplement en divisant respectivement les pourcentages annuels moyens de contributions des trois sources de la demande 1/Qo= 13,96%, 2/Qo= 0,11%, 3/Qo =0,55% indiqués dans la première colonne du 4° tableau, par le taux de variation annuel moyen constaté sur la période (5/Qo), à savoir 14,42%. Le résultat se lit dans la première colonne de la 3° partie du tableau de la page précédente: 96,8% pour la DI, 0,8% pour les exportations, 3,8% pour la SI.

Chapitre 4
L'économie de rente: pratique et théorie

On appellera ici petites économies insulaires les îles de moins d'un million d'habitants, (le plus souvent beaucoup moins). Ces économies, dépendantes politiquement comme les DOM-TOM ou bien indépendantes avec parfois quelques limites de souveraineté comme pour certaines îles dans l'orbite économique de la Nouvelle-Zélande ou des Etats-Unis, sont *"téléguidées"*, dans le sens où leur économie est "intégrée à distance" à l'économie "tutélaire" qui les prend en charge. Cette forme de développement "impulsé du dehors" par une "rente administrative" présente de grandes similitudes avec celle qui est observée dans des économies "de rente pétrolière" (ou "phosphatière" pour certaines îles-Etat du Pacifique comme Nauru ou Kiribati), notamment du point de vue de l'existence du "syndrome hollandais" (dutch disease) impliquant "l'éviction" d'activités d'exportation ou concurrentes d'importations, mais aussi avec celle d'une économie régionale de type "ville de garnison", "ville de retraités" ou "banlieue dortoir", intégrée à un ensemble économique de niveau industriel développé.

Dans ce cadre théorique, un modèle de développement jusqu'ici considéré comme "dépendant" et donc fondamentalement "pervers", peut au contraire se justifier comme répondant à une spécialisation internationale particulière, conforme à la logique de l'avantage comparatif, et donc viable à long terme dans le cadre d'une étroite association à une économie métropolitaine ou dominante, et compatible avec différents degrés possibles de souveraineté politique pour l'économie insulaire "associée".

Cette étude aborde la théorie et la pratique des petites économies insulaires dépendantes dont la croissance est impulsée de l'extérieur par une rente publique (militaire et/ou civile), par les ressources tirées des envois de travailleurs émigrés, ou par une rente "naturelle". Seront abordés successivement:

1)Les différentes formes de rente: aide, bureaucratie, émigration, ou rente naturelle

2) Le modèle "MIRAB" et sa variante "ARABE"

3) La formalisation théorique d'une économie de rente insulaire

4) Les conséquences pour la politique économique

Les différentes formes de rente: aide, bureaucratie, émigration, ou rente naturelle

De nombreux auteurs (Connell 1988, de Miras 1988, Blanchet 1989, Bertram et Watters 1985, 1986) constatent et parfois déplorent la dépendance de petites économies insulaires envers une forme ou une autre de "rente" extérieure, et cela quel que soit le statut politique de ces pays ou territoires insulaires. Cette rente peut prendre plusieurs formes:

1) **Rente naturelle** (Kiribati, Nauru: phosphate, Nouvelle-Calédonie: nickel, Bahreïn, Trinidad et Tobago: pétrole).

2) **Rente militaire, nucléaire ou stratégique** (Etats Fédérés de Micronésie, Polynésie Française, Guam, ainsi que Hawaii avant les années soixante et le boom du tourisme).

Ainsi en Polynésie Française les dépenses du Centre d'Expérimentation du Pacifique (CEP) ont représenté jusqu'à 76% du PIB (en 1976), 67% de la masse salariale (en 1968), et 89% de l'investissement public (en 1966), procurant en peu d'année au Territoire un niveau de vie moyen proche de celui de la Métropole (taux d'équipement automobile 68%, en téléviseur 81%, en magnétoscope 38% en 1988), un déclin rapide du secteur primaire (5% de la valeur ajoutée en 1990), un secteur tertiaire hypertrophié (80% de la valeur ajoutée en 1990), et des importations très supérieures aux exportations: de 56% à la veille de l'arrivée du CEP, le taux de couverture est tombé aux environs de 12% en 1992, (32% en tenant compte des recettes du tourisme). Dans les Etats Fédérés de Micronésie sous tutelle américaine:

> "Les revenus domestiques couvrent 10 à 15% seulement des dépenses de fonctionnement des Gouvernements, les crédits alloués par Washington subvenant au complément et à la quasi-totalité des investissements publics -soit 80 à 90% des investissements totaux.- Le secteur public est le moteur de l'économie et emploie 55% des personnes salariées. Peu productif, le secteur privé consiste surtout en commerce d'importation et de distribution. La manne américaine permet de satisfaire les besoins d'importation croissants, passés, par exemple, pour les seuls Etats Fédérés de Micronésie de 21 millions de $ en 1977 à 49 millions de $ en 1983 alors que, faute de surplus commercialisable, leurs exportations stagnent autour de 1,6 millions." (Reymondet-Commoy ,1988).

3) **Rente administrative civile, aide publique étrangère et transferts sociaux**

Les îles les plus dotées de ce type de rente sont les DOM-TOM français, et les îles du Pacifique liées à la Nouvelle-Zélande: Niue, Tokelau, Iles Cook, Tuvalu. Pour ces dernières, l'aide publique couvre 40 à 100% des importations et finance jusqu'à la moitié du budget des gouvernements, tandis que l'emploi public représente entre 50 et 100% de l'emploi salarié (Bertram et Watters, 1985).

A l'exception près de Nauru [riche de la rente "phosphatière"], l'aide extérieure est présente dans tous les pays indépendants de l'Océanie insulaire. En 1980, elle équivalait déjà au tiers du PIB aux Samoa américaines, aux Salomon, aux Tonga, à près de la moitié de celui des îles Cook et des Samoa occidentales et à la presque totalité de celui du

Kiribati. A Tuvalu, à Niue, à Tokelau et en Micronésie américaine l'aide extérieure s'avérait même égale ou supérieure au PIB.

Les DOM/TOM français sont particulièrement dépendants des dépenses administratives et des transferts sociaux en provenance de la Métropole, qui leur permettent d'entretenir un fort déficit commercial, puisque le taux de couverture des importations par les exportations est (en 1991) de 13% à la Martinique, 9% à la Guadeloupe, 7% à la Réunion, 9% en Guyane, 12% en Polynésie Française. En contrepartie de cette dépendance, les DOM et les TOM bénéficient d'un alignement progressif de leurs conditions de vie sur celles de la Métropole, en matière d'équipement collectif et de consommation privée, comme le montre l'indicateur synthétique imparfait que constitue le PIB par habitant.

PIB par habitant dans les DOM TOM

en F français.

	1970	1983	1986	1986 100= France	Tx de var° annuel .
France métropolitaine	15 413 F	71 900 F	91 210 F	100	11,8%
Polynésie Française	10 255 F	56 402 F	84 327 F	92	14,1%
Nouvelle Calédonie	20 204 F	43 006 F	52 658 F	58	6,2%
Guadeloupe	4 147 F	25 719 F	31 568 F	35	13,5%
Martinique	4 917 F	30 484 F	41 674 F	46	14,3%
Réunion	4 525 F	26 008 F	36 274 F	40	13,9%

Source: INSEE.(TEF 90), ITSTAT.

4) Rente fournie par les envois de travailleurs émigrés à leur famille restée dans l'île

De nombreuses îles dépendent beaucoup des envois de travailleurs émigrés: Tonga, Samoa américaines, Samoa occidentales, Iles Cook, Niue, Tokelau, Antilles françaises et autres îles des Caraïbes. Le nombre des émigrés peut quelquefois dépasser celui des habitants restés dans l'île. Selon Bertram & Watters (1985) le pourcentage de population émigrée est passé, entre 1951 et 1981, de 6% à 44% aux Iles Cook, de 7 à 61% à Niue, de 1 à 45% à Tokelau. L'émigration est également très forte aux Tonga, aux Samoa Occidentales (vers les Samoa américaines) et aux Samoa américaines (vers les Etats Unis et Hawaii). Ainsi aux Tonga, au début des années 1990, on estime la population émigrée entre 67000 et 72000 personnes, pour une population résidente de 94000, en baisse de 4000 au dernier recensement (Patelisio Finau, 1993). En pourcentage du PIB, les mandats de travailleurs émigrés représentent 30% aux Samoa américaines, 17% aux Tonga (Teo Fairbairn, 1993). Ces chiffres officiels minorent certainement la réalité, car il y a beaucoup d'envois "en nature". En fait, la rente "privée" fournie par les travailleurs émigrés concerne les îles les plus pauvres en rente naturelle, administrative ou géostratégique: la preuve en est fournie a contrario par le très faible pourcentage d'émigration dans des îles comme la Polynésie Française et la Réunion où la rente administrative et/ou géostratégique a supprimé une émigration préexistante (voir Poirine, 1993). Ainsi en Polynésie Française, avant le Centre d'Expérimentation du Pacifique (CEP), c'est à dire avant 1962, l'émigration était courante, notamment vers la Nouvelle Calédonie (où avait le lieu le boom minier du nickel). La rente "atomique", puis la rente administrative civile (salaires "majorés" des fonctionnaires expatriés généralisés aux fonctionnaires locaux), a supprimé l'émigration, et provoqué une immigration nette significative jusqu'en 1986 (voir Poirine, 1993).

De la subsistance à la subvention

Ainsi, au-delà des déclarations de principe sur l'objectif de "self-reliance", les Etats insulaires du Pacifique ont continué en général à devenir, après l'indépendance politique, de plus en plus dépendants économiquement de l'aide des économies occidentales et des mandats de travailleurs émigrés. Les plus pauvres de ces Etats sont passés "de la subsistance à la subvention" et du "statut productif au statut de rentier", selon J. Connell (1988):

> "Malgré l'accent mis unanimement après l'indépendance sur le besoin d'une plus grande autonomie ("self reliance"), (...) cette rhétorique n'a pu cacher la réalité d'une intégration économique croissante. Les micro-états insulaires sont devenus de plus en plus dépendants de l'extérieur pour le capital (aide, prêts, envois de fonds des émigrés, investissements privés étrangers), pour la technologie, les biens de consommation, l'expertise technique, et même le changement culturel.(...) Dans les plus petits états insulaires, et dans les territoires dépendants où l'aide (et les envois de travailleurs émigrés) ont été substantiels, l'économie a évolué de l'autosubsistance à la subvention (...) les plus petits territoires et états insulaires, par choix, et les plus grands, par manque d'autres options, ont accru leurs liens avec les puissances métropolitaines et sont passés d'un statut productif à un statut de rentier.(...)"[1]

---

[1] "Despite the widespread post-independence emphasis on the need for greater self-reliance, far beyond merely fiscal self-reliance, *this rhetoric has failed to disguise the reality of increasing incorporation.* IMS [Island Micro States] have become increasingly dependent on the external environment for capital (aid, loans, remittances and private investment), technology and commodities, expertise and even cultural change. *Growing dependence has inevitably meant some loss of autonomy and self-suficiency* even if there has often been a "negociated dependence", albeit on unequal terms (...) More often self-reliance remains a nominal political objective, the key to the formulation of development plans, but not a genuine economic

Ces économies s'adaptent alors à la rente comme dans les économies pétrolières (dutch disease), provoquant une hypertrophie des activités protégées de la concurrence internationale (bureaucratie, services marchands, BTP et activités connexes), ce qui pour certains apparaît comme un développement "intégré", "induit", "excentré", donc malsain car contraire à l'objectif de "développement autocentré" (Blanchet, 1987,1989)[1] , et pour d'autres apparaît comme le signe d'une économie "hétérogène", "déséquilibrée", "désarticulée", "non structurée" (Conseil Economique et social, 1987), une "économie de transferts", "excroissance" de l'économie métropolitaine (de Miras, 1987, 1988).

"L'économie (des DOM) est composée d'activités à finalités différentes: elle est hétérogène. Elle ne forme pas un tout avec une dynamique interne: elle est inarticulée, ses composantes manquant de synergie (...) les économies d'outre-mer déséquilibrées, hétérogènes, désarticulées ne sont pas structurées pour affronter la compétition internationale" (Conseil Economique et Social, 1987).

"(...) *l'impact multiplicateur et industrialisant de la rente est nul*, la consommation finale interne s'accélère, les importations de biens de consommation augmentent en conséquence, les activités de services ou improductives s'étendent (...) l'étroitesse du tissu productif est le résultat de la disponibilité d'un surplus sans contre-valeur ajoutée locale (...) la puissance et les résultats de l'économie de transferts, la pénétration de sa logique dans les pratiques économiques les plus quotidiennes constituent sans doute des obstacles importants à une métamorphose spontanée et rapide de l'économie martiniquaise". De Miras (1988).

---

objective (...) In the smallest IMS and dependent territories where aid (and remittance) have been substantial the structure of the economy has been transformed *from subsistence towards subsidy.* (...) The smallest colonies and IMS , by choice, and larger IMS, for want of a superior option, have increased their ties with metropolitan powers and moved from productive towards rentier status (...) "Connell J. (1988), Sovereignty & Survival, Island Microstates in the Third World, Research Monograph N°3, University of Sydney. Passages soulignés par nous.

[1] "Cette politique de "self-reliance" n'a pas donné les résultats escomptés et les essais en direction d'une approche régionale des problèmes de développement n'ont guère eu plus de succès (...) force est de constater que, dans une majorité de cas, la contribution la plus effective en matière de croissance est désormais moins imputable à la mise en valeur des ressources locales qu'à des activités liées à l'extérieur, qu'il s'agisse du tourisme, du commerce ou de flux financiers liés à l'aide reçue ou aux fonds expédiés par la population émigrée"
BLANCHET Gilles (1989) Du discours à la réalité en milieu insulaire: Rhétorique du développement autocentré et pratique du développement intégré. *Journal de la société des Océanistes*, N° 88-89, année 89 - 1 & 2 pp 45-51.

Dans cette optique, le développement des économies de rente est fondamentalement malsain: il n'est pas viable à long terme car il ne repose pas sur des ressources propres et freine le développement des secteurs "productifs" (primaire, secondaire, tourisme...).

Pour d'autres auteurs (Poirine 1993, Bertram, 1986), il s'agit au contraire d'un modèle de développement viable, conforme à la logique de l'avantage comparatif, cohérent et durable ("sustainable") à long terme, en raison de la stabilité prévisible des transferts reçus.[1]

En particulier, Bertram décrit un modèle de développement particulier aux petits Etats et Territoires insulaires du Pacifique dans l'orbite de la Nouvelle-Zélande: le modèle "MIRAB" (Migrations, Remittances, Aid, Bureaucracy: Emigration, Mandats de travailleurs émigrés, Aide publique, Bureaucratie), où l'économie repose sur les ressources extérieures provenant de l'aide publique d'un Etat industriel, et des envois de travailleurs émigrés à leur famille. Ces ressources permettent de financer un fort déficit commercial sans dommage pour l'équilibre des paiements courants. Une version légèrement modifiée de ce modèle est le modèle "ARABE" (Aide, Rente Atomique, et Bureaucratie d'Etat), observé en Polynésie Française (Poirine, 1991), et en Micronésie américaine (Raymondet Condoy, 1988), où l'émigration est interne, des archipels vers le secteur militaire stratégique enclavé (Centre d'Expérimentation du Pacifique - C.E.A.-. en Polynésie Française) qui apporte localement les hauts salaires de l'économie industrielle. Ce modèle "ARABE" est une version extrême d'un modèle plus banal de dépendance envers la "rente administrative" et l'émigration vers la "Métropole", très proche du modèle "MIRAB", observé à un degré plus ou moins accentué dans tous les Dom-Tom (voir de Miras, 1988 et Blanchet, 1989).

---

[1] "the MIRAB system is likely to prove durable and persistent over a considerable period of time. In advancing this hypothesis we are suggesting that the regional MIRAB system is capable of self-reproduction through time".(...)"The future sustainability of above-subsistence living standards, and the prospects for future increases in those living standards, hinge upon the durability of existing and future sources of rent income. Despite frequent claims and threats to the contrary, both budgetary support for local governments, and remittances from overseas migrants to island resident households, appear to be reasonably secure for the foreseeable future" BERTRAM G. (1986) Sustainable Development" in Pacific Micro-Economies, *Word Development*, vol 14, N° 7, p 809-822.

Du modèle "MIRAB" au modèle "ARABE"

Les analyses de Bertram et Watters

Deux auteurs néo-zélandais, Bertram et Watters[1], résument le "modèle de développement" de beaucoup de petites îles du pacifique sous le sigle "MIRAB": MI comme Migrations (Emigration des jeunes actifs vers les pays riches), R comme Remittances (mandats envoyés par les travailleurs émigrés à leur famille), A comme Aid (aide internationale multilatérale et bilatérale), B comme Bureaucracy (poids important de l'administration dans les emplois, financé par l'aide internationale).

Beaucoup de petites économies insulaires vivent, en partie ou en totalité d'une rente, soit naturelle (exploitation d'une ressource naturelle bénéficiant d'un prix élevé sur le marché mondial: phosphate, vente de droits de pêche), soit monétaire: recettes induites par une base militaire, aide internationale ou bilatérale, notamment en provenance d'une métropole ou d'une ancienne métropole avec qui subsistent des liens privilégiés. La plupart des économies insulaires du Pacifique, en particulier, bénéficient d'un niveau élevé d'aide internationale par tête, ce qui leur permet, dans bien des cas, d'entretenir un déficit chronique de leur balance commerciale:

> "A l'exception près de Nauru [riche de la rente "phosphatière"], l'aide extérieure est présente dans tous les pays indépendants de l'Océanie insulaire. En 1980, elle équivalait déjà au tiers du PIB aux Samoa américaines, aux Salomon, aux Tonga, à près de la moitié de celui des îles Cook et des Samoa occidentales et à la presque totalité de celui du Kiribati. Au Vanuatu, à Tuvalu, à Niue, à Tokelau et en Micronésie américaine l'aide extérieure s'avérait même supérieure au PIB."[2]

Le montant de l'aide par habitant est d'autant plus élevé en général que la population est faible, et l'aide est en général plus forte pour les territoires que pour les Etats indépendants. Elle est bien plus forte pour les îles que pour l'ensemble des PVD non exportateurs de pétrole.

Tous les pays insulaires du Pacifique Sud ont un déficit de leur balance commerciale, comme le montre le tableau suivant:

---

[1]BERTRAM I.G. & R.F. WATTERS (1985) *The MIRAB economy in South Pacific microstates* Pacific Viewpoint, Vol 26 N° 3 (septembre),pp 497-519.

[2]DOUMENGE Jean Pierre (1988), "Les bases concrètes de la géopolitique du monde insulaire océanien", *Journal de la Société des Océanistes*, N° 87, vol 2.pp 73-88.

En $ australien	Déficit comm. 1989 milliers de A$	Population 1990	Déficit par habitant en $ australien
Polynésie Française	-874 786	196 300	-4 456
Iles Cook (associé N-Z)	-51 827	16 900	-3 067
Samoa américaines	-88 025	46 800	-1 881
Nouvelle Calédonie	-115 140	167 600	-687
Tonga (1988)	-60 134	96 300	-624
Samoa Occidentales	-80 472	157 700	-510
Tuvalu (autonome NZ)	-5 170	10 200	-507
Vanuatu	-59 764	146 400	-408
Kiribati	-22 161	71 800	-309
Fidji	-215 321	725 000	-297
Papouasie /Nouvelle Guinée	-79 695	3 528 500	-23

Source: Commission du Pacifique Sud.

Seuls trois pays insulaires du Pacifique n'ont pas de déficit de leur balance commerciale: Nauru (exportations de phosphates, ce qui constitue sa "rente"), Hawaii et les Samoa américaines (exportations de conserves de thon). Pour les autres pays ou Territoire, on constate un déficit du commerce extérieur qui est maximum dans les territoires français ou pays indépendants "autonomes" les plus aidés par leur ancienne métropole, à l'exception, notable, de Hawaii et des Samoa américaines, qui dégagent un excédent.

Les îles Cook, Niue et Tuvalu sont des Etats "librement associés" à la Nouvelle Zélande, théoriquement indépendants, mais en fait très liés à l'ancienne Métropole. Les citoyens gardent la nationalité néo-zélandaise, les marchandises circulent en franchise de droits vers la Nouvelle-Zélande, les relations extérieures et la Défense sont prises en charge par ce pays. Tokelau est restée une dépendance de la Nouvelle-Zélande.

Ces îles reçoivent une aide très importante, par habitant, et en pourcentage du PNB, puisque l'aide publique *dépasse* leur PNB. Aux Iles Cook, l'aide extérieure s'est accrue de 227% entre 1977 et 1982.

De plus, ces pays reçoivent une bonne partie de leurs ressources des travailleurs émigrés: à Tokelau, les expatriés (3.300) en Nouvelle Zélande et aux Samoa Occidentales dépassent la population restée sur l'île (1.600). Aux Iles Cook également, on compte 24.000 originaires en Nouvelle-Zélande contre 16.900 dans l'île en 1982. On compte trois fois plus de Niueans résidant en Nouvelle-Zélande qu'à Niue. La plupart de ces îles sont en voie de dépopulation, frappées par un exode massif vers la Nouvelle-Zélande.

D'après une source récente[1], en 1986 sur 499.000 polynésiens anglophones du Pacifique Sud, 185.500 (dont 112,000 samoans) vivent en Australie, en Nouvelle-Zélande ou aux Etats-Unis. Compte tenu de l'immigration illégale, près de 4 polynésiens anglophones sur 10 vivent dans un pays industriel de la bordure du Pacifique.

Le tableau suivant montre l'ampleur du déficit extérieur par habitant, la faiblesse du taux de couverture, et l'importance de l'émigration dans les îles étudiées par BERTRAM et WATERS.(1985)

Déficit commercial et émigration dans les pays insulaires associés à la Nouvelle Zélande

	Taux de couverture (tourisme inclus) 1980-83	Déficit extérieur par habitant en A$ (1983)	% d'expatriés dans les originaires de l'île (1986*)
Iles Cook	50%	2501	66
Niue	21%	626	78
Kiribati	30%	nd	4
Tokelau	33%	343	62
Tuvalu	54%	207	15

Source: BERTRAM I.G. & R.F. WATTERS (1985) The MIRAB economy in South Pacific microstates *Pacific Viewpoint*, Vol 26 N° 3 (septembre),pp 497-519.
(*) Sauf Kiribati et Tuvalu :1981. Source pour les autres pays: HAYES Geoffrey (1991) Migration, Metascience, and Development Policy in Island Polynesia" , *The Contemporary Pacific*, Volume 3, number 1, spring 1991, 1-58.

Par ailleurs, le budget de fonctionnement de ces îles est alimenté surtout par l'aide de la Nouvelle-Zélande et de quelques autres pays donateurs, accordée sous forme de dons, et il sert principalement à employer une bureaucratie qui fournit la plupart des emplois. Ainsi l'administration distribue un pourcentage de la masse salariale totale qui va de 40% aux Iles Cook, à 90% à Tokelau, en passant par 53% à Tuvalu, et 80% à Niue (Polynésie Française: 55% en 1988). Tuvalu complète ces recettes par la vente de timbres aux philatélistes du monde entier. Les emplois créés dans l'administration permettent le développement du secteur tertiaire non marchand. Au total le secteur tertiaire marchand et non marchand fournit la majorité des emplois, de la même façon que dans les DOM-TOM français.

---

[1]HAYES Geoffrey (1991) " Migration, Metascience, and Development Policy in Island Polynesia" , *The Contemporary Pacific*, Volume 3, number 1, spring 1991, 1-58.

Ces économies insulaires liées à la Nouvelle-Zélande ressemblent désormais en quelque sorte à des "banlieues dortoirs" de l'économie dominante, peuplées de retraités et de fonctionnaires. En effet, beaucoup d'émigrés reviennent prendre leur retraite dans leur île natale, et les relations familiales entre les émigrés et leur famille restée au pays peuvent subsister même sur plusieurs générations, entretenues par de fréquents voyages. Les réseaux de familles étendues se maintiennent malgré la grande dispersion de leurs membres, formant une "entreprise familiale multinationale" ("transnational corporation of kin").[1]

Le rôle essentiel joué par l'émigration et les envois de fonds des expatriés à leurs familles dans l'économie insulaire, et le développement limité observé dans ces îles amène à observer que *le "secteur moderne" de ces économies se trouve en fait situé à l'extérieur, ce qui explique la faiblesse du développement productif.* La logique de l'avantage comparatif dans le cadre d'une spécialisation internationale du travail amène l'économie insulaire périphérique à exporter directement ses travailleurs vers le "secteur moderne" situé dans l'économie "métropolitaine"[2] pour obtenir les marchandises convoitées, au lieu de chercher à les fabriquer sur place ou à exporter des marchandises pour les échanger contre celles de l'économie "métropolitaine". L'effet d'éviction de la rente administrative et "familiale" (provenant de l'émigration) sur les activités productives est donc tout à fait vérifié dans ces économies insulaires.[3]

Bertram pense que le système "MIRAB" n'est pas une simple anomalie provisoire, une transition vers un autre mode de développement, mais au contraire qu'il s'est installé spontanément et pour longtemps et qu'il s'agit d'une *stratégie durable, et viable à long terme de ces pays*, dont l'économie repose sur une rente qu'ils peuvent raisonnablement espérer recevoir pendant longtemps.[4]

---

[1]BERTRAM G. (1986) *Sustainable Development" in Pacific Micro-Economies*, Word Development, vol 14, N° 7, p 809-822.

[2] Le terme "métropolitain" est utilisé ici au sens large, s'agissant d'un Etat "protecteur", quelle que soit les liens politiques officiels (territoire, Etat indépendant "associé", Etat souverain bénéficiant d'accords économiques avec l'ancienne "métropole").

[3]"An important feature of a MIRAB [MIRAGE] structure is thus the crowding-out of marginal productive activities by new opportunities to earn cash incomes in government employment and overseas."BERTRAM I.G. & R.F. WATTERS (1985) *The MIRAB economy in South Pacific microstates* Pacific Viewpoint, Vol 26 N° 3 (septembre), pp 497-519.

[4]"the MIRAB system is likely to prove durable and persistent over a considerable period of time. In advancing this hypothesis we are suggesting that the regional MIRAB system is capable of self-reproduction through time".

Ces économies insulaires liées à la Nouvelle-Zélande ressemblent désormais en quelque sorte à des "banlieues dortoirs" de l'économie dominante, peuplées de retraités et de fonctionnaires. En effet, beaucoup d'émigrés reviennent prendre leur retraite dans leur île natale, et les relations familiales entre les émigrés et leur famille restée au pays peuvent subsister même sur plusieurs générations, entretenues par de fréquents voyages. Les réseaux de familles étendues se maintiennent malgré la grande dispersion de leurs membres, formant une "entreprise familiale multinationale" ("transnational corporation of kin")[1]

Les deux auteurs concluent que la dépendance économique de trois îles-Etats "associés" envers la Nouvelle Zélande s'est accentuée depuis leur indépendance, en raison du développement de la bureaucratie financée par l'aide et de l'émigration provoquée par le manque de développement local, et que leur économie repose maintenant de façon cruciale sur les transferts, publics et privés, en provenance de l'extérieur: en ce sens le modèle MIRAB correspond tout à fait à ce que C. de MIRAS appelle "l'économie de transferts", et à ce que nous appelons "l'économie de rente":

> "Le problème économique essentiel pour un grand nombre de très petites économies insulaires du Pacifique est la préservation et l'accentuation de leur statut de société rentière, et des niveaux de vie relativement élevés qui l'accompagne. La préférence marquée par les plans de développement régionaux pour une croissance "auto-entretenue" [sustainable] des activités productives n'atteint pas son but dans ces petites économies. Ce n'est pas l'activité productive, mais les revenus de rente qui doivent être soutenus et perpétués au cours du temps."(...) aide, philatélie, et envois de travailleurs émigrés ne sont pas seulement des compléments aux revenus

---

'The future sustainability of above-subsistence living standards, and the prospects for future increases in those living standards, hinge upon the durability of existing and future sources of rent income. Despite frequent claims and threats to the contrary, both budgetary support for local governments, and remittances from overseas migrants to island resident households, appear to be reasonably secure for the foreseeable future" BERTRAM G. (1986) *Sustainable Development" in Pacific Micro-Economies*, Word Development, vol 14, N° 7, p 809-822.

[1] "(...) in the south Pacific setting, migration involves not the dismembering of kin groups but their internationalization (or transnationalization) (...) Family or kin units in the small Pacific societies act and calculate on a transnational scale, expecially via the regional labour market. (...) The great majority of households are able to judge the relative merits of wage employment (locally and offshore) and household productive activity on the land or sea". BERTRAM G. (1986) *Sustainable Development" in Pacific Micro-Economies*, Word Development, vol 14, N° 7, p 809-822.

intérieurs, ils sont le fondement même de l'économie. Etant donné que ces économies sont mues par des rentes, et non par des activités productives orientées vers l'exportation, l'accent doit être mis non pas sur des contraintes de production, mais sur des questions d'incitation, de comportement de recherche de la rente par les ménages, et sur les aspects politiques des négociations sur l'aide publique internationale."[1]

L'effet d'éviction des activités productives par la rente: similarités avec l'analyse de la situation des DOM

L'économie des DOM présente beaucoup des caractères du modèle "MIRAB", avec notamment une très forte émigration:

La Réunion comptait 75.000 personnes émigrées en métropole en 1982, et un taux de chômage de près de 40%. En 1982, près de la moitié des jeunes de 25 à 29 ans nés à la Martinique résidait en France. Les autres avaient à faire face à un taux de chômage très élevé en Martinique.

De 1954 à 1982, le nombre de personnes nées dans les DOM-TOM installées en France est passé de 24.200 à 282.300 (soit une multiplication par 11,7).

Autre caractère du modèle MIRAB partagé indéniablement par les DOM: le rôle prépondérant des dépenses publiques d'origine métropolitaine dans l'emploi et le niveau de la demande, et un développement relativement faible du secteur productif moderne.

---

[1]BERTRAM G. (1986) Sustainable Development" in Pacific Micro-Economies, *Word Development*, vol 14, N° 7, p 809-822. Notre traduction

Sans avoir eu connaissance, semble-t-il, des analyses de BERTRAM et WATTERS,[1] C. de MIRAS à propos des DOM ou G. BLANCHET à propos des TOM, font une analyse très proche de celle de ces auteurs, à propos de l'effet d'éviction, sur les activités productives, de la rente économique procurée par les transferts publics extérieurs. Ainsi, G. BLANCHET remarque à propos des TOM du Pacifique:

> "le poids et le caractère non productif de ces dépenses [publiques métropolitaines] incitent moins au développement de la production qu'à l'acquisition immédiate auprès de la puissance de tutelle de biens qui renforcent la situation de dépendance."[2]

C. de Miras pour sa part note à propos des DOM des Antilles:

> "dans l'économie de transferts l'industrie et l'ensemble des activités productives sont sapées dans leur ressort profond: la création de valeurs d'échange est inéluctablement évincée par les transferts publics et leur double, l'importation".[3]

Bertram et Watters écrivent à propos d'économies indépendantes "associées" à la Nouvelle-Zélande:

> "Un aspect important de la structure "MIRAB" est ainsi l'effet d'éviction des activités productives marginales par de nouvelles occasions de gains monétaires dans les emplois publics ou dans l'émigration outre-mer (...) les gains monétaires additionnels mis à la disposition des villageois seront généralement utilisés à la consommation ou à des placements à l'étranger (dans les banques de l'économie métropolitaine) plutôt qu'à des investissements locaux accroissant le produit intérieur."[4]

Une autre similarité frappante des conclusions des économistes néo-zélandais et français peut être observée à propos de la déconnexion apparente entre croissance du PNB et de la consommation par tête et croissance de la productivité dans la production locale. Ainsi C. de MIRAS note à propos de la Martinique:

---

[1]Leur première publication sur le modèle MIRAB date de 1985, ce qui est antérieur aux analyse de C. de MIRAS (octobre 1986) et de G. BLANCHET (1989), qui ne les citent pas dans leur bibliographie.

[2]BLANCHET Gilles (1989) "Du discours à la réalité en milieu insulaire: Rhétorique du développement autocentré et pratique du développement intégré".*Journal de la société des Océanistes*, N° 88-89, année 89 - 1 & 2 pp 45-51.

[3]De MIRAS Claude, (1987) "L'économie martiniquaise: développement sans croissance", dans *"Iles tropicales: Insularité, "insularismes"*, Collection "Iles et archipels", N°8, édité par le Centre de Recherche sur les Espaces Tropicaux, pp 399-417.

[4]BERTRAM I.G. & R.F. WATTERS (1985) "The MIRAB economy in South Pacific microstates" Pacific Viewpoint, Vol 26 N° 3 (septembre),pp 497-519. Notre traduction

"Ce glissement de la production vers l'improduction s'accompagnant paradoxalement d'une hausse continue et réelle du revenu par tête (....) l'état des forces productives locales à productivité et à rendement faibles, a de moins en moins déterminé le niveau du revenu disponible de l'île qui s'est trouvé par contre arrimé aux flux des transferts publics".[1]

Bertram et Watters écrivent comme en écho à propos des Etats "MIRAB":

"La séparation entre revenu disponible intérieur et produit intérieur signifie qu'il n'y a pas de lien automatique entre un accroissement de la production locale et l'amélioration du bien être (economic welfare). La contrainte sur la croissance du PNB dans un contexte "MIRAB" n'est pas celle de ressources rares, mais plutôt celle qui résulte du fait que les motivations "normales" pour accroître l'activité productive locale sont rendues inopérantes".[2]

Par ailleurs les auteurs néo-zélandais font un parallèle intéressant entre cette analyse de l'effet d'éviction de la rente publique sur l'activité productive, et celle qui a déjà été faite à propos de la rente "énergétique" dans le cas des Pays-Bas et du Royaume-Uni, connue sous le nom de "dutch disease" dans la littérature anglo-saxonne.[3] On a observé dans ces pays, au moment de l'envolée des cours de l'énergie, une désindustrialisation et un effondrement des exportations de produits manufacturés de ces pays. Le mécanisme de transmission de cet effet d'éviction passe par un taux de change réel surévalué, qui rend non compétitif le secteur manufacturier à l'exportation, comme sur son propre marché intérieur, ce qui entraîne son déclin, à moins de subventions. C'est en gros la même analyse que nous avons donnée (dans la deuxième partie) de la surévaluation monétaire dans le cas de la Polynésie Française. Toutes les économies de rente, quelle que soit l'origine de cette rente, sont atteintes d'une forme ou d'une autre de ce "dutch disease", qui n'est que la manifestation de l'adaptation de l'économie à une nouvelle structure des avantages comparatifs dont elle dispose, structure qui défavorise les productions exportables traditionnelles, ainsi que les productions destinées auparavant au marché intérieur, évincées par la baisse de prix relatif des importations concurrentes, provoquée par la surévaluation de la monnaie.

---

[1]De MIRAS Claude, (1987) "L'économie martiniquaise: développement sans croissance", dans *"Iles tropicales: Insularité, "insularismes"*, Collection "Iles et archipels", N°8, édité par le Centre de Recherche sur les Espaces Tropicaux, pp 399-417.

[2] Op. cit p 512.

[3]Van Wijnbergen, S., (1984) 'The 'Dutch disease': Adisease after all ?" *Economic Journal*, Vol 94, N° 373 (march), pp 41-55.

L'économie "ARABE" en Polynésie Française et dans les Etats Fédérés de Micronésie

Comme dans les autres DOM-TOM et les économies "MIRAB" du Pacifique, la Polynésie Française a une économie orientée presque exclusivement vers le secteur tertiaire, marchand (services privés, commerce transports) et non marchand (administrations), financée par la rente administrative, dont la composante essentielle, dans le cas de la Polynésie Française, est la rente "atomique" et les dépenses militaires associées, qui représentent en 1989 59 milliards de F CFP pour un PIB de 281 milliards de F CFP. Le secteur tertiaire représente 73% du PIB en 1989, contre 4,4% pour le secteur primaire (40% en 1960), et 15,3% pour le secteur secondaire.

L'activité "productive" des secteurs primaires et secondaires a été largement "évincée" par la rente administrative qui a profité au secteur tertiaire marchand et non marchand: de 1962 à 1988, les emplois des administrations ont été multipliés par 7, ceux du secteur tertiaire marchand par 3,6, alors que les effectifs du secteur primaire baissaient de 40%. Les emplois créés dans le secteur secondaire ont augmenté moins vite que l'ensemble des emplois, et concernent surtout des *secteurs protégés*: l'énergie électrique, le bâtiment et les travaux publics (plus de la moitié des emplois du secteur secondaire), les industries de biens intermédiaires liées au bâtiment, les industries assurant la maintenance, l'entretien, la réparation de produits importés, et quelques industries de substitution d'importation (agro-alimentaire, ameublement, biens intermédiaires pour la construction), très fortement protégées, soit par des prohibitions d'importation (charcuterie, produits lactés hors CEE), soit par des contingentements, soit par des droits de douane prohibitifs (bière et boissons sans alcool, matériaux de construction, maisons en kit, meubles, matelas, habillement...) Enfin, de 1962 à 1988, les emplois se sont accrus de 141%, et 96% de cette hausse provient du secteur tertiaire marchand et non marchand.

Répartition de la valeur ajoutée par secteur, Polynésie Française, 1960-1984.

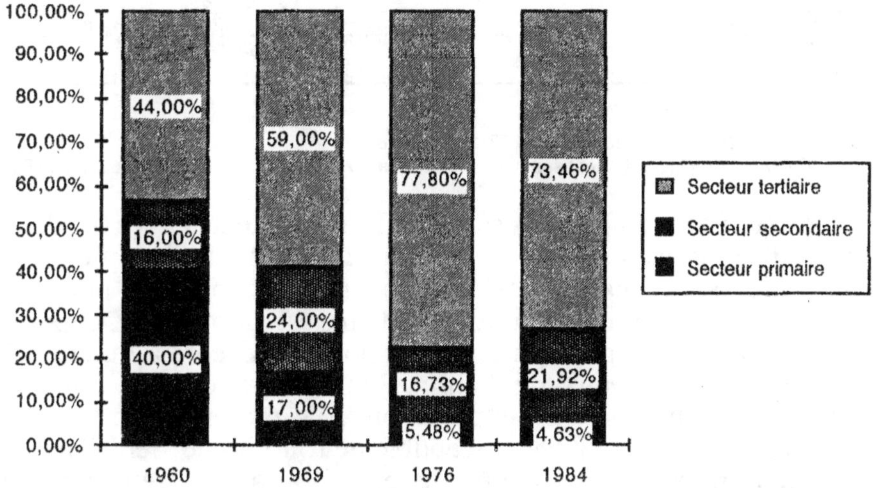

Source: Comptes économiques de la Polynésie Française, 1960-69 (INSEE) et 1976-84 (ITSTAT)

Evolution de la structure de l'emploi par secteur en Polynésie Française

	1962	**1977**	**1983**	**1988**
Tertiaire non marchand	3264	14300	20648	23257
Tertiaire marchand	5946	13900	18405	21862
Secondaire	5088	7500	10778	11334
Primaire	12211	7150	8032	7553
Total:	26509	42850	57863	64006
en%	**1962**	**1977**	**1983**	**1988**
Tertiaire non marchand	12,31%	33,37%	35,68%	36,34%
Tertiaire marchand	22,43%	32,44%	31,81%	34,16%
Secondaire	19,19%	17,50%	18,63%	17,71%
Primaire	46,06%	16,69%	13,88%	11,80%
Total:	100%	100%	100%	100%

ACTIFS OCCUPES EN POLYNESIE FRANCAISE.

	1962	1977	1983	1986	1988
Total des actifs occupés:	26 509	42 850	57 863	63 003	64 006
Dont administrations	3 264	14 300	20 648	22 710	23 257
Variation annuelle moyenne :		62-77	77-83	83-86	86-88
Total des actifs occupés:		1 089	3 003	1 713	502
Dont administrations		736	1 270	687	274

Sources: Recensements de 1962,19877,1983, 1988.
BRUNEAU E.: Emploi, net ralentissement depuis un an, ASPECTS N° 3/4, août 1987,p 37, ITSTAT.

Les exportations agricoles se sont effondrées depuis l'arrivée du CEP: la vanille, pour laquelle la Polynésie était un des plus grands exportateurs mondiaux, n'est pratiquement plus produite ni exportée. Le café, exportation importante naguère, est aujourd'hui importé, de même que les oranges, qui poussent pourtant encore à l'état sauvage sur les hauts plateaux de Tahiti. Seule la perle noire connaît un développement rapide à l'exportation. Elle présente en effet tous les caractères d'une ressource susceptible de fournir une "rente" naturelle, comme le phosphate ou le pétrole, en raison de sa rareté et du quasi-monopole mondial de la Polynésie Française pour sa production, qui explique son prix moyen plus élevé que celui de la perle blanche de culture.

L'échec incontestable du développement touristique, malgré des atouts naturels indéniables, confirme également la théorie du dutch disease: avec 120.000 touristes en 1991, la Polynésie Française n'a pas accueilli plus de touristes qu'au début des années soixante-dix, et la baisse du nombre des touristes est constante depuis 1987. La Polynésie est classée par l'ONU 7° destination touristique la plus chère du monde (sur 220) en décembre 1991. L'activité touristique, appartenant au secteur exposé, subit de plein fouet la hausse du coût des ressources dans le secteur protégé (coût de la construction, de la main d'oeuvre, de la nourriture, de l'énergie, des télécommunications, des transports terrestres et aériens intérieurs). Les marges de ce secteur sont "pincées" par la hausse des coûts, la surévaluation du franc pacifique lié à un franc "fort", et la stabilité des prix des prestations exprimés en dollar.

Par rapport au modèle MIRAB, en gros applicable sans grand changement aux DOM, et au petit territoire de Wallis et Futuna, quel est la spécificité de la Polynésie Française ? L'absence d'émigration (c'est au contraire à une immigration non négligeable en provenance de Métropole et d'autres DOM-TOM qu'on assiste jusqu'en 1986, la population née hors de Polynésie Française représentant 13% de la population totale du Territoire en 1988), et un chômage modéré, du moins jusqu'en 1988 (taux officiel en 1988: 8,6% d'après le recensement).

Taux de chômage et migrations dans les DOM-TOM

en % de la population active.	Taux de chômage	
Métropole (1986)	10,4%	
Polynésie Française (1988)	8,6%	immigration nette (800/an) jusqu'en 1986 (-2240).
Guadeloupe (1986)	27,0%	note: dans ces trois départements,
Martinique (1986)	31,0%	très forte émigration vers la Métropole
Réunion (1988)	37,0%	(en 1982, plus d'une personne sur 5 née
Nouvelle Calédonie (1989)	16,0%	aux Antilles vivait en Métropole).
Guyane (1986)	22,0%	

Sources: ITSTAT, INSEE

En effet de 1954 à 1982, le nombre de personnes nées dans les DOM-TOM installées en France est passé de 24.200 à 282.300. Parmi eux, un nombre négligeable de polynésiens français, alors même que selon G. HAYES[1], 40% des polynésiens anglophones du Pacifique résident dans les pays industriels de la zone (Australie, Nouvelle-Zélande, Etats-Unis). Pourquoi cette absence d'émigration des polynésiens français ? Parce que le "secteur moderne à hauts salaires" vers lequel émigrent les polynésiens insulaires du Pacifique, en Nouvelle Zélande, en Australie, ou aux Etats-Unis (dont Hawaii), est venu à eux en Polynésie Française, à travers le CEP et l'économie de service induite par sa présence. *Les deux secteurs "moderne à hauts salaires", et "traditionnel convivial subventionné", au lieu d'être situés l'un en Métropole, l'autre sur place, coexistent en Polynésie Française*, l'un dans la zone urbaine autour de Papeete et sur les sites atomiques des Tuamotu, l'autre dans les districts éloignés et dans les autres îles de l'Archipel. C'est cette "société duale" qui rend l'émigration inutile: le complexe militaro-administratif français est à la porte du Tahitien ou du Paumotu. La rente atomique (RA) remplace les migrations (MI), de l'économie MIRAB, on passe à l'économie ARABE.

La motivation pour l'émigration est d'autre part découragée par la forte création d'emplois publics dans les années 60-80: le nombre de ces emplois administratifs est passé de 3.264 en 1962 à 23.257 en 1988, mais surtout par le niveau de leur rémunération, environ deux fois plus élevée qu'en Métropole, sans aucun impôt sur le revenu.[2]

---

[1] HAYES Geoffrey (1991) " Migration, Metascience, and Development Policy in Island Polynesia" , *The Contemporary Pacific*, Volume 3, number 1, spring 1991, 1-58. Les polynésiens anglophones sont originaires des îles: Cook, Niue, Tokelau, Tonga, Samoa Occidental, Samoa U.S. Ils sont 499.000 environ en 1986, dont 40% environ résident en Australie, en Nouvelle Zélande ou aux Etats-Unis.

[2]Officiellement les fonctionnaires d'Etat ont un traitement supérieur de +84% (index de correction) par rapport au niveau métropolitain. En ce qui concerne les "agents contractuels" du Territoire et des communes, ils ont obtenu dans les années 1970 "l'alignement" sur les échelles de traitements des fonctionnaires "expatriés" à

Il est pratiquement certain que le chômage réel est resté très faible en Polynésie Française jusqu'en 1983, à cause d'un déplacement très rapide des courbes Lg et Lm vers la droite, en raison de l'effet multiplicateur des transferts publics civils et militaires dans le Territoire, et cela malgré un très fort relèvement du SMIG de 1977 à 1983 (+100%). En même temps, la politique d'aide aux archipels a certainement eu pour effet de relever le revenu du secteur de subsistance W1: subvention du coprah, de la vanille, des engrais, des "travaux lourds" (labourages), régime de protection sociale en milieu rural, ce qui a permis de préserver dans les archipels le secteur traditionnel, et donc de limiter l'exode vers Tahiti, lequel a cessé entre 1977 et 1983, d'après les recensements de ces deux années.

L'existence d'un SMIG élevé (plus élevé qu'aux Etats-Unis) limite la capacité d'absorption en emplois du secteur privé,[1] ainsi que la rentabilité des nouveaux investissements (notamment dans le tourisme ou dans la substitution d'importation). Il faut noter que le SMIG nominal stagne depuis 1989, après avoir augmenté très rapidement dans les années 70. Enfin, un SMIG plus élevé que dans les pays, développés ou non, de la région, et à peine moins élevé qu'en Métropole, décourage l'émigration, ce qui enlève un exutoire, possible dans les autres îles, au problème du surplus de main d'oeuvre, et risque d'aggraver considérablement le problème du chômage (en 1993 le taux chômage est estimé à 15%, mais il n'existe pas de statistique fiable depuis celle du recensement de 1988 car les chômeurs n'étant pas indemnisés, se déclarent très peu).

Le modèle "ARABE" ne concerne pas que la Polynésie Française: en effet, de nombreuses îles ont servi de base stratégique, soit pour des essais nucléaires ou balistiques, soit pour des forces plus conventionnelles (Pearl Harbor à Hawaii, Diego Garcia, Guam). L'économie de Guam et celle des "Etats fédérés de Micronésie" (anciens "Territoires sous Tutelle" (Trust Territories) des îles du Pacifique) est également fortement dépendante des activités militaires U.S.: après la seconde guerre mondiale les américains ont utilisé

---

une époque où ces derniers bénéficiaient de salaires supérieurs de 113% au niveau métropolitain, puis ils ont obtenu l'indexation de leur traitement sur l'inflation locale, plus rapide que l'inflation métropolitaine jusqu'en 1986, ce qui a permis de maintenir, en pouvoir d'achat, un "index de correction" de 2,13 par rapport au niveau métropolitain, alors que celui des fonctionnaires d'Etat était abaissé à 1,84, puis partiellement indexé sur l'inflation métropolitaine, nettement moins rapide que l'inflation "locale" de 1980 à 1986.

[1]Ce dernier est obligé de recourir à des méthodes très capitalistiques pour dégager une rentabilité, ce qui élève considérablement le coût en capital d'une création d'emploi dans le secteur industriel.

plusieurs atolls pour des essais atomiques (Bikini, Eniwetoks) jusqu'en 1958, puis l'atoll de Kwajalein est devenu un centre d'essai des missiles anti-balistiques. Ainsi en Micronésie américaine:

> "Les revenus domestiques couvrent 10 à 15% seulement des dépenses de fonctionnement des Gouvernements, les crédits alloués par Washington subvenant au complément et à la quasi-totalité des investissements publics -soit 80 à 90% des investissements totaux.- Le secteur public est le moteur de l'économie et emploie 55% des personnes salariées. Peu productif, le secteur privé consiste surtout en commerce d'importation et de distribution. La manne américaine permet de satisfaire les besoins d'importation croissants, passés, par exemple, pour les seuls Etats Fédérés de Micronésie de 21 millions de $ en 1977 à 49 millions de $ en 1983 alors que, faute de surplus commercialisable, leurs exportations stagnent autour de 1,6 millions." [1]

La rente naturelle: l'exemple de KIRIBATI et de NAURU

La république de Kiribati a obtenu son indépendance le 12 juillet 1979. La population, d'origine micronésienne, est de 66.000 habitants en 1985. Jusqu'en 1979, date de l'arrêt de son exploitation, la mine de phosphate de BANABA a représenté environ 30% de la valeur ajoutée marchande, 50% des recettes de l'administration et 80% des recettes d'exportation.[2]

Depuis 1979, KIRIBATI reçoit une aide extérieure considérable. Le secteur manufacturier ne contribue que pour 2% au PNB. Tous les investissements et la plupart des emplois rémunérés sont aujourd'hui fournis par l'Etat, dont les dépenses équivalent au PNB. La moitié des recettes de l'Etat, et 27% du PIB, sont constituées par les droits de pêche payés par les navires étrangers utilisant la zone économique maritime, et par les intérêts perçus sur les investissements du fonds de

---

[1]REYMONDET-COMMOY J.P.(1988), "La libre association avec les Etats-Unis comme stratégie de développement de la micronésie".,Colloque Stratégies de développement des économies insulaires à pouvoir d'achat élevé, Saint-Denis de La Réunion, 7-10 novembre 1988, Région Réunion.

[2] Les chiffres cités dans cette section proviennent de deux sources:
SUKHDEV Shah (1986) "L'épuisement des mines de phosphates a amené KIRIBATI à tenter de diversifier son économie", *Bulletin du FMI*, 8 décembre, traduit dans *Problèmes Economiques*, N°2017, 25 mars 1987, Documentation Française, pp 29-31.
ANTHEAUME Benoît et BONNEMAISON Joël (1988), *Atlas des Iles et Etats du Pacifique Sud*, GIP RECLUS/PUBLISUD, pp 115-117.

réserve des phosphates. Ce dernier a été créé par le gouvernement en 1956. Il avait pour rôle d'acheter avec une partie des recettes fiscales procurées par l'exploitation du phosphate des titres étrangers afin de constituer une réserve permettant de financer les dépenses budgétaires après l'arrêt de la production.

Malgré les recettes de ce fonds (5,4 millions de DTS en 1986) et l'aide extérieure, notamment pour les investissements de développement, des économies budgétaires ont été nécessaires après l'arrêt de l'exploitation du phosphate.

Le pays importe pratiquement tous les biens de consommation et d'équipement dont il a besoin. Les importations sont pratiquement égales au PNB. Les exportations de coprah et de thon sont nettement inférieures aux importations, le déficit commercial atteignant en moyenne 50% du PNB sur 1983-85. Ce déficit est compensé par l'excédent de la balance des services: recettes des placements du fonds de réserve à l'étranger, droits de pêche[1], qui dépassent le montant des exportations de marchandises, transferts de fonds de 700 marins de KIRIBATI travaillant sur des navires étrangers et de 400 travailleurs à la mine de phosphate de NAURU, et surtout, transferts publics, sous forme de dons essentiellement, représentant environ 60% du PIB de 1983 à 1985.

Grâce à ces recettes extérieures, la balance des transactions courantes de KIRIBATI (incluant services et transferts unilatéraux publics et privés) enregistre un excédent chaque année depuis 1983, ce qui permet aux autorités de continuer à appliquer un système commercial ouvert et un régime de change libéral.

L'île de NAURU vit, pour quelques années encore, de la rente phosphatière. Cette île de 21 km^2 compte 8500 habitants, dont 4700 Nauruans, et 3600 étrangers "immigrés" (Océaniens de Kiribati et Tuvalu et Australiens, qui travaillent dans la mine ou la fonction publique). Le PNB par habitant est l'un des plus élevés du monde: 25.000 $ australiens (27.722 $ US) en 1983.

> "Le montant des redevances sur la production de phosphate est passé de 37 cents la tonne à 1,75 $ en 1965 pour bondir à 11 $ en

---

[1] KIRIBATI a soulevé une très vive émotion dans la région en accordant en 1985 des droits de pêche à des armements soviétiques. L'année suivante les américains signèrent de nouveaux accords de pêche avec tous les autres Etats de la région. Les soviétiques ne roulevèrent pas les accords de 1985, trouvant les droits trop chers. Ceci donne un exemple de la façon dont de petits Etats, même en position non stratégique, peuvent (pouvaient ?) profiter de la rivalité des deux grands pour "faire monter les enchères" et obtenir plus d'aide internationale sous diverses formes, par habitant que la plupart des "grands PVD".

1967 (...) Les Nauruans d'origine se comportent en revanche en "rentiers" et sont pratiquement absents de la force de travail locale"[1]

Cet Etat de 8500 habitants s'est même doté d'une compagnie aérienne internationale (à l'échelle régionale) chroniquement déficitaire.

Cette manne qui tombe du ciel déforme autant les esprits que les corps. La richesse excessive de l'alimentation, la forte consommation d'alcool, le manque d'exercice physique font que Nauru détient le record du monde du taux de diabétiques. C'est le domaine du cholestérol. L'espérance de vie est d'ailleurs parmi les plus faibles du Pacifique. Les Nauruans importent tout. Ils ne savent même plus cultiver la terre affirment certains membres du gouvernement. Il faudra envoyer des techniciens en parallèle à la réhabilitation des sols, disent-ils, pour enseigner aux habitants les bases de l'agriculture même maraîchère.

Comme KIRIBATI, NAURU s'est dotée d'un fond de réserve qui investit une partie des recettes du phosphate dans des placements à l'étranger en valeurs mobilières et en immobilier, en vue de procurer au pays une rente financière pour "l'après-phosphate".

Il est intéressant de remarquer que la rente "naturelle", comme dans les pays pétroliers, a produit les mêmes effets que la rente "atomique" en Polynésie Française: importations massives, haut niveau des prix, abandon des activités primaires traditionnelles destinées à l'exportation ou à l'autoconsommation, fonction publique pléthorique, désaffection à l'égard des activités agricoles ou manufacturières au profit du commerce et de l'importation. Seule l'importance de la rente par habitant, et donc l'intensité de ses effets, diffère: c'est une différence de degré, non de nature. Il est également intéressant de noter que la rente peut être "capitalisée", la rente naturelle se transformant ensuite en rente "financière".

Une théorie de l'économie de rente insulaire

Une petite économie insulaire dépendante répond au modèle de développement "MIRAGE" si elle est caractérisée par:

- une forte émigration et l'importance des envois de travailleurs émigrés pour l'alimentation de la demande interne (MI comme: Migration, R comme: Remittances, ou remises de travailleurs émigrés à leur famille).
- une forte composante d'aide publique extérieure pour le financement des dépenses publiques: aide au développement,

[1] ANTHEAUME Benoît et BONNEMAISON Joël (1988), *Atlas des Iles et Etats du Pacifique Sud*, GIP RECLUS/PUBLISUD, pp 113-114.

coopération, aide budgétaire, ou transferts publics dans le cas d'économies non indépendantes (c'est le A de MIRAGE: AID)
- une forte composante de dépenses publiques dans la demande finale, notamment par l'embauche d'une nombreuse bureaucratie administrative (c'est le GE de MIRAGE: Government Expenditure).[1]

Dans une variante de ce modèle, l'abondance de la rente administrative et le haut niveau des salaires publics et privés du secteur protégé rend inutile l'émigration vers l'économie tutélaire: celle-ci disparaît, ou plutôt elle est remplacée par une migration interne vers le secteur public "surpayé", même par rapport à la norme métropolitaine: c'est le cas de la plupart des DOM-TOM.[2] Ce modèle de développement peut être résumé sous le sigle "ARABE" pour: Aide, Rente Administrative (ou Atomique pour la Polynésie Française), et Bureaucratie d'Etat.

Les hypothèses du modèle

On s'inspirera ici d'un modèle proposé par Bertram (1986) pour l'analyse de petites économies insulaires du Pacifique dépendant économiquement de la Nouvelle-Zélande, lui-même inspiré de celui que Corden & Neary (1982) avaient utilisé pour l'analyse de la désindustrialisation provoquée par un boom minier dans une petite économie ouverte.

1) On suppose une petite économie en développement ouverte (n'ayant aucune influence sur les prix internationaux des produits qu'elle importe ou exporte), présentant une faible productivité du travail, en étroite relation avec une économie industrielle, à haute productivité du travail et salaire réel plus élevé, vers laquelle l'émigration ne rencontre pas d'obstacle légal.

---

1 Ce modèle a d'abord été exposé sous le nom "MIRAB" (avec un B comme bureaucratie) par Bertram et Waters (1985). Harold Brookfield a par la suite suggéré à ces auteurs de remplacer le B de "Bureaucracy" par le GE de "Government Expenditure", le terme de MIRAGE lui semblant plus évocateur pour évoquer ce type d'économie.

2 En Polynésie Française, un tel mouvement de migration interne vers le secteur "militaire enclavé" a été particulièrement voyant, puisque les agriculteurs et pêcheurs des archipels se sont précipités en grand nombre à partir de 1962 vers les sites atomiques en construction des Tuamotu, puis vers la base arrière du CEP à Tahiti, attirés par des salaires très élevés pour l'époque, ce qui a stoppé net un mouvement d'émigration vers la Nouvelle-Calédonie et la Métropole qui prenait de l'ampleur avant l'arrivée du CEP. La Nouvelle Calédonie est un cas un peu à part, en raison des ressources apportées par son secteur minier, qui donnent à la rente administrative un rôle relativement moins déterminant que dans les autres DOM-TOM.

2) Cette petite économie en développement comporte trois secteurs:

- Un secteur traditionnel "villageois" d'autosubsistance produisant également des exportations agricoles "traditionnelles";
- un secteur public des services non marchands;
- un secteur privé capitaliste produisant des biens et services pour la demande locale ou pour l'exportation.

3) Le marché du travail est ouvert. Il n'y a aucune restriction à l'émigration, rendue facile par l'appartenance politique à un ensemble métropolitain (DOM-TOM, Guam, Samoa Américaines) ou par des accords étroits avec l'ancienne puissance métropolitaine continuant à accorder aux insulaires les avantages de la citoyenneté (cas des Iles Cook avec la Nouvelle-Zélande).

4) Il y a parfaite mobilité du facteur travail entre les trois secteurs insulaires et entre ces secteurs et le secteur "étranger" d'autre part.

Exposé géométrique du modèle

On s'intéressera ici à la répartition de la main d'oeuvre entre les trois secteurs et à la manière dont l'accroissement de la population active pourra trouver à s'employer sur place ou à l'extérieur de l'économie insulaire.

Sur le diagramme A ci-après, l'axe horizontal représente la quantité totale de main-d'oeuvre disponible dans l'île exprimée en temps de travail. L'axe vertical représente le taux de salaire réel, mesuré en unités d'un "panier représentatif" de produits.

W* est le taux de salaire réel moyen "étranger" attendu en cas d'émigration, net des coûts de transport , des coûts psychologiques de l'émigration, et du risque de ne pas trouver de travail dans l'économie tutélaire. Pour faire court, on appelera W* le "salaire d'émigration " par la suite. Compte tenu des corrections ci-dessus évoquées, le salaire d'émigration sera sensiblement inférieur au salaire moyen dans l'économie tutélaire, ce qui implique en particulier que même si le SMIG de l'économie insulaire est inférieur à celui de l'économie tutélaire de 20% ou 30% en valeur réelle, cette différence peut être en fait insuffisante pour motiver un courant d'émigration.

Diagramme A:
Modèle à trois secteurs d'une économie insulaire "téléguidée"

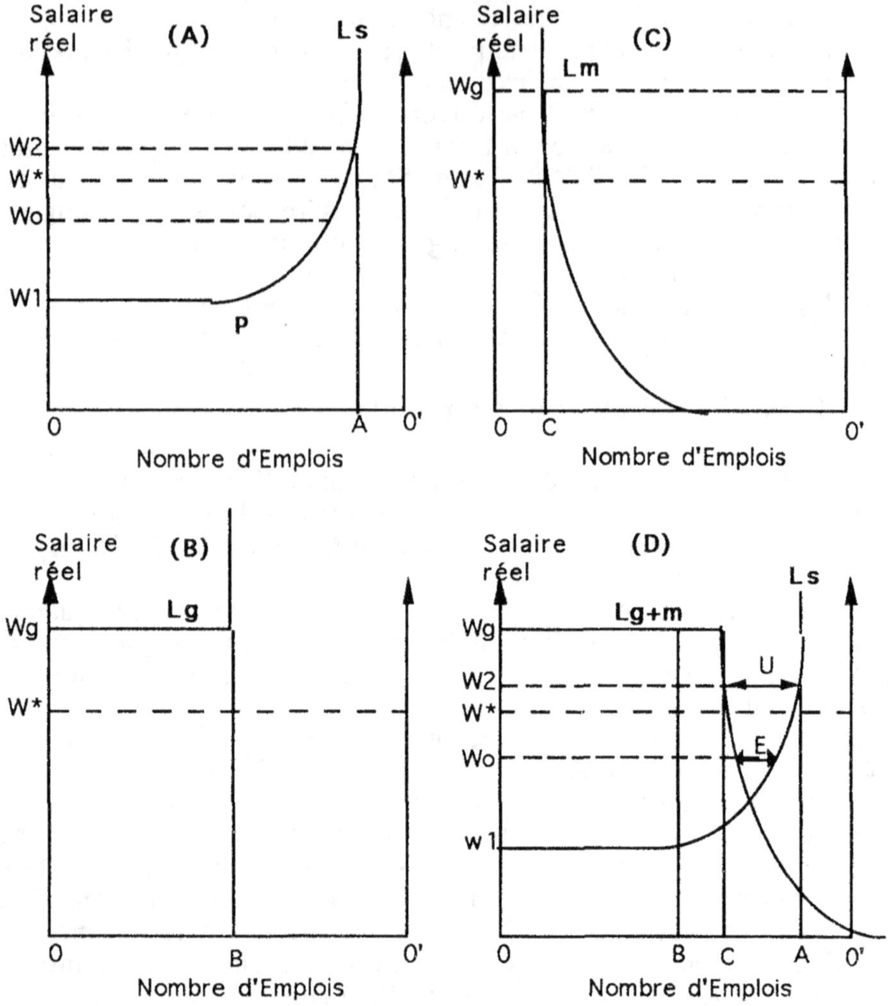

Le revenu réel de l'activité non salariée dans le secteur traditionnel d'autosubsistance est donné dans la partie (A) du diagramme A par la courbe Ls (indice s pour "subsistance"), où la quantité de travail employée est mesurée sur l'axe horizontal dans le sens 0'0, donc de droite à gauche. La forme de la courbe s'explique par la loi des rendements décroissants: à droite de A la courbe a une branche verticale, ce qui exprime qu'il y a un minimum irréductible de force de travail dans ce secteur, en dessous duquel le mode de vie villageois traditionnel disparaît.[1]

A gauche la courbe exprime des rendements constants jusqu'à 0, avec un revenu réel d'autosubsistance W1 qui reste inférieur au salaire d'émigration W*.

Dans le cadrant (C) du diagramme A, la courbe Lm représente la demande de travail du secteur "capitaliste" (indice m pour "manufacture"), mesurée dans le sens habituel 00'. Elle obéit aussi à la loi des rendements décroissants, et exprime que, au taux de salaire d'émigration W*, très peu d'activités pourraient être rentables localement, en raison du handicap occasionné par la faiblesse des économies d'échelle dans la production pour un marché très réduit. Ce secteur n'offre donc que peu de travail si le taux de salaire réel s'aligne sur le taux de salaire d'émigration W* d'un pays industrialisé, et encore moins s'il s'aligne sur un niveau de traitement public Wg supérieur à W*. L'emploi dans ce secteur peut croître au-dessus du minimum OC si le taux de salaire baisse nettement en dessous de Wg et W*, les activités de substitution d'importation ou d'exportation devenant alors plus compétitives, malgré la productivité du travail plus faible que dans l'économie tutélaire. En dynamique, la courbe Lm se déplace vers la droite à mesure que les dépenses publiques augmentent, en raison de l'effet multiplicateur de celles-ci sur la demande au secteur privé protégé de la concurrence des importations (services, BTP).

La courbe Lg (cadrant B) représente la demande de travail du secteur public (indice g pour "gouvernement") , représentée dans le sens habituel 00'. Chez Bertram elle présente une élasticité unitaire, ce qui reflète le fait qu'avec une masse salariale publique constante MS, le nombre d'emplois créés Lg dépend du traitement moyen versé aux fonctionnaire Wg de la façon suivante : MS = Wg • Lg = constante. Dans le cas des DOM-TOM français, il vaut mieux remplacer cette hypothèse par celle d'un salaire public "exogène", correspondant au niveau moyen de traitement public "métropolitain", majoré d'un "coefficient" qui varie selon les cas (+84% en Polynésie Française par exemple). Ceci implique une courbe Lg dont la forme est horizontale à un niveau de salaire supérieur au niveau métropolitain (Wg>W*), jusqu'à ce que la masse salariale publique disponible soit épuisée, ce

[1]Ou, si l'on préfère, la production du bien public socio-culturel "qualité de vie insulaire communautaire" ne peut subsister en dessous d'un certain degré de participation au mode de production villageois traditionnel, et si la communauté désire préserver ceci, elle devra offrir à ceux qui restent dans ce secteur des compensations monétaires (envois de fonds) ou non monétaires (plus de loisirs) telles que ceux-ci choisiront de rester, malgré un revenu réel inférieur au taux de salaire "d'émigration".

qui correspond à un niveau d'emplois publics OB, au-delà duquel la courbe devient verticale.

Dans le cadrant (D) du diagramme, les courbes Lg et Lm sont additionnées horizontalement, ce qui donne une courbe Lg+m exprimant la demande de travail dans les secteurs public et capitaliste.

Les conséquences du modèle

Chômage ou émigration dans l'économie insulaire

Dans ces conditions, la courbe Lg+m du cadrant D a la forme indiquée, la distance horizontale entre celle-ci et la courbe Ls mesure l'excédent de main d'oeuvre inemployée dans l'économie insulaire, qui va se traduire par du chômage ou de l'émigration.

Ainsi, si le niveau de salaire dans le secteur capitaliste est W2, supérieur au salaire d'émigration W*, les secteurs capitalistes et publics absorbent ensemble la quantité de main d'oeuvre OC, tandis que le secteur traditionnel d'autosubsistance absorbe la quantité O'A.

Le surplus de main d'oeuvre qui ne trouve pas à s'employer sur place est donc CA. Ce surplus se traduit par du chômage (indiqué par la double flèche U dans le cadrant D), car le salaire d'émigration n'incite pas à partir trouver du travail à l'extérieur. Ce chômage peut être réduit dans la mesure où le secteur d'autosubsistance a la possibilité d'offrir des occupations moins rémunérées que le salaire minimum du secteur capitaliste, mais néanmoins préférables au "chômage sec" d'une économie développée sans secteur informel développé. Il est par contre strictement égal à U si le salaire minimum est identiquement appliqué dans tous les secteurs, y compris le secteur traditionnel, ou si un système de revenu minimum (UNEDIC, RMI) apporte au chômeur un niveau de vie supérieur à ce qu'offrirait le secteur traditionnel dans la pire des hypothèses, à savoir le salaire réel de subsistance minimum W1.

Par contre si le salaire moyen du secteur privé est inférieur au salaire d'émigration (Wo < W*), l'excédent de main d'oeuvre sera moindre d'une part (mesuré par la double flèche E dans le cadrant D), et d'autre part se traduira en grande partie par l'émigration vers l'économie industrielle tutélaire, plutôt que par le chômage.

Le niveau du chômage dépendra en dynamique du rythme d'accroissement de la population active (segment OO') , de celui des emplois publics (déplacement de la courbe Lg), qui détermine celui du déplacement de la courbe Lm vers la droite (effet multiplicateur). Le chômage peut être limité si le SMIG est maintenu assez bas, ce qui va d'une part limiter "l'effet d'écrémage" sur le secteur traditionnel, et d'autre part, encourager l'émigration.[1] Il peut aussi être évité, malgré un SMIG élevé par rapport au niveau de salaire d'émigration (impliquant une émigration nulle), si le déplacement du "coude" de la courbe Lg vers la droite dû aux créations d'emplois publics est particulièrement rapide.

Quelques illustrations: la Réunion, l'île Maurice, les Samoa américaines

Le modèle MIRAB permet également d'analyser très utilement la situation de la Réunion:

> "A la Réunion, le chômage était pratiquement inconnu au début des années soixante, du moins au sens où on l'entend aujourd'hui. A l'époque, on manquait plutôt de main d'oeuvre pendant une grande partie de l'année, au moment de la campagne sucrière. Aujourd'hui, la Réunion est de tous les départements français (y compris les autres DOM), celui où le taux de chômage est le plus important: 37%. *En raison du très fort ralentissement de l'émigration, l'essentiel de l'ajustement entre demande et offre d'emploi se réalise dans une augmentation massive du chômage*".[2]

Dans ce DOM, la même politique qu'en Polynésie Française, en plus accentuée du côté des prestations sociales (alignement partiel du SMIG et des prestations sociales, mais en plus indemnités de chômage et RMI - inexistants en Polynésie Française-) , a considérablement ralenti l'émigration et dramatiquement développé le chômage, avec les conséquences récentes que l'on sait en 1991 (émeutes des jeunes du quartier du Chaudron). Analysé à partir du diagramme A, le tarissement de l'émigration et le développement corrélatif du chômage à la Réunion s'expliquent facilement: compte tenu des prestations sociales ajoutées au SMIG de la Réunion et d'un salaire "étranger" W* égal à (SMIG métropolitains + prestations sociales métropolitaines - coûts psychologiques et de transports) , on est passé d'une situation (années

---

[1] Le niveau du SMIG (4400 FF en 1991) est inférieur à celui du SMIC métropolitain (5400 FF), mais la différence n'est sans doute pas assez importante pour compenser le coût du voyage (presque 3 SMIG), le coût psychologique, l'incertitude née du chômage important en Métropole qui réduit l'espérance mathématique du gain, etc... Le SMIG horaire est de 4,52 $ U.S. en Polynésie Française depuis 1989, contre 3,80 $ U.S. aux Etats Unis en avril 1990 (et 4,25 $ depuis avril 1991). Aux Samoa américaines, le SMIG est de 2,17 $ en 1991. Le SMIG en Polynésie Française a augmenté de 50% en 1978, et doublé entre 1977 et 198.

[2] Conseil Economique et Social, Rapport de M Guy Jarnac pour la préparation d'un avis sur "la situation économique et les conditions du développement des départements d'Outre Mer", reproduit dans Problèmes Economiques, N° 2056, 6 janvier 1988. Passages soulignés par nous.

soixante) ou Wo < W* à une situation (actuelle) où W2 > W*, pendant que la hausse de Wg se poursuivait régulièrement, largement au dessus de W2 et de Wo. On peut dire sans crainte de se tromper que la politique de "parité sociale" initiée par le gouvernement français a créé de toute pièce le problème du chômage à la Réunion, en supprimant l'exutoire de l'émigration (provoquant au contraire une immigration métropolitaine significative), et en élevant artificiellement le niveau de productivité requis pour la création d'un emploi dans le secteur privé capitaliste. Contrastant avec ce chômage catastrophique à la Réunion, l'île Maurice, située non loin, possède une des densités de population les plus élevées du monde (563 hab/km2), mais les salaires y sont bien plus bas, faute de SMIG et de "parité sociale" financée de l'extérieur. L'île Maurice a supprimé le chômage, tombé à un taux de 4% en 1990, (contre 17% en 1968, au moment de l'indépendance), grâce au développement accéléré des emplois de sa zone franche industrielle d'exportation (croissance de +30% par an pour le secteur industriel depuis 1984). La pénurie de main d'oeuvre y est aujourd'hui à l'ordre du jour.

Le rôle crucial du niveau de salaire "exogène" sur l'émigration et le chômage de l'économie insulaire peut être illustré par l'exemple des Samoa américaines: quand le salaire minimum a été fixé aux Etats-Unis à 4,25 $ de l'heure en 1991, les fabriques américaines de thon en boîte installées dans l'île ont menacé de s'installer ailleurs si cette législation s'y appliquait aussi. Les représentants des Samoa américaines ont préféré renoncer à bénéficier du salaire minimum américain (pourtant inférieur à l'époque à celui de la Polynésie Française: 4,72 $ de l'heure). Il est vrai que la plupart des travailleurs de ces fabriques sont eux-mêmes des "immigrés" en provenance des Samoa occidentales, où le salaire est bien inférieur, les Samoans américains ayant pour leur part émigré en masse à Hawaii et sur la côte Ouest des Etats-Unis.[1] On peut néanmoins remarquer qu'il existe des cas où la "parité sociale" n'est pas forcément jugée souhaitable sur le plan économique et social, par les représentants des insulaires eux-mêmes, en raison des craintes concernant le développement du chômage.

L'effet d'éviction de la rente publique sur le secteur privé lorsqu'existe un écart entre les rémunérations du secteur public et du secteur privé

L'effet d'éviction de la rente publique sur les autres secteurs (traditionnel et capitaliste) est d'autant plus grand que l'écart positif

[1]North, David (1991) "Wages of tuna workers frozen". Pacific Islands Monthly. 61 (7) : 54-57

entre les rémunérations du secteur public et du secteur privé est important, même si en dynamique l'effet multiplicateur de l'accroissement des transferts publics provoque un déplacement de Lm, donc des créations d'emplois privés dans le secteur protégé (commerce, services, BTP), du moins tant que le niveau de la rente publique augmente. Le haut niveau des salaires du secteur privé capitaliste, "tiré" par celui des salaires du secteur public, impose des techniques "capital intensive" peu favorables à la création d'emplois, en dépit d'un niveau de productivité moyen relativement bas dans le secteur traditionnel comme dans le secteur public.

Lorsque la rente publique stagne, la courbe Lg ne se déplace plus vers la droite, seule l'arrivée d'autres ressources extérieures (tourisme, envois de travailleurs émigrés, exportations de minerais), ou bien la baisse des salaires publics, peuvent permettre des créations d'emplois. Mais dans une économie insulaire à haut pouvoir d'achat, au SMIG comparable (après correction pour coûts psychologiques et de transport) à celui de l'économie "métropolitaine", il n'est pas aisé de trouver des ressources extérieures susceptibles de remplacer la rente administrative ou militaire publique, car la compétitivité des activités d'exportation (y compris le tourisme) est compromise par le niveau élevé des coûts salariaux, comparé à celui d'autres économies insulaires moins favorisées par la rente administrative ou militaire. Ce handicap est souvent renforcé par une surévaluation artificielle de la monnaie insulaire rendue possible, malgré un fort déficit de la balance des paiements courants, par l'intégration à la "zone monétaire" de l'économie tutélaire.

Par ailleurs, dans cette conjoncture, *l'existence d'un niveau "exogène" élevé des salaires dans la fonction publique limite la capacité d'absorption de celle-ci*, puisqu'un plus bas niveau moyen des traitements permettrait d'embaucher plus pour une même enveloppe budgétaire, ce qui est politiquement impossible parce que les fonctionnaires "locaux" exigent un "alignement" sur les salaires des fonctionnaires "expatriés" de niveau équivalent, bénéficiant d'un traitement "majoré" pour cause "d'éloignement" de la Métropole.

Le cas des économies insulaires à faible pouvoir d'achat: le secteur moderne est le secteur étranger

Dans les économies insulaires à faible pouvoir d'achat, ayant acquis leur indépendance avant que le secteur public n'ait aligné le niveau de ses salaires par référence à celui de l'ancienne métropole, le bas niveau des traitements du secteur public permet, grâce à l'aide budgétaire de l'ancienne métropole, d'embaucher une fraction importante de la population active restée sur l'île. Par ailleurs, le niveau relativement bas des salaires dans le secteur capitaliste local, comparé à celui du salaire d'émigration attendu, incite une forte proportion des jeunes actifs à émigrer vers l'économie industrielle tutélaire.

Ces derniers reversent à leur famille une partie de leur salaire. Ces envois constituent un appoint considérable pour la demande qui s'adresse au secteur capitaliste local, notamment pour le secteur de l'importation et de la construction. Au terme de cette évolution, *le secteur moderne devient le secteur étranger*, c'est à dire que les salaires du secteur à haute productivité proviennent de l'étranger, sous forme d'envois de travailleurs émigrés, ce qui permet d'assimiler l'économie insulaire à une "banlieue dortoir" de l'économie tutélaire: les activités subsistantes dans l'île sont celles qui relèvent d'un secteur traditionnel "subventionné" par les mandats des émigrés, d'un secteur public bénéficiaire de l'aide publique étrangère, et d'un secteur capitaliste "naturellement" protégé de la concurrence (commerce, importation, services financiers, Bâtiment et Travaux Publics, maintenance, entretien et réparations). Aide publique et envois d'émigrés permettent d'équilibrer la balance des paiements malgré un fort déficit des échanges commerciaux.

L'effet d'éviction des activités productives par la rente administrative: une forme de "dutch disease"

L'analyse des effets de la rente pétrolière, énergétique (gaz naturel), ou minière (dans le cas de l'Australie) a donné lieu à une littérature théorique qui n'est pas sans intérêt quand il s'agit d'analyser les effets d'autres formes de rente sur une économie.

Le débat s'est notamment consacré à l'analyse de ce qu'il est convenu d'appeler le "Dutch disease" (syndrome hollandais). On constate en effet dans les pays disposant brusquement d'une rente "naturelle" des phénomènes communs: éviction des activités consacrées à des biens ou services exportables, hausse des prix dans le secteur protégé de la concurrence internationale (services notamment) et du niveau de prix relatif des produits de ce secteur par rapport à ceux du secteur exposé, hypertrophie du secteur tertiaire et "désindustrialisation" de l'économie; enfin, surévaluation de la monnaie nationale. A un degré plus ou moins grave, ces phénomènes ont été observés aux Pays Bas (gaz naturel), au Royaume Uni (pétrole de la Mer du Nord), en Australie ("boom minier")[1] et, bien entendu, dans les pays exportateurs de pétrole du Moyen Orient, ainsi que dans certaines économies insulaires

[1]CORDEN M. et NEARY J.P. (1982) "Booming Sector and De-Industrialisation in a Small Open Economy", *Economic Journal*, 92, décembre , 825-848.

productrices de pétrole comme Trinidad, ou de phosphate comme Nauru.

Plusieurs auteurs ont tenté de montrer comment ces phénomènes résultent de la réallocation des ressources dans l'économie suite à un bouleversement des prix relatifs de ces ressources provoqué par l'arrivée d'une rente naturelle.

L'analyse présentée ici, adaptée d'un modèle d'équilibre général à deux secteurs proposé par S. Alam (1982) pour les économies de rente pétrolière, repose sur la distinction entre un secteur fabriquant les biens et services échangés (traded goods), ou secteur "exposé" et un secteur produisant les biens et services non échangés (non traded goods), donc secteur "protégé". celui-ci étant défini comme celui des services (à l'exception du tourisme international, exposé à la concurrence international), mais comprenant aussi une partie du secteur secondaire: bâtiment et travaux publics, monopole de l'électricité, autres monopoles "naturels", ou bien encore activités protégées de la concurrence des importations par de très fortes barrières douanières (c'est souvent le cas dans l'agro-alimentaire par exemple: brasseries, charcuteries, produits lactés...).

Soit A Co B la frontière des possibilités de production (voir diagramme B ci-après) décrivant les combinaisons efficaces de produits des deux secteurs qu'il est possible d'obtenir en faisant le meilleur emploi possible des ressources existantes, avant la rente.

L'arrivée de cette dernière fournit des devises étrangères avec lesquelles la collectivité qui perçoit la rente va pouvoir obtenir "gratuitement" un supplément de produits échangés A A'. La nouvelle frontière des possibilités de production se déplace donc en AA'C2C1D, courbe obtenue par une translation horizontale de longueur AA' de la frontière AQCoB.

En supposant des courbes d'indifférence collectives "normales"[1] Io, I1, I2, les points Co et C2 représentent respectivement les niveaux de consommation des produits des deux secteurs avant et après la rente. Cependant, le niveau de production correspondant à C2 est Q, où la distance horizontale QC2 est égale à AA', car dans le secteur des biens échangés, la quantité AA' est importée grâce à la rente.

[1] On se sert ici des courbes d'indifférence collectives pour représenter de façon commode (dans ce type de graphique) les courbes de demande agrégées, en ignorant provisoirement le fait bien connu que des changements dans la distribution du revenu des facteurs provoqués par un déplacement le long de la courbe des possibilités de production peuvent affecter la forme de ces courbes de demande agrégées.

Diagramme B:
Frontière des possibilités de production dans une économie de rente à deux secteurs: produits échangés, produits non échangés.

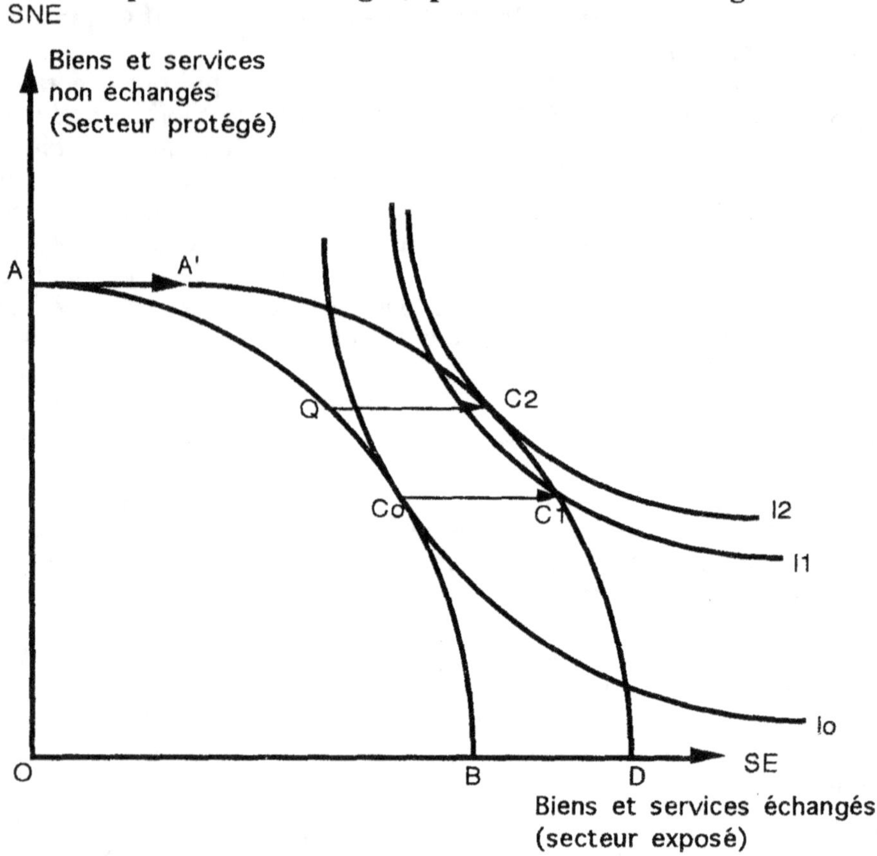

On constate que dans le cas "normal", le niveau de production du secteur des biens échangés (correspondant à Q sur l'axe horizontal) baisse par rapport au niveau initial (correspondant à Co sur l'axe horizontal).

Il y a donc "éviction" de la production agricole ou industrielle du secteur des produits échangés (ou secteur "exposé), au profit de celle du secteur "protégé", des produits non échangés (dont les services, hors tourisme international), les ressources (travail et capital) allant vers les activités plus rentables, et offrant les meilleurs salaires, du secteur protégé offrant les produits non échangés.

La raison de cet "effet d'éviction" néfaste à l'agriculture et à l'industrie du secteur exposé est simple: l'abondance relative des produits échangés permise par la rente a diminué leur prix relatif par rapport aux produits non échangés. Ceci va entraîner "l'effet-prix", c'est à dire le mouvement de C1 à C2 pour la consommation, et de Co à Q pour la production: des ressources (capital et travail) vont quitter le secteur "exposé" (produits échangés) pour le secteur "protégé" (produits non échangés), en raison de la hausse du prix relatif des produits de ce dernier secteur, qui élève la valeur de la productivité marginale des facteurs y afférents. Il en résulte une diminution de la production de biens du secteur "exposé", et une hausse de la production des biens du secteur "protégé" (déplacement de Co à Q): c'est l'explication du "dutch disease" dans les économies "pétrolières", mais aussi de l'effet d'éviction par la rente administrative dans les microéconomies insulaires.

Il faut noter que la baisse de la production du secteur "exposé" ne signifie pas forcément celle du secteur secondaire: en effet, à mesure que l'effet d'éviction s'accentue, le contenu des activités de ce secteur change: les activités d'exportation disparaissent, et celles concurrentes d'importations sont de plus en plus protégées par de fortes barrières douanières, alors que se développent surtout les activités protégées naturellement de la concurrence des importations (monopoles énergétiques, bâtiment et industries connexes, maintenance, réparation et entretien). Il en est de même pour le secteur primaire: les cultures d'exportation disparaissent, tandis que se développent les cultures maraîchères ou fruitières mises à l'abri des importations par des contingentements ou de forts droits de douane, destinées à une clientèle fortunée bénéficiaire de la rente.

Conséquences pour les politiques économiques

La conclusion de l'analyse théorique ci-dessus est que l'adaptation d'une économie à l'existence d'une rente administrative est semblable à celle qui résulte de la rente pétrolière: l'équilibre qui en résulte peut être qualifié d'optimal, au sens où il reflète l'adaptation naturelle au nouveau prix relatif des ressources, alors que ces économies "de transfert", comme les économies pétrolières, sont souvent stigmatisées comme "déséquilibrées", ou "pathologiques" en raison de l'hypertrophie du secteur tertiaire et des administrations, et du profond déséquilibre de leurs échanges extérieurs. La tendance naturelle des experts est invariablement de recommander un "rééquilibrage" économique en faveur des secteurs "productifs", dont on cherche à favoriser le développement par différents dispositifs incitatifs (subvention, défiscalisation, etc...). Il en est ainsi de la "loi de défiscalisation" en faveur des investissements dans les secteurs "productifs" des DOM-TOM, encore appelée "loi PONS".

Une autre politique d'aide consiste à subventionner le secteur d'autosubsistance et d'exportation agricole (de même que la CEE subventionne son agriculture), par exemple sous la forme de subvention de prix agricoles (ce que fait la Polynésie Française pour le coprah, payé au producteur 6 fois le prix de vente à l'exportation)[1]

Des raisons stratégiques à long terme plaident en faveur d'un maintien d'une autosubsistance alimentaire: de même que dans les pays de la CEE ou les pays bénéficiant de la rente pétrolière, il paraît nécessaire de maintenir des activités agricoles par des subventions, même si elles ne sont pas profitables à court terme, afin d'acheter ainsi une assurance pour l'avenir, au cas où les autres sources de revenus (aide internationale, envois de fonds des émigrés), fléchiraient. En tout cas, il semble plus souhaitable de favoriser des schémas de subvention directe des activités agricoles villageoises, plutôt que d'accorder des subventions budgétaires qui ne servent qu'à l'expansion de la bureaucratie au détriment d'activités d'autosubsistance.

Faut-il obligatoirement considérer comme allant de soi les coûteuses politiques de subventions aux secteurs "productifs", ou bien accepter le "déséquilibre" économique résultant des transferts comme une adaptation "optimale" des ressources de l'économie locale à la rente administrative ?

Le même type de question s'est posé aux économies frappées par le "dutch disease", dans les pays industrialisés ou en voie de développement bénéficiant d'une rente énergétique ou minière et connaissant de ce fait un mouvement de "désindustrialisation", ou de baisse de la production agricole traditionnelle (Pays-Bas, Royaume Uni, Australie, Nigeria): faut-il s'efforcer de "subventionner" les secteurs industriels et agricoles non protégés de la concurrence internationale ? En supposant que le progrès technique provient en partie d'un phénomène d'apprentissage (learning by doing), il est possible de démontrer théoriquement qu'à long terme un pays peut avoir intérêt à atténuer par des subventions "l'effet d'éviction" de la rente énergétique ou minière sur le secteur industriel et agricole, pour'éviter une contraction du revenu national après l'épuisement des réserves naturelles.

Cependant, cette conclusion ne semble pas être confirmée dans le cas où s'offre la possibilité de capitaliser des réserves en devises, dont le placement permet de constituer un fond de réserve susceptible de prendre le relais de la rente énergétique ou minière à l'issue de son épuisement (l'île de Nauru a ainsi constitué un fond commun de

---

[1] "Merely pouring more money into local government tends to increase the bureaucratization of Island society, and may threaten the viabiliy of the village mode of production" , BERTRAM Op. Cit . p 819.

placement destiné à fournir des revenus financiers susceptibles de prendre le relais des revenus de l'exploitation du phosphate). En effet, dans ce cas, Van Wijnbergen[1], utilisant un modèle à deux périodes d'une économie ouverte, montre que la justification théorique de subventions au secteur exposé non pétrolier n'est plus aussi assurée. La collectivité peut avoir dans ce cas intérêt à se "spécialiser" dans la gestion de la rente financière capitalisée pendant la période d'exploitation de la ressource naturelle, alors que toute politique de subvention aux secteurs agricoles ou industriels pendant cette période diminuerait les sommes capitalisées pour assurer une rente financière perpétuelle aux générations futures.

Enfin une troisième politique consiste à revenir à une économie d'autosubsistance, ce qui implique une diminution des subventions budgétaires finançant la bureaucratie, une limitation de l'émigration, de telle manière que le chômage créé par le surplus de main d'oeuvre fasse descendre les salaires en dessous du taux de salaire étranger W* jusqu'à W1, et peut être une politique d'aide technique pour la modernisation des techniques agricoles. C'est la politique d'autosuffisance, ou d'autarcie. Bertram (1986) remarque justement qu'une telle politique serait extrêmement coûteuse socialement et psychologiquement dans les îles ayant déjà développé des habitudes de consommation de produits importés. La baisse du niveau de vie ne pourrait être justifiée politiquement en l'absence d'un écroulement de la rente (aide et envois de fonds). Pratiquement donc, une telle politique ne peut se justifier que dans les îles les moins avancées du Pacifique qui désirent préserver un système communautaire traditionnel pour des raisons socioculturelles, et qui seraient suffisamment peu ouvertes au tourisme, aux media et à l'émigration pour que "l'effet de démonstration" ne vienne pas anéantir les efforts d'autosuffisance du gouvernement et augmenter la frustration des habitants et le désir d'émigration.

Du point de vue de la stratégie de développement à adopter, contrairement à ce qui peut se produire dans d'autres PVD non insulaires ou de grande taille, la grande ouverture du marché du travail comme du marché des biens dans les économies insulaires compromet la rentabilité des productions locales en raison du niveau élevé des salaires qui résulte de la facilité de l'émigration vers les pays "riches" : *le niveau moyen plus bas de la productivité des facteurs* [2] *ne peut*

---

[1]Van Wijnbergen Sweder (1984), "The dutch disease: a disease after all ?", *The Economic Journal*, Vol 945, March, p 41-55.

[2]En raison des déséconomies d''échelle, des coûts d'approvisionnement en intrants et biens d'équipement, de l'absence d'effets externe de proximité, de la faible éducation de la main d'oeuvre, de la pénurie de cadres, etc....

permettre de lutter contre les produits des pays riches librement importés (sauf très forte protection douanière), ce qui condamne la substitution d'importation, et le niveau plus élevé des salaires moyens ne permet pas de lutter contre les produits des PVD à bas salaires (notamment pour les activités de substitution d'exportation, de type zone franche industrielle d'exportation, et pour les exportations de produits agricoles comme le coprah, le café, la vanille). *L'effet d'éviction des activités productives qu'on observe ici est dû au niveau des salaires fixé de façon exogène par rapport à l'économie locale, ou plutôt sans rapport avec le niveau de la productivité du facteur travail.* Il en résulte des créations d'emplois réduites dans le secteur capitaliste moderne, sauf cas exceptionnels (investissements extérieurs massifs dans l'industrie minière, ou dans le tourisme notamment, effet multiplicateur de transferts publics extérieurs croissant rapidement sur le secteur tertiaire et secondaire protégé de la concurrence internationale par des barrières naturelles ou douanières).

Dans une telle situation, ni la substitution d'importation, ni la promotion des exportations de produits manufacturés ne peuvent être envisagés comme stratégie de développement viable, en raison de la faible compétitivité des productions locales: *salaires de pays riche, et productivité de pays pauvres, sont compatibles momentanément dans une économie de rente, mais incompatibles à long terme avec le développement des secteurs productifs exposés à la concurrence étrangère.* Seules des activités offrant une "rente naturelle", c'est à dire basée sur l'exploitation d'un facteur rare sur le plan mondial, sont susceptibles de se développer alors avec profit en fournissant les ressources extérieures qui impulsent la croissance des secteurs protégés: pétrole, phosphate, nickel, perle noire, tourisme "haut de gamme" spécifique, accueil de fonctionnaires "métropolitains" retraités à retraite "majorée", paradis fiscal, activités financières "offshore", productions philatéliques et numismatiques, droits de pêche.

Chapitre 5
La rente insulaire: une forme d'échange international non marchand

On ne peut expliquer le niveau d'aide reçue par de nombreuses petites économies insulaires, et les déficits apparents de leurs échanges avec l'extérieur, que si l'on considère que leurs relations économico-politiques entrent dans le cadre de la théorie de la spécialisation internationale, élargie aux échanges marchands et non marchands. Leur avantage comparatif réside dans l'exportation de services géostratégiques et de rayonnement politique et culturel d'une grande puissance tutélaire. Le modèle présenté ici explique pourquoi les petites îles reçoivent beaucoup plus d'aide par habitant (37 fois plus que la moyenne des PVD), pourquoi elles montrent une tendance à l'intégration économique au sein d'un grand pays industriel et pourquoi il existe une relation inverse entre l'aide par habitant et la population des petites îles, indépendantes ou non.

Cette conclusion renforce la viabilité économique, souvent contestée, des micro-états insulaires, du moins lorsqu'ils sont susceptibles de présenter un intérêt géostratégique.

Nous avons montré précédemment l'importance pour la plupart des petites économies insulaires d'un apport en ressources extérieures prenant la forme d'une rente (naturelle, administrative, militaire, ou privée en provenance de travailleurs émigrés). Beaucoup de ces économies semblent en fait fonder leur développement économique sur la rente, avec un efficacité somme toute remarquable, si l'on en juge d'après le rapport niveau de vie/effort productif effectivement atteint, en comparaison de celui qui peut être obtenu avec d'autres stratégies de développement plus "orthodoxes", telles que la promotion d'exportations marchandes de produits de base ou manufacturés. Ainsi dans le Pacifique, les PIB par habitant de la Polynésie Française et de la Nouvelle Calédonie dépassent celui de la Nouvelle-Zélande. L'île de Guam, base stratégique américaine, a également un PIB par tête à peine 16% inférieur à celui de la Nouvelle-Zélande. De plus, dans ces îles, la dépense intérieure brute dépasse largement le produit intérieur brut.

Mais il faut alors expliquer sur quoi repose la pérennité de la rente militaire ou administrative civile accordée par un grand pays ayant des relations "privilégiées" avec la petite économie insulaire. On évoque alors souvent des arguments politiques et géostratégiques, mais sans fournir une explication théorique satisfaisante de cette forme d'échange.

Nous exposerons donc l'idée, dans le cas d'une rente/aide extérieure militaire ou administrative, que ce mode de développement peut paraître légitime et viable, dans la mesure où la rente/aide est obtenue en contrepartie d'une exportation non marchande de service militaire, géostratégique ou diplomatique vers un grand pays industriel, en provenance d'une île à très faible population: l'échange étant mutuellement profitable, il n'y a pas de raison qu'il cesse, puisqu'il correspond à la logique de l'avantage comparatif pour les deux économies. Nous présentons ici une formalisation théorique complète de cette idée.

Le modèle géométrique ci-dessous montrera pourquoi la coopération entre un grand pays et une petite économie insulaire va s'instaurer au bénéfice des deux partenaires, à la condition que la grande économie consente à verser une "rente" qui n'est en réalité que la contrepartie de l'exportation "invisible" de service non marchand de la petite économie insulaire vers la grande économie métropolitaine.

La théorie de l'échange international non marchand : une approche géométrique

1) Les hypothèses

• Il y a 2 pays (un grand industriel, un petit insulaire), et 2 produits.

• Le premier produit X est un bien échangeable produit dans les deux pays, qui sert également de numéraire.

• Le deuxième produit Y est un service "public", "non marchand", "invisible", tel que par exemple la "défense nationale", la "dissuasion nucléaire", "l'influence géostratégique et diplomatique internationale". Le terme "public" a ici le sens qu'on lui donne dans la théorie des biens "publics" (consommation collective non exclusive: la consommation d'un citoyen ne diminue pas celle d'un autre, on ne peut exclure un consommateur sans exclure tous les autres). Le terme "non marchand" signifie qu'il n'existe pas de marché, et donc pas de prix de marché international pour ce service. Le terme "invisible" signifie qu'on a à faire à une exportation de service.

Ce produit a pour caractéristique de n'avoir aucune valeur pour l'usage interne du petit pays, qui ne cherchera donc pas à le produire pour lui-même en situation d'autarcie (c'est le cas aussi de certains produits "naturels" comme le phosphate, extraits uniquement pour l'exportation).

Par ailleurs ce produit nécessite pour sa production des facteurs (facteur naturel et travail, notamment) spécifiques au petit pays insulaire.

Par exemple, la situation naturelle d'une île peut offrir des services géostratégiques en raison de sa position géographique: elle peut permettre d'installer un site d'essai balistique, nucléaire, ou une base qui remplace le coût d'un porte-avions. Il faut employer une main d'oeuvre locale sur place pour "fabriquer" ces services au moindre coût.

• Le petit pays présente donc un avantage comparatif dans la production du bien Y, en raison de sa situation géographique privilégiée (son bloc de production est déformé en direction de la production du bien Y, car la productivité des facteurs locaux est plus forte dans cette activité que dans l'activité "traditionnelle" locale de production de X).

• Il n'y a pas de mobilité des facteurs entre les deux pays. Cette hypothèse, classique dans l'économie de l'échange international, est irréaliste certes, et pourrait être évitée, mais l'analyse simultanée de l'émigration et des transferts de capitaux nécessiterait un modèle beaucoup plus complexe qui n'apporterait pas grand chose de plus du point de vue du problème étudié ici.

• Il y a des coûts d'opportunité croissants pour les deux productions dans les deux pays.

2) Représentation géométrique

Dans le diagramme 1, on représente le bloc des possibilités de production du grand pays selon l'aspect habituel: il représente les différentes combinaisons de Yg et de Xg que le grand pays peut produire en autarcie en utilisant le mieux possible les facteurs existants.

Le bloc de production du petit pays est représenté selon un système d'axe inversé XpO'Yp. Dans l'hypothèse de la spécialisation et de l'échange international, les différentes manières de répartir la production des deux biens le plus efficacement possible entre les deux pays sont obtenues en faisant glisser le bloc de production inversé du petit pays sur la frontière du bloc de production du grand pays, en gardant toujours un seul point de tangence entre les frontières des deux blocs (Muchielli & Sollogoub, 1980: 212).

La production maximum combinée des deux pays est alors obtenue sur la frontière FS" qui représente la frontière des possibilités de production des deux pays associés, lieu de l' "origine" du bloc de production inversé du petit pays lorsqu'on déplace celui-ci le long de la FPP du grand pays.

La courbe d'indifférence collective du petit pays entre les deux produits (Up) est verticale: ceci traduit le fait que les habitants n'attachent aucune valeur à la consommation interne du service public non marchand Y, qui n'a d'utilité que pour les habitants du grand pays.

Diagramme 1:
construction des FPP en autarcie et avec échange

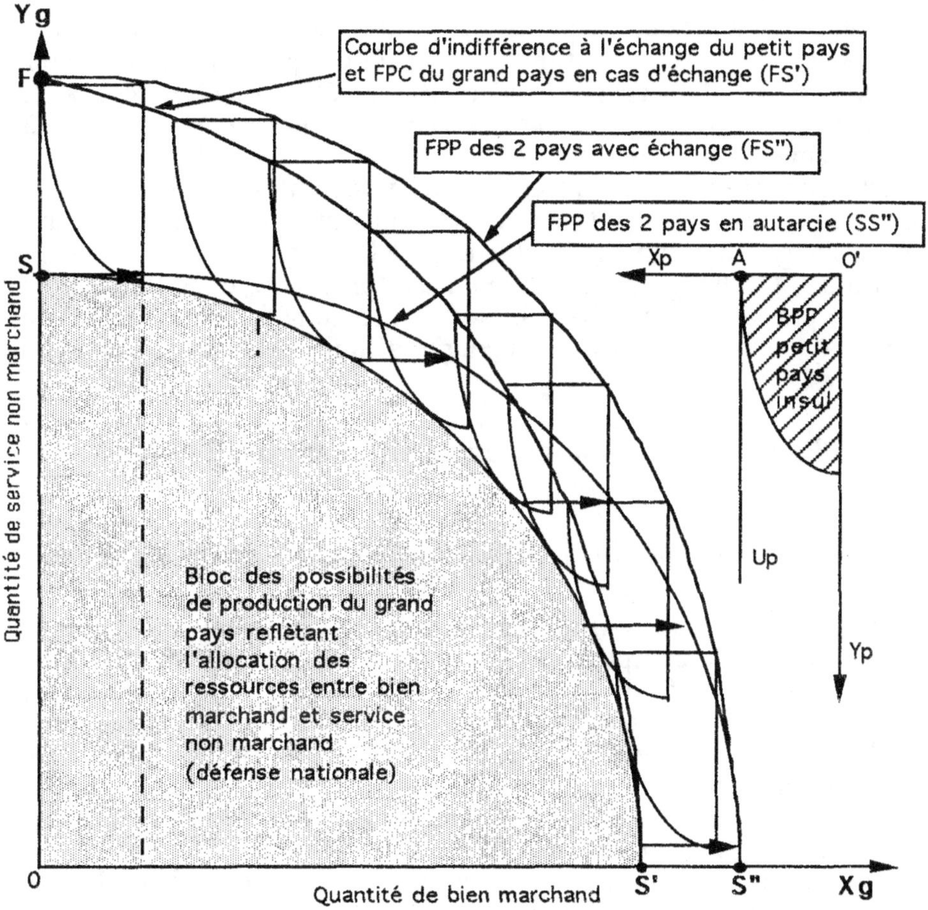

Il en résulte que le petit pays en autarcie produira toujours la quantité maximum du bien X: la quantité O'A sur l'axe Xp.

Donc, en autarcie, le maximum de production totale pour l'ensemble des deux pays est donné par la frontière SS", qui est la FPP (frontière des possibilités de production) du grand pays augmentée vers la droite (dans la direction de X) de la production maximum en bien X du petit pays: O'A = S'S".

L'écart entre la FPP des 2 pays en autarcie (SS") et avec échange (FS") représente le gain de l'échange. On voit qu'en terme du numéraire X, il est d'autant plus important qu'on se déplace vers la gauche de la FPP du grand pays (préférence pour le service public non marchand).

Le petit pays ne participera à l'échange que s'il en retire une consommation plus grande de bien X qu'en autarcie. La frontière FS', lieu du coin "nord-ouest" du bloc de production du petit pays lorsque celui-ci se déplace le long de la FPP du grand pays en lui restant tangent, laisse à gauche les points qui seront préférés à l'autarcie par le petit pays: c'est la "courbe d'indifférence à l'échange" de celui-ci (voir par exemple Kindleberger & Lindert, 1981, p 595). En effet, tout point à gauche de la frontière indique une consommation de X supérieure à celle obtenue en autarcie (O'A).

Cette frontière est aussi la frontière des possibilités de consommation en cas d'échange du grand pays: c'est le maximum qu'il puisse obtenir par l'échange, en accaparant tout le gain de l'échange pour lui-même.

Au total, l'échange sera mutuellement profitable dans l'ensemble délimité par la frontière SS'FS, c'est à dire au nord-est de la FPP du grand pays et au sud-ouest de la courbe d'indifférence à l'échange du petit pays.

3) Exemples d'échanges mutuellement profitables

Le cas d'une île politiquement intégrée (cf diagramme 2)

Supposons que l'île soit un petit territoire politiquement intégré au grand pays. Seule compte alors la courbe d'indifférence collective du grand pays: l'intérêt de l'ensemble national (incluant le territoire) l'emporte sur l'intérêt particulier des habitants de l'île. Soit Ug+p cette courbe d'indifférence collective nationale élargie à l'île, et Ug la courbe d'indifférence collective "métropolitaine" excluant l'île. En l'absence d'échange avec l'île, le grand pays produira Ya et Xa correspondant au point Qa ou Ug est tangente à la FPP SS".

L'intégration de l'île dans l'ensemble national et la possibilité de l'échange permettent d'atteindre des points supérieurs à Qa, par exemple le point O' situé sur la courbe d'indifférence Ug+p. Pour atteindre ce point, il faut que le grand pays se spécialise plus dans la production de X, en passant de Qa à Qe sur la FPP, avec $Ye < Ya$ et $Xe > Xa$. Tout point situé au-dessus de Ug mais en dessous de la courbe d'indifférence à l'échange du petit territoire FS' est préférable du point de vue du bien être des habitants du grand pays, à la solution de repli sur le territoire métropolitain. En ce qui concerne les habitants du petit territoire, ils y trouveront également bénéfice dans la mesure où ils obtiennent plus du bien X que dans la solution autarcique, c'est à dire, s'ils se situent en dessous (ou à gauche) de la frontière FS'. Ce sera le cas en particulier au point E: en ce point, le niveau de bien être de l'ensemble national intégré est maximum, puisque la production totale correspond au point O'. Les habitants du grands pays atteignent un bien être plus élevé qu'en l'absence du territoire insulaire, car ils ont autant de X qu'en Qa (Xa), mais plus de Y (Yb). Les habitants de l'île obtiennent plus de X qu'en autarcie: O'E au lieu de O'C'. Il y a donc un gain mutuel permis par l'intégration politique et économique.

Le petit pays va se spécialiser relativement plus dans la production du service public non marchand Y: il en produit la quantité O'A', qu'il exporte à destination du grand pays. Il doit réduire sa production de X à la quantité O'B', au lieu de O'C' en autarcie. Il ne sera donc disposé à l'échange que si le grand pays comble d'abord la différence B'C', mais également rajoute une "incitation" (la "rente"), en terme de biens X, par exemple en donnant la quantité XaXe = B'E qu'il a gagnée en reportant une partie de ses facteurs vers la production de X au lieu de celle de Y. Comme le grand pays a un avantage comparatif dans la production de X et le petit pays dans celle de Y, le petit pays peut maintenant recevoir une quantité de X supérieure, et le grand pays une quantité de Y supérieure; à celle de la situation d'autarcie.

Diagramme 2:
Echange et autarcie
dans le cas d'un territoire insulaire

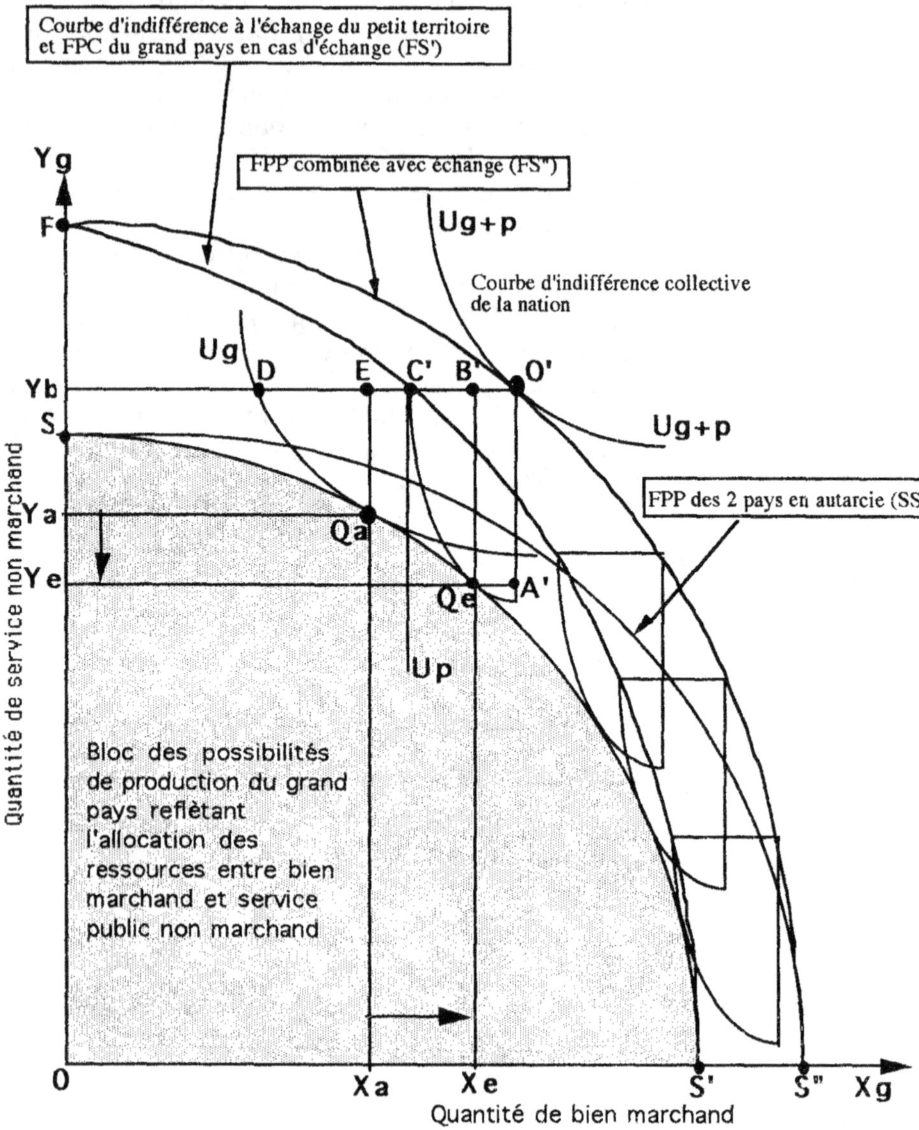

Cet exemple donne un échange qui semble bénéficier plus au grand pays qu'au petit pays, car proche de la frontière d'indifférence à l'échange du petit pays.

Mais la négociation peut très bien déboucher sur n'importe quel point du segment C'D, au nord-ouest de la courbe d'indifférence collective Ug du grand pays mais au sud-ouest de la courbe d'indifférence à l'échange du petit pays (FS'): le choix d'un point sur ce segment détermine le montant de la "rente" perçue par le petit pays: elle est nulle en C', et maximum en D.

Cependant, *le petit territoire ne peut choisir de façon indépendante la répartition de ses ressources entre les deux produits: elle lui est dictée par le choix "collectif" du point O', qui détermine simultanément l'affectation des ressources des deux "pays" aux deux "produits" X et Y.* En ce sens, on peut dire que l'économie de rente lui est imposée, avec toutes les conséquences négatives que cela implique (dutch disease, perte de l'autosuffisance alimentaire, choc culturel...), mais aussi avec des conséquences positives non négligeables (infrastructures, télécommunications, niveau de vie, couverture sociale et sanitaire, etc...).

Le cas d'une île indépendante

Voyons maintenant le cas d'une petite île indépendante. Dans le diagramme 2, il n'existe alors plus de courbe d'indifférence nationale Ug+p s'imposant à l'ensemble constitué de la grande économie et du petit territoire intégré politiquement. Il n'y a donc pas un choix unique 0' possible sur la FPP combinée des deux pays FS". Le grand pays exigera de se situer au nord-est de sa courbe d'indifférence collective Ug, le petit pays exigera de recevoir plus de X qu'en autarcie, donc de se situer au sud-ouest de sa courbe d'indifférence à l'échange FS'. Ceci délimite une région à l'intérieur de laquelle la négociation permettra de trouver un point satisfaisant pour les deux parties. Ce compromis dépendra peut être de la possibilité de faire jouer une concurrence entre les grands pays (pour le petit pays), ou entre les petits pays (pour le grand pays) pour la fourniture du bien géo-stratégique Y. Mais à nouveau, *le gain de l'échange sera mutuel, même sans intégration politique de l'île, et donc on peut supposer qu'une île indépendante aurait intérêt à entrer dans l'échange, même au prix d'une limitation possible de sa souveraineté, dans les domaines militaire et diplomatique, notamment.*

Que l'île soit indépendante ou non, plus la courbe d'indifférence collective Ug du grand pays valorise le service public Y (plus la "demande" est forte pour ce "service", par exemple en raison d'une "guerre froide" entre les grandes puissances), plus le point Qa se déplace vers le nord-est sur la FPP du grand pays, plus la FPP du petit pays se déplace également vers le nord-est de la FPP du grand pays, ce qui implique à l'intérieur du petit pays une réallocation "optimale" des ressources privilégiant la production pour l'exportation de Y à la production pour le marché intérieur de X: c'est l'équivalent du "syndrome hollandais", version exportation non marchande, qui implique une pénétration croissante du marché intérieur du petit pays par les exportations marchandes du grand pays. Cette "hypertrophie" de l'activité tertiaire non marchande exportatrice de Y permet d'élever le niveau de consommation marchande de X au delà de ce que pourrait apporter l'autarcie au petit pays: une partie croissante des ressources de celui-ci doit être détournée de la production marchande (du secteur "productif") pour obtenir le service non marchand exportable. Ce faisant, le petit pays insulaire utilise plus efficacement ses ressources rares et augmente sa consommation marchande de X, la seule qui lui importe. *Dans le cadre de la théorie, donc, le déficit des échanges marchands et la dépendance qui en résulte n'est pas "pathologique", mais logique, et même indispensable à la spécialisation internationale selon les principes de l'avantage comparatif, qui permet à la population du petit pays de se situer sur une plus haute courbe d'indifférence collective* (ici, une *droite* d'indifférence plus éloignée de l'origine O' qu'en autarcie), donc d'obtenir un plus grand bien être collectif. Dans le cas de l'île indépendante, ce choix n'est pas imposé. Il est libre (à l'exception de Cuba, forcée par les USA d'accueillir la base de Guantanamo). Il ne dépend pas du "goût" des habitants de l'île pour le bien Y. Le gain global de l'échange est clair: il est démontré par le fait que la frontière des possibilités de production commune aux deux pays avec échange (FS") est située au-delà de la frontière des possibilités de production en autarcie (SS").

L'Economie insulaire "de rente" ou "de transfert": un aspect de la division internationale du travail ?

On s'aperçoit ici que la "rente" accordée par un grand pays à un petit pays ou territoire insulaire n'est pas en général sans contrepartie, même si l'échange est de nature moins évidente car concernant un "service public non-marchand" invisible. N'étant pas sans contrepartie, la "rente" est par conséquent susceptible d'une certaine stabilité dans le temps, du moins tant que le produit public non marchand faisant l'objet de l'échange conserve une valeur pour le grand pays.

Le déficit extérieur du petit pays insulaire est en fait un artifice comptable: l'exportation "invisible" du service public n'est pas comptabilisée, car non marchande, mais elle est néanmoins réelle et tout aussi "concrète" qu'une exportation visible et marchande. Si on prend l'exemple de la Polynésie Française, son taux de couverture pour les biens et services, y compris les recettes du tourisme, est de 20% environ pour les échanges marchands. Le solde correspondant de la balance des biens et services est déficitaire de 67 milliards de Fcfp en 1990, mais si on rajoute les exportations non marchandes évaluées par les dépenses relatives aux activités militaires en Polynésie Française (59 milliards de Fcfp), on obtient un bilan presque équilibré des échanges marchands et non marchands (Poirine, 1992a: 55).

Le chiffre élevé des "transferts publics reçus de l'extérieur" est lui aussi artificiel: c'est le prix "officieux" à payer en pratique, pour obtenir la production sur place du service public non marchand que le petit pays insulaire exporte vers le grand pays: par exemple des travailleurs doivent être détournés des productions agricoles traditionnelles pour être incités à travailler dans des bases militaires ou dans l'administration. Il faut donc remplacer les denrées perdues par ce détournement de ressources vers l'exportation non marchande, par le recours à l'importation en provenance du grand pays, grâce aux "transferts publics" qui servent à payer ces employés locaux, et d'autres expatriés, et qui forment une demande sans contrepartie du côté de l'offre productive locale, d'où un déficit "mécanique", celui de n'importe quelle banlieue ou "ville de garnison" d'un grand pays industriel.

Du point de vue de ses effets sur l'économie intérieure, la présence de revenus d'exportation peut être analysée exactement de la même manière, que cette exportation soit privée et marchande ou publique et non marchande, que la rente soit pétrolière ou géostratégique: en particulier, il s'ensuit, comme dans les économies pétrolières, un "syndrome hollandais": une surévaluation du taux de change réel qui décourage les productions de biens échangeables dans les secteurs non protégés naturellement ou artificiellement de la concurrence étrangère (voir Bertram & Watters, 1985:512, Alam S., 1982, Poirine B. 1991:747-753).

Le modèle ci-dessus montre que *pour l'économie insulaire indépendante ou non, la spécialisation dans l'exportation non marchande de services internationaux géostratégiques est préférable à l'autarcie: elle permet d'atteindre une plus haute courbe d'indifférence collective, par l'obtention d'une quantité supérieure du bien marchand X, grâce à l'échange de Y avec le grand pays.* Au fur et à mesure qu'on se déplace vers le haut sur la FPP du grand pays, c'est à dire vers une spécialisation croissante des deux pays, l'un vers X (le grand pays), l'autre vers Y (le petit pays), on constate que les ressources du petit pays se trouvent de plus en plus détournées du secteur "productif" (de bien X), vers le secteur improprement appelé "improductif" (c'est à dire le secteur qui produit le service non marchand Y). *Adaptation "optimale" donc, et non "syndrome" d'un "mal". Plus l'économie du petit pays est "intégrée" par l'échange géostratégique dans l'orbite du grand pays, plus son économie devient celle d'une "banlieue ultra-périphérique", pour le meilleur (niveau de vie) et pour le pire (dépendance économique et limitation de souveraineté).*

L'avantage comparatif des petites économies insulaires réside dans cette production de service public non marchand, bien plus que dans celle de produits primaires ou manufacturés, ou bien de services comme le tourisme ou les services financiers. En raison du handicap bien connu des rendements d'échelle croissants dans la production de services de souveraineté, de diplomatie et de défense nationale, de nombreuses petites communautés insulaires ont choisi d'échanger une limitation variable de leur souveraineté nationale contre l'exportation vers une grande puissance tutélaire d'un service géostratégique, diplomatique et/ou militaire, (et/ou si nécessaire, de travailleurs émigrés vers la métropole industrielle) qui leur permet d'obtenir un niveau de vie intermédiaire entre celui des puissances industrielles tutélaires et celui des petites îles restées indépendantes (la plupart de ces dernières étant en réalité très dépendantes de l'aide internationale publique ou privée - envois de travailleurs émigrés-, comme les Tonga, le Vanuatu, ou les Samoa occidentales). Ce niveau de vie est fondé sur une économie de "ville de garnison" ou de "banlieue ultra-périphérique" d'une grande métropole industrielle.

Les prévisions du modèle

Les îles reçoivent plus d'aide, toutes choses égales par ailleurs

La théorie de l'échange international non marchand explique pourquoi les îles en général perçoivent une aide nettement plus importante que les pays en développement continentaux: leur intérêt stratégique est supérieur, car elles présentent une bien meilleure "productivité" dans la production du "service public non marchand géostratégique" que les territoires continentaux d'égale superficie.

L'aide extérieure par habitant est inversement proportionnelle à la population insulaire, toutes choses égales par ailleurs

Si la rente extérieure représente la contrepartie d'un service public indivisible, diplomatique ou géostratégique, qui résulte principalement de facteurs naturels (géographiques notamment) et politiques, il est logique qu'elle soit d'un montant indépendant du nombre d'habitants qui habitent sur l'île.

Donc, *la rente extérieure par habitant sera inversement proportionnelle à leur nombre* car pour la puissance tutélaire, le rapport coût/bénéfice de la rente accordée est d'autant plus faible que les habitants sont peu nombreux: il est plus "rentable" d'aider les îles moins peuplées. Le tableau et le graphique ci-après (en coordonnées doublement logarithmique) vérifient cette loi pour les îles du Pacifique. *Paradoxalement donc, plus l'île est petite, plus elle risque d'être "viable" économiquement grâce à la rente géostratégique extérieure.*

Les îles à souveraineté limitée ou à intérêt stratégique élevé reçoivent plus d'aide par habitant, toutes choses égales par ailleurs

La théorie implique également que les pays les plus dotés par l'aide bilatérale seront des pays présentant un intérêt stratégique, soit en raison de l'existence de bases militaires ou de centres d'essais importants (Polynésie Française, Iles Marshall, Guam), soit en raison de liens privilégiés avec une lointaine métropole qui considère l'île lointaine comme une escale utile à des fins de logistique militaire ou commerciale ou de rayonnement culturel et diplomatique: ce sont les îles "pied à terre". A cet égard, toutes les îles à souveraineté limitée par la puissance tutélaire présentent un intérêt stratégique supérieur à celles qui sont indépendantes.

Vérification empirique des prévisions du modèle

Le cas des îles du Pacifique

Dans les îles du Pacifique, ils existe une relation inverse entre population et aide par habitant, comme le montre le tableau ci-dessous et le graphique suivant tiré de ce tableau

Aide par habitant et PIB par habitant dans le Pacifique , 1990

	Population	PIB/habitant		Aide/habitant	
		en A$	en $ US	en A$	en $ US
Niue (NZ)	2 200	nd	nd	4 034	3 149
Tokelau (NZ)	1 600	nd	nd	3 750	2 928
Iles Mariannes du Nord (USA)	44 600	nd	nd	2 573	2 009
Wallis et Futuna (F)	13 700	nd	nd	2 124	1 658
Samoa américaines (USA)	47 200	nd	nd	2 117	1 653
Nouvelle Calédonie (F)	169 900	16 041	12 523	1 901	1 484
Iles Marshall (USA)	46 200	nd	nd	1 733	1 353
Polynésie Française (F)	196 300	19 745	15 415	1 662	1 297
Iles Cook (NZ)	17 000	4 837	3 776	912	712
Palau (USA)	15 200	nd	nd	907	708
Guam (USA)	133 900	nd	nd	878	686
Tuvalu	9 000	1 245	972	694	542
Kiribati	71 800	681	531	420	328
Samoa occidentales	160 300	936	731	395	308
Tonga	96 400	1 297	1 012	389	303
Vanuatu	147 500	1 379	1 076	337	263
Iles Salomon	320 000	734	573	174	136
Papouasie Nelle Guinée	3 727 200	1 302	1 017	127	99
Nauru	9 400	21 941	17 129	27	21
Fiji	732 000	2 209	1 725	15	12
Etats fédérés de Micronésie	108 500	1 668	1 302		

Source: Commission du Pacifique Sud.

L'île de Nauru fait exception: les ressources du phosphates procurent en effet à ses habitants un des PNB par habitant les plus élevés de la planète, ce qui rend superflue l'aide internationale. En ce qui concerne l'aide bilatérale, Fidji a été pénalisée par le refroidissement des relations avec l'Australie et la Nouvelle-Zélande, suite au coup d'Etat du colonel Rabuka en 1988 et à l'adoption en 1990 d'une constitution discriminatoire pour la communauté indienne implantée dans l'île.

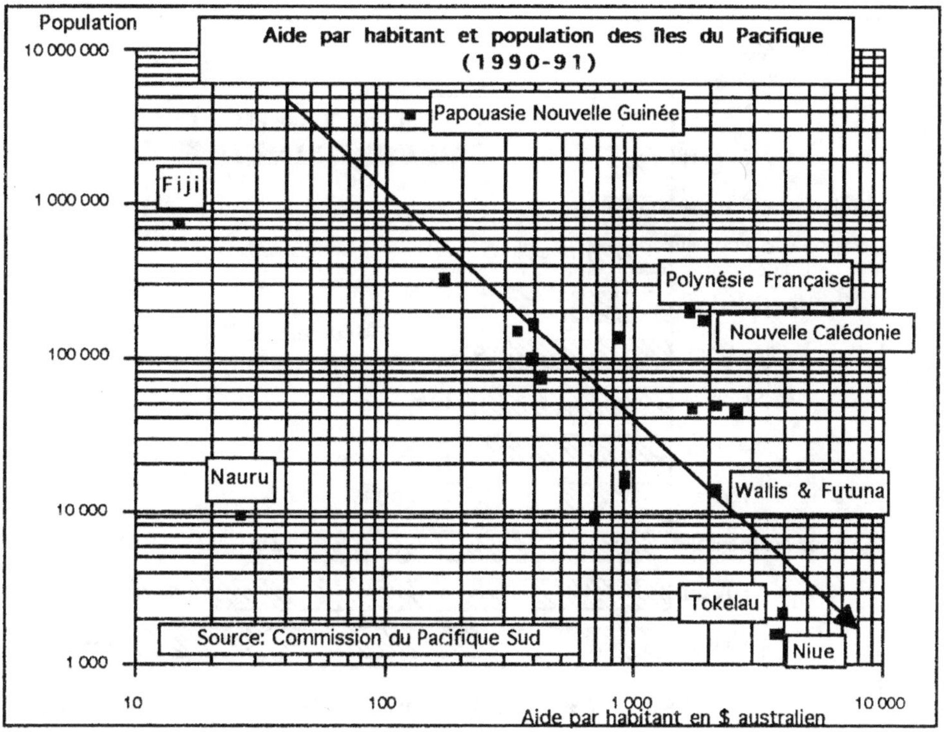

Source: voir tableau précédent

En moyenne, les îles non indépendantes, colonies, territoires dépendants ou "autonomes" reçoivent par habitant bien plus d'aide que les autres, comme le montre le graphique ci-dessous, où la puissance tutélaire est indiquée entre parenthèses. Les îles du haut du graphique, qui reçoivent peu, sont en haut. Elles sont toutes indépendantes, jusqu'à Guam, qui reçoit en fait plus, en raison des retombées économiques de la base américaine. Les îles du bas du graphique (à partir de Guam) sont toutes liées étroitement à une puissance métropolitaine. Les îles Cook ont un statut hybride, d'indépendance-association, à souveraineté limitée (défense et diplomatie à la Nouvelle Zélande), les habitants étant des citoyens néo-zélandais, la majorité des originaires de l'île résidant d'ailleurs en Nouvelle Zélande ou en Australie.

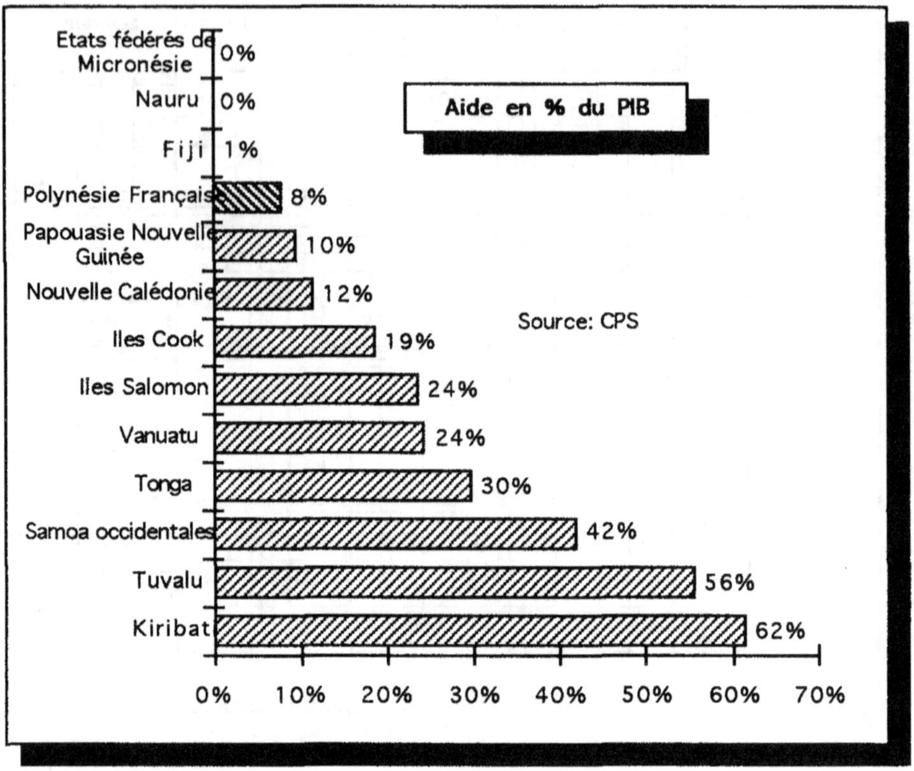

Le cas des îles dans le monde

A partir des statistiques de l'OCDE sur l'aide internationale, on a relevé l'aide bilatérale reçue par toutes les îles du monde entier, puis calculé le niveau correspondant d'aide par habitant. On a également relevé le PNB par habitant de ces îles.

On peut voir dans le tableau ci-après que l'aide bilatérale par habitant est plus élevée dans les îles non indépendantes, et surtout lorsqu'elles sont peu peuplées (St Pierre et Miquelon, Niue, Tokelau, Sainte Hélène, Wallis et Futuna) ou stratégiques (Polynésie Française, Guam, Marshall, Malouines), à l'exception des îles Vierges américaines et des Bermudes, îles peu aidées car particulièrement riches grâce au tourisme et à l'activité de paradis fiscal.

Population, aide bilatérale/hab et PNB/hab des îles en 1992

Source: Répartition géographique des resssources finançières, OCDE, 1994

Net disbursements of ODA by DAC countries combined to individual recipients
Année de référence: 1992

Iles non indépendantes	population milliers h.	Aide bilatérale Mons $	par hab	Pnb/hab en $	PNB en Mons $
Antilles néerlandaises	192,0	88,9	463	7000	1344
Bermudes	58,0	0,0	0	26000	1508
Guadeloupe	381,0	818,5	2148	7040	2682
Guam (USA)	133,9	91,7	685	5300	710
Iles Cook	17,0	11,8	694	3776	64
Iles Malouines	2,1	0,1	48	8200	17
Iles Marshall	46,2	62,5	1353		
Iles Vierges américaines	110,0	2,1	19	12800	1408
Iles Vierges britanniques	14,0			9540	134
Man	70,0			12000	840
Martinique	356,0	855,7	2404	8447	3007
Mayotte	60,0	71,4	1190	700	42
Niue	2,2	6,2	2823	1685	4
Nouvelle Calédonie	166,5	354,5	2130	14990	2495
Polynésie Française	199,0	323,9	1628	14322	2850
Réunion	590,0	1623,9	2752	8427	4972
Sainte Hélène	6,8	15,2	2235	2050	14
Samoa américaines	47,2	78,0	1653	6000	283
St Pierre et Miquelon	6,5	30,5	4692	2500	16
Tokelau	1,8	4,0	2222	1500	3
Wallis et Futuna	13,7	22,7	1658	1500	21

En ce qui concerne les DOM et certaines colonies anglaises, l'OCDE ne publie pas de chiffre d'aide bilatérale. Il a été estimé d'après les comptes économiques des DOM fournis par l'INSEE.

Iles indépendantes	Population, aide et PNB/hab des îles en 1992			
	population milliers h.	Aide bilatérale Mons $	par hab	Pnb/hab en $
Anguilla	8,0	3,5	438	1000
Antigua et Barbuda	80,0	4,0	50	5770
Aruba	66,0	29,9	453	10970
Bahamas	260,0	0,4	2	11720
Barbades	258,0	0,8	3	6650
Iles Caimanes	18,0	0,0	0	8500
Cap Vert	382,0	82,0	215	750
Chypre	708,0	19,2	27	8640
Comores	193,0	23,1	120	490
Cuba	10713,0	24,9	2	950
Dominique	72,0	8,3	115	2440
Etats fédérés de Micronésie	108,5	26,5	244	1302
Fidji	752,0	54,1	72	1920
Grenade	91,0	5,6	62	2180
Haiti	6609,0	76,9	12	380
Iles Mariannes du Nord	44,6	89,6	2009	-
Iles Salomon	327,0	27,4	84	700
Jamaïque	2440,0	112,7	46	1490
Kiribati	71,0	22,0	310	750
Madagascar	12038,0	215,5	18	210
Maldives	200,0	15,0	75	600
Malte	360,0	6,0	17	6400
Maurice	1085,0	34,7	32	2380
Montserrat	12,0	4,7	392	3750
Nauru	9,0	0,2	22	12800
Palau	15,2	10,7	704	-
Saint Vincent et Grenadines	108,0	6,5	60	1730
Sainte Lucie	148,0	15,0	101	2920
Samoa occidentales	168,0	29,5	176	930
Sao Tome et Principe	118,0	27,0	229	400
Seychelles	69,0	15,4	223	5070
St Kitts Nevis	39,0	3,8	97	3960
Tonga	96,4	19,7	204	1100
Trinidad et Tobago	1249,0	-3,3	-3	3940
Turks et Caiques	15,0	14,1	940	3000
Tuvalu	9,0	7,5	833	97?
Vanuatu	156,0	32,4	208	1170

Source: Répartition géographique des resssources finançières, allouées aux pays en voie de développement, OCDE, 1994

On s'aperçoit que les îles indépendantes qui reçoivent le moins d'aide sont soit très peuplées, soit très riches (Bermudes, Bahamas, Caïmans, Nauru, Trinidad et Tobago), en raison d'une rente financière (paradis fiscal) ou naturelle (phosphate ou pétrole). Les rares chiffres négatifs correspondent à des remboursements supérieurs aux nouveaux apports reçus.

Les îles Marshall, Les îles Mariannes du Nord, Palau, et les Etats fédérés de Micronésie faisaient partie des Territoires sous tutelle du Pacifique (TTIP) administrés par les Etats Unis. Elles ont gardé des relations politiques spéciales avec ce pays (en raison de leur intérêt stratégique), qui expliquent le montant important de l'aide qu'elles recevaient en 1991. Les Etats-Unis ont prévu une réduction progressive mais importante du montant de cette aide au cours des années à venir.
On constate que les îles les plus pauvres ne sont pas aussi toujours les mieux aidées, (Haïti et Madagascar par exemple). Ceci montre bien que la pauvreté n'est pas le seul critère de distribution de l'aide bilatérale.

A partir des tableaux ci-dessus, on peut calculer une moyenne de l'aide bilatérale par habitant pour les îles non indépendantes, les îles indépendantes, et comparer cette moyenne à celle des PVD les moins avancés, des autres pays pauvres, et de l'ensemble des PVD. On constate l'avantage incontestable des îles, et surtout des îles non indépendantes (qui sont aussi en général moins peuplées, il est vrai), conformément aux prédictions du modèle exposé plus haut. Ces dernières reçoivent 69 fois plus d'aide par habitant que les îles indépendantes (pour un PIB/hab 8 fois plus élevé), et 186 fois plus que la moyenne des PVD !

Comparaison de l'aide bilatérale par habitant entre les îles indépendantes ou non , les PMA et les PVD (1992)

	population en milliers d'hab.	Aide Mons $	Aide/hab en $/hab	PIB/hab en $/hab.
Iles non indépendantes	2473,9	4 461,7	1867	9233
Iles indépendantes	39095,7	1 065,3	27	1165
Pays les moins avancés (PMA)	579701,0	9 056,0	16	
Autres pays pauvres	2760707,0	14 883,9	5	
Ensemble des PVD	4278384,0	43 067,0	10	

Source: Répartition géographique des ressources financières allouées aux pays en voie de développement, OCDE, 1994 (calcul réalisé à partir des tableaux ci-dessus)
Note: la moyenne pour les îles non indépendante n'inclut pas les DOM français, ni les îles Vierges britanniques, ni l'île de Man.

Les données des tableaux ci-dessus ont été représentées sur un graphique à coordonnées doublement logarithmiques, de manière à mettre en évidence la relation inverse entre l'aide par habitant et la population des îles du monde. Quelques îles, pour lesquelles l'aide par habitant est nulle ou négative (compte tenu des remboursements de prêts passés), n'apparaissent pas sur ce graphique. Ce sont en général des îles "riches" (Nauru, Malte, Chypre, Bahamas, Bermudes, Caïmans).

L'observation du graphique permet de vérifier l'existence de la relation déjà constatée plus haut à partir des celles îles du Pacifique, qui relie inversement le montant de l'aide par habitant et la population des îles, conformément aux prédictions de la théorie.

Aide bilatérale par habitant et population des îles

Sources: statistiques OCDE, CPS, Atlaseco

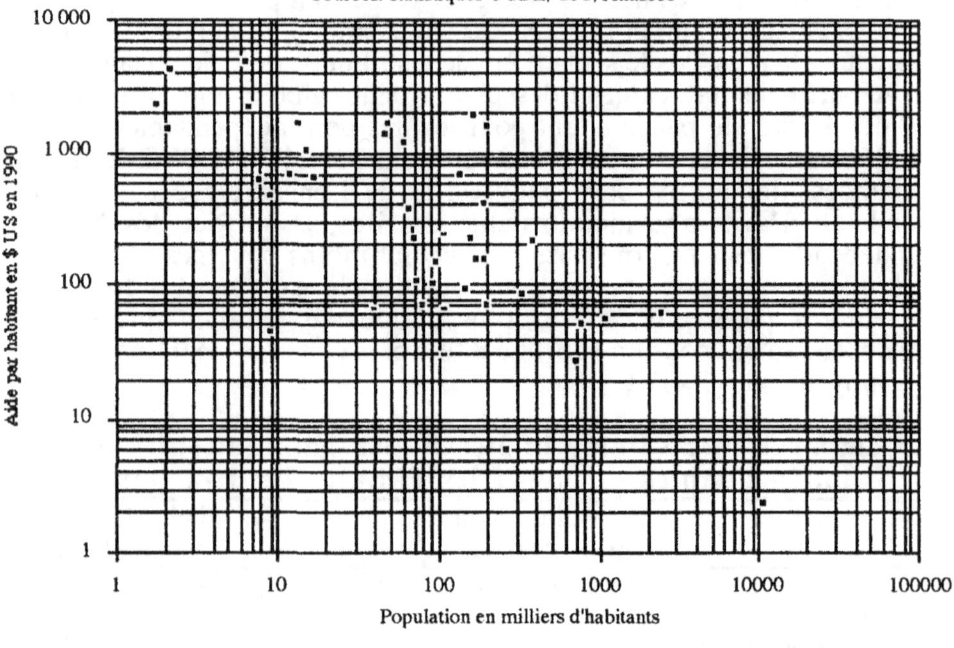

Une régression en logarithme de l'aide par habitant sur la population a été effectuée sur les chiffres donnés dans le tableaux précédents pour 58 îles (certaines données manquent pour certaines îles, le programme n'effectue la régression que pour les îles pour lesquelles toutes les variables sont présentes). Les résultats apparaissent dans les tableaux suivants:

Régression de Log de Aide/hab sur Log de la population

Data File: Data/îles/94 Dependent Variable: Log Aide/h

Variable Name	Coefficient	Std. Err. Estimate	t Statistic	Prob > t
Constant	7,978	0,478	16,678	0,000
Log P	-0,618	0,099	-6,224	0,000

Data File: Data/îles/94

Source	Sum of Squares	Deg. of Freedom	Mean Squares	F-Ratio	Prob>F
Model	85,378	1	85,378	38,735	0,000
Error	110,208	50	2,204		
Total	195,585	51			

Coefficient of Determination (R^2)	0,437
Adjusted Coefficient (R^2)	0,425
Coefficient of Correlation (R)	0,661
Standard Error of Estimate	1,485
Durbin-Watson Statistic	1,170

Le résultat vérifie la relation inverse entre le logarithme de l'aide par habitant et le logarithme de la population, le coefficient négatif étant significatif, avec un R^2 ajusté de 0,425. La droite de régression entre les logarithmes apparaît dans le graphique suivant, le coefficient directeur -0,618 représentant l'élasticité négative de l'aide par habitant à la population. La grande dispersion des points autour de la droite s'explique par la non prise en compte du statut politique et du PNB par habitant (les îles les plus riches, comme les Bahamas, les Bermudes, Nauru, Chypre, Malte, ne reçoivent pas d'aide).

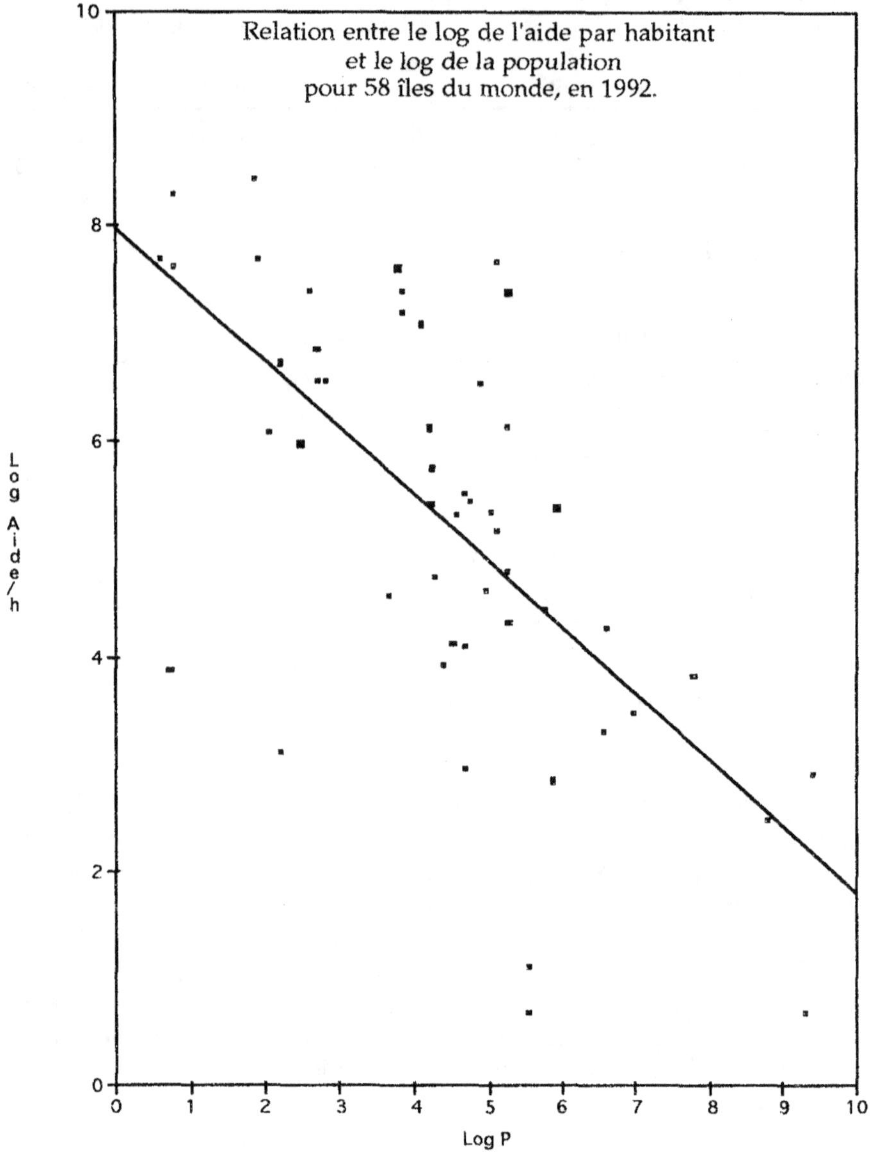

Pour mieux tester les prédictions du modèle théorique, il est nécessaire d'introduire dans le modèle de régression toutes les variables censées avoir une influence sur l'aide par habitant: population, PNB/hab, et statut politique. Le statut politique est approximé par une variable muette S: 1 pour les Territoires, colonies, ou autres îles non indépendantes (celles du premier tableau), 0 pour les îles indépendantes.

On teste donc une équation:
Log Aide/hab = a Log P + b Log PNB/h + c Log S
Les résultats obtenus sont présentés dans les tableaux ci-après.

Régression de Log de Aide/hab
sur Log P, Log PNB/hab, Statut

Data File: Data 59 îles — Dependent Variable: Log aide/h

Variable Name	Coefficient	Std. Err. Estimate	t Statistic	Prob > t
Constant	11,556	1,924	6,005	0,000
S	2,644	0,565	4,676	0,000
Log P	-0,357	0,127	-2,808	0,007
Log PNB/h	-0,741	0,229	-3,234	0,002

L'introduction de deux variables supplémentaire améliore le R2 ajusté, qui passe à 0,427. Les résultats sont conformes aux prédictions de la théorie: l'aide par habitant est bien expliquée par les trois variables prises en compte. Les valeurs du t de Student montrent que tous les coefficients sont significatifs, avec le signe espéré, à savoir: signe négatif pour Log P et Log PNB/hab, signe positif pour la variable muette statut politique (très significative, qui résume ici le caractère stratégique ou non de l'île en question pour le pays donateur).
Il faut noter que l'introduction du statut politique et du PNB/hab ne remet pas en cause le caractère explicatif de la variable population, toutes choses égales par ailleurs.

En conclusion l'étude empirique confirme les prévisions du modèle, à savoir que l'aide par habitant dépend principalement de l'intérêt stratégique des pays et territoires insulaires aidés, les archipels non indépendants isolés et peu peuplés étant spécialement "recherchés" de ce point de vue, car ils représentent un "pied à terre" utile, où il est possible d'implanter des bases militaires, logistiques, d'expérimentation balistiques ou atomiques, de suivi des satellites, ou de contrôle radar, à l'abri de tous les regards. Par ailleurs il est aisé de limiter facilement leur accès en raison des grandes surfaces océaniques qui séparent les îles et atolls isolés des centres urbains.

La viabilité du développement rentier dans le cadre de la théorie de l'échange non marchand

La "viabilité" du mode de développement par la rente doit être examinée dans ce contexte: l'exportation publique non marchande est-elle plus ou moins susceptible de recettes stables et en progression régulière que celle de produits privés marchands ? L'option de développement par la rente est-elle à plus haut risque que la promotion d'exportations marchandes "classiques" ?

Aspect théorique du problème

Il existe effectivement un danger pour le petit pays: si le contexte géostratégique international est défavorable à la consommation du bien Y qui intéresse le grand pays, la courbe d'indifférence collective de ce dernier va se rapprocher de la verticale pour refléter le fait que le bien Y géostratégique est moins désiré. Il va en résulter un déplacement de l'optimum autarcique vers le sud-est de la FPP du grand pays, par exemple de B vers C. Or, plus on se dirige vers le bas et la droite sur la frontière SS', plus le gain de l'échange pour les deux pays devient faible, car l'écart entre SS" (FPP d'autarcie) et FS"(FPP d'échange) se réduit. Dans ces conditions chaque pays trouve de plus en plus limité le gain en cas d'échange, et peut donc être tenté de l'abandonner. Comme les gains à partager sont plus faibles, la négociation devient plus âpre. Pour le petit pays ou territoire insulaire, ceci signifie une perte de sa position de force dans la négociation, ce qui veut dire une probable diminution de la rente qu'il peut obtenir du grand pays en échange de sa collaboration à la production du service Y. On retrouve ici un problème similaire à celui de la détérioration des termes de l'échange pour les pays qui exportent des produits de base dont la demande mondiale est peu élastique par rapport au revenu.

Portée pratique du danger théorique de baisse de la rente

Le contexte géostratégique, diplomatique et militaire évolue rapidement, notamment depuis quelques années, rendant moins évident la valeur stratégique des territoires insulaires dans le monde, avec la fin de la Guerre Froide et l'effondrement du communisme. Ceci laisse à penser que la désirabilité relative de Y diminue, et que les grandes puissances se positionnent de plus en plus vers le coin de leur frontière des possibilités de production proche de l'axe des X, où l'échange devient plus aléatoire, conflictuel, car moins avantageux pour les deux partenaires. Le brusque abandon économique de Cuba par l'ex-URSS montre à quel point il est dangereux pour une île de "mettre tous ses oeufs dans le même panier".

Mais la valeur stratégique d'archipels isolés s'évalue à très long terme: qui aurait pu prévoir l'importance que prendraient un jour Mururoa,

Hao et Fangataufa pour la France; Guam, Midway, Bora-Bora, Bikini, Eniwetok, Johnston, Kwajalein, Cuba ou Grenade pour les USA, les Malouines pour la Grande Bretagne et l'Argentine ? Ainsi, en Polynésie Française, l'arrêt des essais nucléaires à Mururoa, signifierait-il un arrêt de l'exportation non marchande de la Polynésie Française vers la France, donc de la "rente" ? Théoriquement oui, mais, comme pour les autres DOM-TOM, l'exportation non marchande de la Polynésie Française n'est pas seulement militaire, elle est aussi à long terme géopolitique et culturelle. Enfin, il y a la raison du coeur, l'attachement historique, culturel et humain, qui n'est pas un vain mot, mais qu'il est difficile de mettre en équation .

Conclusion: économies déséquilibrées, ou économies adaptées ?

Toutes les économies de rente présentent tous les symptômes de graves déséquilibres économiques, d'après les critères habituels. Mais peut-on véritablement parler alors de déséquilibres ? En fait c'est vers un nouvel équilibre, parfaitement adapté et rationnel, que se dirigent ces économies: Là où produire n'est plus nécessaire pour consommer, où la croissance du niveau de vie paraît de plus en plus déconnectée des progrès de productivité, où la contrainte d'équilibre externe n'est pas un problème, aucun motif n'exige que "les grands équilibres macroéconomiques" traditionnels soient respectés. Paradoxalement, le déséquilibre entre la demande et l'offre locale générateur de déficit extérieur est une conséquence logique de la croissance impulsée par la demande publique dans une "économie de transfert", et non pas un symptôme de déséquilibre économique susceptible de remettre en cause la croissance.

Devant ce constat, on peut réagir de deux façons: le déplorer, pour des raisons "morales", et chercher à en sortir, par des mesures visant à promouvoir une plus grande autonomie économique, ou bien trouver le meilleur moyen de perpétuer la rente en question en essayant d'en accroître le plus possible l'effet multiplicateur sur l'activité locale.

• **La première position** recherche les voies d'une plus grande autonomie économique par l'accent mis sur le développement des secteurs "productifs" (primaire et tertiaire), par la recherche de la compétitivité des produits locaux, par des subventions accordées aux secteurs productifs, par une défiscalisation des investissements métropolitains dans les secteurs "productifs" des DOM-TOM, etc...

• **La deuxième position** fait le constat de l'échec de la plupart des tentatives visant à susciter un développement du secteur productif, que ce soit dans l'agriculture, dans l'industrie, ou dans le tourisme, en raison de "l'effet d'éviction" qu'exerce la rente distribuée par l'administration sur les activités du secteur "non protégé" de l'économie. De là à soutenir que l'économie de rente est un état durable et même préférable au développement du secteur productif, il n'y a qu'un pas que n'hésite pas à franchir G. BERTRAM en ce qui concerne les petites économies insulaires indépendantes du Pacifique:

> "Le problème économique essentiel pour un grand nombre de très petites économies insulaires du Pacifique est la préservation et l'accentuation de leur statut de société rentière, et des niveaux de vie relativement élevés qui l'accompagne. La préférence marquée par les plans de développement régionaux pour une croissance "auto-entretenue" (sustainable) des activités productives n'atteint pas son but dans ces petites économies. Ce n'est pas l'activité productive, mais les revenus de rente qui doivent être soutenus et perpétués au cours du temps."[1]

Dans cette optique, on ne peut parler de "mal développement" ou de déséquilibre, mais plutôt d'une économie intégrée à dessein dans un ensemble plus vaste, ayant trouvé spontanément un équilibre adapté à la fonction spécialisée qui lui est dévolue à la périphérie de cet ensemble (fonction géostratégique, vitrine culturelle de la France dans un ensemble régional anglo-saxon, et terrain d'essai de la force de frappe dans le cas de la Polynésie Française); *et gérant au mieux, c'est à dire avec le moindre effort possible la "rente" accordée en contrepartie de sa contribution volontaire à la collectivité nationale*. Ainsi ce serait faire un mauvais procès que d'affirmer que les nombreux travailleurs polynésiens ou métropolitains occupés directement ou indirectement par l'armée et le Centre d'Expérimentation du Pacifique (23% de la masse salariale en 1984), sont des travailleurs "improductifs", et d'en conclure que le déficit commercial et la sous-industrialisation de la Polynésie Française reflète une capacité productive insuffisante de l'économie polynésienne, alors même que cette orientation vers des tâches "improductives" de la plus grande partie de la main d'oeuvre est le résultat d'une stratégie consciente de la Métropole pour "spécialiser" la Polynésie dans ce rôle de base atomique: l'orientation de l'économie vers des tâches "improductives" a été voulue par l'Etat français, qui n'a pas lésiné sur les moyens pour attirer les jeunes agriculteurs ou pêcheurs vers les chantiers du CEP, puis vers l'administration, tout en provoquant par le brusque afflux d'immigrants à haut pouvoir d'achat une demande qui ne pouvait, ni en quantité, ni surtout en qualité, être satisfaite par le tissu productif local. Les exportations traditionnelles (café, vanille, coprah, nacre), ont été "évincées" par une exportation

---

[1]Traduit de BERTRAM I.G. (1986) "*Sustainable Development" in Pacific Micro-economies*, Word Development, vol 14, N° 7, p 809.

"non marchande" d'un service public géostratégique et militaire vers la Métropole.

Si la rhétorique de l'indépendance économique est omniprésente au niveau des discours locaux dans les DOM-TOM, *la volonté politique de "sevrer" réellement l'économie des transferts extérieurs n'existe pas vraiment.* Le discours dominant en Polynésie Française, illustré par le récent "Pacte de Progrès", par exemple, semble plutôt se résumer à une proposition du genre: "la rente (atomique ou militaire) nous a rendu dépendants, il faut maintenant lui substituer une rente civile destinée à nous aider à développer notre autonomie économique". Que personne ne semble saisir le caractère paradoxal de cette proposition (réclamer plus de rente pour réduire la dépendance envers la rente), semble révélateur d'un état d'esprit bien enraciné à la suite de trois décennies d'économie de rente. Comme le remarque Claude de Miras[1] à propos de la Martinique, *on peut se demander dans quelle mesure la constante référence à l'objectif d'indépendance économique par le développement de la production locale ne remplit pas plutôt une fonction idéologique*, celle de rendre plus supportable le "coût psychologique", en terme de dignité, de ce qui est perçu (à tort, nous l'avons montré), comme de "l'assistanat généralisé".

L'indépendance politique ne signifie pas la disparition de l'économie de rente, car c'est le mode de développement prépondérant dans la plupart des micro-économies insulaires indépendantes ou autonomes du Pacifique et des Caraïbes, la rente prenant simplement d'autres formes avec l'indépendance (aide budgétaire étrangère, remises de travailleurs émigrés, exploitation de phosphates, accords de pêches, bases militaires étrangères). De ce point de vue, la Polynésie Française, par exemple, a un mode de développement qui ne diffère des micro-Etats insulaires indépendants ou autonomes du Pacifique que sur deux points: d'une part, le niveau exceptionnellement élevé de la rente et du niveau de vie induit, et d'autre part, l'inexistence de l'émigration (courante avant l'arrivée du CEP), due au fait que le CEP a apporté sur place le haut niveau de vie que les insulaires d'autres parties du Pacifique vont chercher dans les Métropoles régionales à économie hautement productive (Nouvelle-Zélande, Australie, Etats-Unis).

Mises à part ces différences, on peut appliquer les mêmes conclusions que les microéconomies insulaires soient indépendantes, "associées", dépendantes "autonomes", ou "départements": le développement dans l'interdépendance avec une puissance industrielle est un choix viable, logique et justifié. Si sur le plan politique, plusieurs formules

---

[1]De MIRAS Claude, (1987) *"L'économie martiniquaise: développement sans croissance"*, dans *"Iles tropicales: Insularité, "insularismes"*, Collection "Iles et archipels", N°8, édité par le Centre de Recherche sur les Espaces Tropicaux, pp 399-417.

d'interdépendance s'offrent, limitant plus ou moins sévèrement la souveraineté insulaire "périphérique" par rapport au centre industriel, les avantages économiques de l'interdépendance acceptée sont en général réciproques et mutuellement avantageux pour les deux parties, si l'on tient compte de l'aspect non marchand de l'échange.

Bibliographie

Alam Shahid (1982): "The Basic Macro-economics of Oil Economies", *The Journal of Development Studies*, vol 18, N°2, (January), pp 205-216.

Antheaume Benoît et Bonnemaison Joël (1988), *Atlas des Iles et Etats du Pacifique Sud*, GIP RECLUS/PUBLISUD.

Bertram I.G & Watters, R.F. (1985): "The Mirab Economy in South Pacific Microstates", *Pacific View point*, 26 (3): 497-519.

Bertram G. (1986): Sustainable Development in Pacific Micro-Economies, *Word Development*, vol 14, N° 7, p 809-822, 1986.

Blanchet Gilles (1987) *Croissance induite et développement autocentré en Polynésie Française*. Thèse de doctorat d'Etat de Sciences Economiques, Université de RENNES I, 1986. Travaux et documents microédités, Editions de l'ORSTOM, PARIS.

Blanchet Gilles (1989): "Du discours à la réalité en milieu insulaire: Rhétorique du développement autocentré et pratique du développement intégré".*Journal de la société des Océanistes*, N° 88-89, année 89 - 1 & 2 pp 45-51.

Connell John (1988): *Sovereignty & Survival, Island Microstates in the Third World*, Research Monograph N°3, University of Sydney, 1988.

Conseil Economique et Social, rapport sur "*la situation économique et les conditions du développement des départements d'outre-mer*, 10 novembre 1987, reproduit dans *Problèmes économiques* N° 2056, 6 janvier 1988, 1987

Crusol Jean (1988) , *Problèmes spécifiques du développement des économies insulaires de la Caraïbe.*, in Crusol Jean, Hein Philippe, Vellas François (Ouvrage collectif sous la direction de...)

(1988).*L'enjeu des petites économies insulaires*, ECONOMICA, pp 125-163.

Crusol Jean (1988) , *Problèmes spécifiques du développement des économies insulaires de la Caraïbe.*, in Crusol Jean, Hein Philippe,Vellas François (Ouvrage collectif sous la direction de...) (1988).*L'enjeu des petites économies insulaires*, ECONOMICA, pp 125-163.

De Miras Claude, (1987): "L'économie martiniquaise: développement sans croissance", dans *Iles tropicales: Insularité, "insularismes,* Collection "Iles et archipels", N°8, édité par le Centre de Recherche sur les Espaces Tropicaux, pp 399-417, 1987.

De Miras Claude, (1988): "L'économie martiniquaise: croissance ou excroissance ?", *Revue Tiers Monde,* tome XXIX , N° 114, 1988.

Finau Patelisio P. (1993): How immigration affects the home country, *A world perspective on Pacific Islander migration,* sous la direction de Grant Mc Call et John Connell. Pacific Studies Monograph N°6, Centre for South Pacific Studies, The University of New South Wales, 1993, pp 307-310.

Hayes Geoffrey (1991): Migration, Metascience, and Development Policy in Island Polynesia", *The Contemporary Pacific*, Volume 3, number 1, spring 1991, 1-58., 1991

Muchielli J.L., Sollogoub M. (1980): *L'échange international,* Economica, 220 p, 1980.

Poirine B. (1991): *L'économie de la Polynésie Française: de la rente atomique au développement,* Thèse de doctorat en économie, Paris 2, 29/11/91, 893 pages, 1991

Poirine B. (1992a):*Tahiti:Stratégie pour l'après-nucléaire*, Papeete, distribué par l'Harmattan, Paris, 307 pages, 1992

Poirine, B. (1992b) *Tahiti: du melting pot à l'explosion ?, 158 p., L'Harmattan, Paris, 1992.*

Poirine B; *Tahiti: la fin du paradis ?* , B. Poirine, Papeete, 1993.

Poirine B. (1993) Le développement par la rente dans les petites économies insulaires, *Revue Economique*, Vol 44, N°6, Novembre 1993, pp. 1169-1198.

Poirine B. (1993) Rente géo-stratégique et avantage comparatif des petites économies insulaires, *Revue Française d'Economie, Vol 8, 4, automne 1993, pp. 87 -119.*

Chapitre 6
L' émigration insulaire: une théorie micro-socio-économique

L'émigration est un phénomène très répandu dans les îles du Pacifique. Selon Hayes (1991):

> "Tous les états indépendants, autonomes ou les territoires de la Polynésie insulaires sont devenus très orientés vers l'émigration (...) Les mouvements de population dans ces sociétés ne sont pas une activité marginale concernant quelques individualités novateurs cherchant une promotion sociale ou la mobilité professionnelle, mais bien plutôt une partie intégrante d'une grande transformation économique et sociale à laquelle une grande proportion de la population participe, personnellement ou par personne interposée".[1]

Hayes estime que 185.000 polynésiens anglophones vivent en Australie, en Nouvelle-Zélande ou en Australie sur un total de 500.000 vivant dans leur île ou dans ces pays du bassin Pacifique, soit une proportion de 37%, qui pourrait atteindre en réalité 40% avec l'émigration illégale. La proportion des émigrés va de 22% pour les Tonga à 78% pour Niue, en passant par 36% aux Samoa occidentales et aux Samoa américaines, et 66% aux îles Cook. Ces statistiques ne concernent toutefois que les îles polynésiennes anglophones, en effet ce mouvement d'émigration vers les métropoles n'affecte pas les deux îles polynésiennes francophones de Polynésie Française et de Wallis et Futuna.

Selon G. Bertram (1986), ces économies insulaires du Pacifique anglophone ressemblent désormais en quelque sorte à des "banlieues dortoirs" de l'économie dominante, peuplées de retraités et de fonctionnaires. En effet, beaucoup d'émigrés reviennent prendre leur retraite dans leur île natale, et les relations familiales entre les émigrés et leur famille restée au pays peuvent subsister même sur plusieurs générations, entretenues par de fréquents voyages. Les réseaux de familles étendues se maintiennent malgré la grande dispersion de leurs membres, formant une "entreprise familiale multinationale" ("transnational corporation of kin"):

> Dans le Pacifique insulaire, l'émigration ne signifie pas le démembrement des groupes familiaux mais leur internationalisation (ou transnationalisation) (...) Les groupes familiaux dans les petites sociétés du Pacifique agissent et calculent sur une échelle transnationale, notamment sur en ce qui concerne le marché du travail régional (...) La grande majorité des ménages sont capables

[1]HAYES Geoffrey (1991), Migration, Metascience, and Development Policy in Island Polynesia, *The Contemporary Pacific*, Volume 3, Number 1, Spring 1991, pp. 1-58. Notre traduction.

de juger des mérites relatifs de l'emploi salarié local ou outre-mer, et de l'activité productive traditionnelle (agriculture ou pêche)..[1]

Seules quelques îles échappent à cette tendance à l'émigration: Nauru, qui connaît, grâce au phosphate, une prospérité qui lui attire de nombreux travailleurs étrangers; Kiribati, qui a connu la même rente phosphatière jusqu'en 1979; la Polynésie Française et la Nouvelle Calédonie, l'une dotée de la rente "atomique", l'autre de la rente du Nickel, ces deux îles ayant connu pendant longtemps une forte immigration (en provenance de Wallis et Futuna, du Vietnam, de la Polynésie Française pour la Nouvelle Calédonie; de la France métropolitaine pour la Polynésie Française depuis 1962, date d'installation du Centre d'Expérimentation du Pacifique). Les îles mélanésiennes indépendantes non associées ou incorporées ou sous tutelle, telles que Vanuatu, ou Papouasie Nouvelle Guinée, connaissent beaucoup moins d'émigration, car leurs citoyens ne bénéficient pas des facilités légales d'émigration vers l'Australie, la Nouvelle Zélande et les Etats-Unis.

Le comportement décrit ci-dessus répond aux critères de rationalité postulés par l'analyse microéconomique, mais en même temps cette rationalité s'insère dans un cadre socioculturel clairement différent du modèle de "l'homo economicus occidentalis", calculateur individualiste de son plaisir personnel. L'utilité, dans le contexte océanien, n'est pas affaire individuelle mais familiale ou clanique, et elle ne dépend pas uniquement des biens et services marchands obtenus, mais aussi d'un "bien" public non marchand: la qualité de vie communautaire, d'un style de vie "océanien" où le confort matériel, certes important, ne constitue qu'un des éléments du "bonheur national brut". Ce "bien public" socioculturel demande à être "combiné" avec suffisamment de loisirs pour être pleinement apprécié. On doit donc tenir compte de cette conception plus large de la "satisfaction" économique, sociale et culturelle pour expliquer le comportement d'émigration de l'homo economicus oceanis.

Ce chapitre propose un tel modèle micro-socio-économique du comportement d'émigration des familles insulaires étendues dans les îles du Pacifique où il n'existe pas de restrictions légales à l'émigration, et où les salaires des métropoles (ou ex-métropoles) sont nettement plus élevés que le salaire insulaire. Ce modèle exclut donc de son champ d'explication les deux territoires français du Pacifique, où le niveau des salaires est similaire (et même très nettement plus élevé dans le secteur

---

[1]Bertram G. (1986) "Sustainable Development in Pacific Micro-Economies", *Word Development*, vol 14, N° 7, p 809-822.

public), par rapport au niveau métropolitain[1], ce qui décourage a priori l'émigration pour raisons purement économique, même en présence d'un taux de chômage significatif. Autrement dit, notre modèle microéconomique ne s'applique qu'à des îles dotées d'un environnement macroéconomique susceptible de motiver l'émigration pour raison économique, et sans restriction légale de la part des pays "receveurs", ce qui est le cas de la plupart des îles polynésiennes anglophones du Pacifique (Tonga, Samoa occidentales, Samoa américaines, Iles Cook, Tuvalu, Niue, Tokelau), ainsi que des îles micronésiennes rattachées aux Etats-Unis selon diverses modalités (Palau, Guam, Marshall, Carolines...). On commencera par une courte section descriptive de la stratégie d'émigration des familles insulaires étendues, avant d'en proposer une modélisation théorique, et d'en tirer quelques applications sur les phénomènes de migrations internes en Polynésie Française.

La stratégie d'émigration des familles insulaires étendues

Bertram et Watters (1985) décrivent l'attitude parfois ambiguë des insulaires du Pacifique, réclamant à la fois plus d'autonomie politique mais s'accommodant tout à fait d'une dépendance économique croissante, qui leur permet, grâce à la rente de l'aide internationale, de préserver les aspects socioculturels positifs du mode de vie insulaire traditionnel "d'autosubsistance", tout en améliorant sensiblement leur niveau de vie par rapport à ce que le mode de vie traditionnel "villageois", proche du "communisme primitif" de Marx, pourrait leur offrir en l'absence de cette rente. Ainsi, les insulaires peuvent jouer sur les deux tableaux, acquérir une partie du confort matériel associé à la modernité dans leur île, sans sacrifier la convivialité du mode de vie traditionnel, passer leur jeunesse à goûter aux mirages de la grande ville de Métropole, puis revenir goûter au calme de la vie insulaire pendant les vacances et au moment de la retraite. Par ailleurs ils gagnent l'avantage d'un choix plus étendu de leur mode de vie, choix qu'ils peuvent modifier plusieurs fois au cours de leur vie :

---

[1] Certes, le SMIG en Polynésie Française est légèrement inférieur à celui de la Métropole (4400 FF en Polynésie Française), mais le coût du transport, le coût psychologique de l'éloignement, celui de l'habillement, du logement, du chauffage, et le risque de chômage important pour un travailleur non qualifié, compensent sans nul doute la différence de salaire, ce qui explique que l'émigration de Polynésie Française vers la Métropole pour raison économique est quasi inexistante (la plupart des émigrés sont des bébés adoptés par des familles métropolitaines et des enfant ou conjoints de métropolitains expatriés retournant en Métropole).

Le système résultant, cependant, est très flexible et adaptable, ce qui fait sa force. Etant données la diversité et l'ambiguïté des forces de changement, il n'est pas surprenant que les insulaires deviennent adroits à "porter le bon chapeau" pour chaque occasion, passant aisément du comportement "traditionnel" au comportement "moderne", invoquant la "tradition" ou le "modernisme" alternativement, suivant l'occasion, et refusant de se comporter suivant ce qu'un observateur extérieur appellerait une démarche logique et rationnelle.[1]

Pour les deux auteurs néo-zélandais, cette façon de vouloir jouer sur les "deux tableaux", qui peut paraître a priori relever d'un comportement "non logique", obéit en fait à une rationalité économique classique.

Ils montrent notamment, en ce qui concerne l'émigration, qu'elle résulte d'un comportement rationnel des "transnational corporation of kin", qui comparent les coûts et les bénéfices de leur participation au secteur villageois traditionnel et au secteur capitaliste "métropolitain". Face à ces contraintes nouvelles fournies par la possibilité de travailler dans l'économie métropolitaine, les familles élargies allouent les ressources dont elles disposent rationnellement, de manière à maximiser leur satisfaction collective. Etant donné le caractère ouvert internationalement du marché du travail, cela entraîne une diminution de la participation familiale au secteur d'agriculture d'autosubsistance ou d'exportation:

"La hausse rapide des revenus de rente dans les petites sociétés insulaires sur les trois dernières décennies a radicalement changé à la fois les motivations et les contraintes économiques des ménages insulaires. La spécialisation du travail des groupes familiaux dans la production d'un surplus agricole à vendre sur des marchés aléatoires est devenue l'une seulement des stratégies possibles. Les membres de la famille évaluent la rentabilité de ce genre d'activité comparée à celle d'autres activités alternatives. Sur cette base, on peut supposer qu'au fur et à mesure que s'améliorent les ressources alternatives aux cultures d'exportation, une réallocation des ressources familiales doit intervenir, aux dépens de l'activité agricole."(Bertram & Watters, 1985).

---

[1]BERTRAM I.G. & R.F. WATTERS (1985) The MIRAB economy in South Pacific microstates *Pacific Viewpoint*, Vol 26 N° 3 (septembre),pp 497-519.

Une théorie micro-socio-économique de l'émigration dans le cas des familles insulaires étendues

Un modèle micro-socio-économique simple permet d'expliquer la stratégie des familles insulaires[1], qui envoient les membres les plus jeunes, les plus dynamiques, ou les plus diplômés, travailler dans le pays à haute productivité et haut salaire, pendant que les jeunes moins doués ou diplômés et les vieux profitent de la solidarité des "expatriés", tout en bénéficiant de la "convivialité" communautaire traditionnelle. A leur tour, quand ils rentrent au pays, les "retraités" bénéficient de la solidarité des jeunes expatriés dans le pays à haute productivité et de la convivialité traditionnelle. Au total l'unité familiale élargie bénéficie, au cours du temps, d'un espace des consommations familiales possibles (publiques et privées, socioculturelles et économiques) élargi, compte tenu des économies réalisées par les expatriés pendant leur séjour et des sommes transférées aux membres de la famille restés dans l'île, ce qui permet d'atteindre un niveau d'utilité "familiale" plus élevé. La consommation privée sera au maximum reportée (par l'épargne) au moment du retour au pays, car elle sera alors combinée à une plus grande quantité de loisirs et de convivialité, ce qui lui donnera plus d'efficacité dans la production d'utilité, si l'on raisonne dans le cadre de la théorie de la production domestique de Becker et Lancaster[2]. Il n'est donc pas du tout irrationnel, pour l'insulaire émigré, de travailler dur et d'économiser beaucoup dans le pays "riche", tandis que ceux qui restent au pays travaillent et économisent peu en profitant au maximum des envois des travailleurs émigrés. Il s'agit d'un comportement rationnel d'allocation des ressources familiales, pour obtenir la maximisation de l'utilité familiale dans le temps et dans l'espace, compte tenu de l'environnement "technique et géographique" qui modèle deux frontières des possibilités de production domestique

[1]Ceci s'applique également aux familles de la Martinique, de la Guadeloupe et de la Réunion, mais à un degré moindre étant donné les salaires offerts dans le secteur public à ceux qui ont la possibilité d'y entrer, supérieures à ceux de la Métropole. Ceci s'aplliquait aussi à la Polynésie Française au moment de l'arrivée du CEP, avec une forte émigration vers la Nouvelle Calédonie, en raison de la présence là-bas de la rente minière. Au moment des évènements de Nouvelle-Calédonie, un mouvement d'émigration dans l'autre sens s'est produit, avec notamment un retour de polynésiens de ce Territoire vers leur île d'origine.

[2]G.S. BECKER (1965), "A theory of the Allocation of Time", *The Economic Journal*, septembre et K.J. LANCASTER (1971), "A new approach to consumer Theory", *Journal of Political Economy*, avril.

différentes dans les deux secteurs-pays auxquels la famille a accès simultanément.[1]

Si les fonctions d'utilité étaient du type habituel (individuelles), et ne dépendaient pas du bien public socioculturel, mais uniquement des biens privés, il est évident que compte tenu de l'inégalité des salaires (Wm= salaire métropolitain > Wi = salaire insulaire), en l'absence de toute barrière à l'émigration, tous les individus actifs émigreraient définitivement dans le pays métropolitain, car la contrainte (temps de loisir-consommation de biens privés) dans le pays métropolitain (To B) dominerait à n'importe quel endroit du plan (consommation privé-loisir) la même contrainte (To A) dans le PVD insulaire, quelles que soient les préférences des individus pour le loisir par rapport aux biens privés (voir diagramme A).

Diagramme A: fonctions d'utilités "classiques".

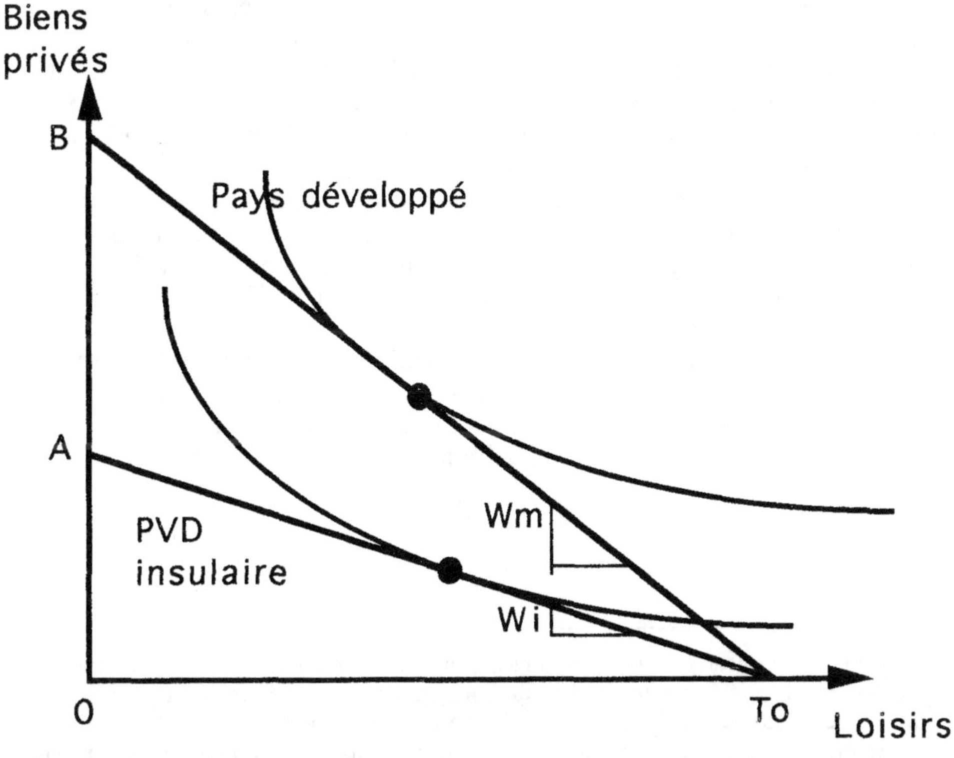

---

[1] BERTRAM souligne justement que dans les îles associées à la Nouvelle-Zélande, le "secteur moderne" de l'île se trouve en fait en Nouvelle-Zélande. Le choix entre secteur traditionnel-bureaucratique-subventionné et secteur moderne salarié à haut salaire correspond donc au choix de rester ou d'émigrer, exactement comme dans les campagnes proches de grandes villles du Tiers Monde.

Si au contraire la "production domestique" de satisfaction dépend d'un bien public "socioculturel" (qualité de vie insulaire traditionnelle), des biens privés, et des loisirs, la même quantité de biens privés et de loisirs dans le pays insulaire est supposée produire plus d'utilité à cause de la plus grande quantité du bien public "socioculturel" dont dispose l'insulaire dans son île. On devine que dans le cas de d'une "production domestique" individuelle, les individus plutôt portés sur la consommation de loisir et de "convivialité", ou dont la productivité dans la production de bien privés est particulièrement faible resteront au pays, jugeant que l'accroissement de biens privés permis par l'expatriation ne justifie pas la perte de loisirs et de convivialité. En revanche, pour d'autres, le jeu en vaudra la chandelle, notamment pour tous ceux dont la productivité du travail est forte, (notamment les cadres et professions libérales), et ils émigreront (d'où l'exode des cerveaux). [1] Mais une telle hypothèse n'expliquerait pas pourquoi les émigrés continueraient d'envoyer de l'argent à leur famille restée dans l'île.

En revanche, si la production d'utilité est collective, familiale, la maximisation de l'utilité du groupe familial implique un partage des ressources familiales entre travail domestique traditionnel et travail salarié émigré, avec envoi de fonds des émigrés à leur famille. C'est ce que nous allons montrer ci-dessous.[2]

Pour illustrer ce point de façon plus précise, tout en simplifiant au maximum l'exposé, nous allons adopter les hypothèses suivantes sur la fonction de "production domestique" de satisfaction de la famille élargie (toutes les variables ci-dessous sont exprimées en valeur moyenne par membre actif de la famille):

Le loisir (L) et l'environnement socioculturel (bien public E) sont des intrants dans la fonction de production de la qualité de la vie (V) : Le bien public E prend la valeur Ei dans l'économie insulaire et la valeur Em < Ei dans l'économie métropolitaine.

---

[1] L'exode des cerveaux sera encore plus accentué si l'adhésion aux valeurs culturelles du pays développé fait que l'individu finit par apprécier de plus en plus le bien public socio-culturel du pays d'accueil (distraction, services culturels, possibilité d'éducation, variété des expériences, liberté individuelle, contrôle social moins pesant), et de moins en moins celui de son pays d'origine.

[2] Précisons que le modèle microéconomique ci-dessous n'est pas celui proposé par Bertram, mais le nôtre. Nous ne cherchons ici qu'à formaliser quelque peu les idées de son modèle. Nous examinerons plus loin le modèle, macroéconomique cette fois, qui lui sert à analyser le système MIRAB et le problème de l'émigration dans ce cadre.

$Vi = f(L, Ei)$
$Vm = f(L, Em)$,
Avec $V'_L > 0$, $V''_L < 0$, $V'_E > 0$, $V''_E < 0$
et $Ei > Em$;
Ce qui signifie que la même quantité de loisir fournit plus de "qualité de vie" V, quand elle est utilisée dans le cadre insulaire: il y a un effet positif de cet environnement socioculturel sur la production domestique de ce bien V par la famille.
Le travail (Ti) est un intrant dans la fonction de production insulaire qui donne la quantité de biens privés obtenue (Qi):
$Qi = Qi(Ti)$, $Qi' > 0$ et $Qi'' < 0$ (rendements décroissants).
Dans le pays développé où a lieu l'émigration, Wm est le taux de salaire réel exprimé en unités de biens privés obtenus par unité de temps de travail. Wm dépasse la productivité marginale du travail dans le secteur traditionnel, sauf peut-être pour des valeurs très faibles de Ti.
Le niveau de vie Q et la qualité de la vie V sont des intrants de la fonction de production domestique de satisfaction familiale S:
$S = S(Q, V)$ où $S'_Q > 0$, $S''_Q < 0$, $S'_V > 0$, $S''_V < 0$
Le temps disponible To se répartit en temps de travail T et temps de loisir L:
$To = T + L$; cette égalité étant valable pour chaque membre actif de la famille.
Dans une première étape, montrons la construction des frontières des possibilités de production de Q et V dans l'économie insulaire et dans l'économie métropolitaine, en supposant que le temps disponible To de chaque individu de la famille est consacré soit à l'économie insulaire, soit à l'économie métropolitaine (voir diagramme B ci-après).

Diagramme B
Construction de la frontière des possibilités de production domestique

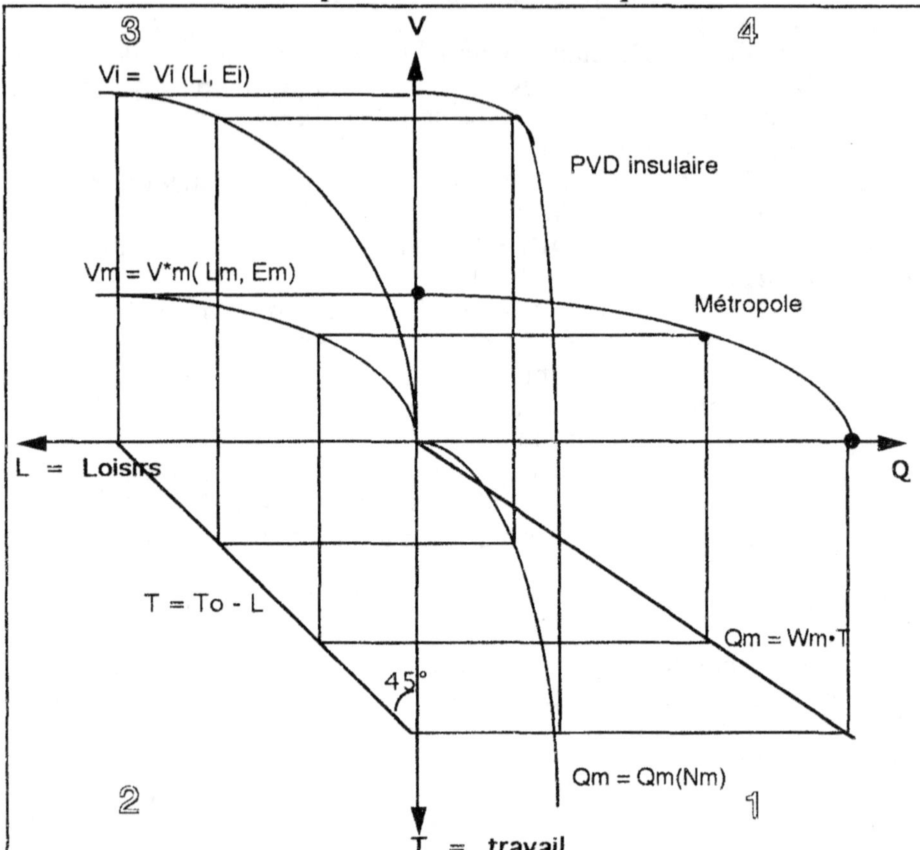

Dans le cadre 2 apparaît la répartition travail loisir, dans le cadre 1 se calcule la quantité de biens privés ou niveau de vie obtenu à partir du taux de salaire dans chaque pays. Dans le cadre 3 se détermine la qualité de la vie V à partir de la quantité de loisir et de l'environnement socioculturel Ei ou Em.
Dans le cadre 4 apparaît la frontière des possibilités de production résultante obtenue pour chaque individu dans chaque pays à partir des différentes combinaisons possibles de travail et de loisir.

Dans le PVD insulaire, un temps de travail maximum donne une production de biens privés plus faible (OA) que dans le pays industriel (OB). Par contre, plus le temps de travail baisse, et le temps de loisir augmente, plus la production du bien "qualité de vie" est importante, mais la productivité marginale du loisir dans cette "production" est plus forte dans le pays insulaire. Ainsi un temps de travail de zéro fournit une quantité zéro de bien privé dans les deux pays, mais une quantité de "qualité de vie" OC dans le pays développé, OD dans le PVD insulaire, OC étant inférieur à OD. [1]

A partir des deux frontières des possibilités de production dans chaque pays, voyons comment se forme le choix de l'émigration et de l'envoi de fonds à la famille (Diagramme C):

Si les préférences individuelles étaient seules importantes, les individus portés sur les biens privés devraient logiquement choisir de travailler dans le pays développé, par exemple en E.

Ceux qui sont portés vers le loisir et la convivialité resteraient dans le pays insulaire, en choisissant par exemple G.[2]

Mais si l'on considère maintenant que c'est la famille qui cherche à maximiser son utilité conjointe sur une longue période de temps, on peut concevoir des points intermédiaires sur le segment EG qui puissent augmenter la satisfaction familiale conjointe.

Ainsi l'individu en C peut alterner avec l'individu en G: chaque année, (ou toute autre période de temps), ils échangent leur place. A long terme, cela veut dire qu'en moyenne la production familiale par individu sera située en M, au milieu de EG. Ce point M élargit l'ensemble des choix possibles de la famille. Les autres points du segment EG peuvent être atteints également par des combinaisons plus complexes: par exemple si l'alternance se fait sur la base d'un membre de la famille sur trois qui émigre pendant un an tous les 3 ans, on va se trouver, en moyenne et à long terme, au tiers du segment à partir de E, en R. Toute autre combinaison est possible qui permet d'atteindre n'importe quel point du segment EG.

Autrement, dit l'échange des rôles et des biens privés au cours de la vie à l'intérieur de la famille a permis *d'élargir l'espace des possibilités de production de la famille*, qui est maintenant (à long terme en moyenne) la courbe DGMEB, au lieu de la courbe DGNEB.

Cette nouvelle frontière permet d'atteindre des niveaux d'utilité familiale impossibles à atteindre auparavant, en l'absence de cette alternance: ainsi seul le point M sur EG permet d'atteindre le niveau de satisfaction représenté par l'isoquante S1. Tous les points de la

---

[1] S'il fallait une preuve de cette assertion, elle serait fournie par les sommes d'argent élevées que les touristes du pays métropolitain sont disposés à dépenser juste pour avoir le privilège de venir passer leur temps de loisir dans lîle "paradisiaque" plutôt que de passer les vacances chez eux . Elle serait confirmée également par les efforts coûteux que produit le Club Méditerranée pour produire ce "bien public socio-culturel" que constitue une société conviviale polynésienne "artificielle" dans tous ses villages autour du monde, et qui font le succès de sa formule de "village".

[2] Les points E et G ne sont pas choisis en fait au hasard, mais sur la droite tangeante aux deux frontières des possibilités de production. Les raisons de ce choix apparaîtront plus loin.

frontière ENG, sauf E et G eux mêmes, sont "dominés" par les points de la frontière EMG.

Diagramme C
Le choix de l'émigration avec envoi de fonds à la famille

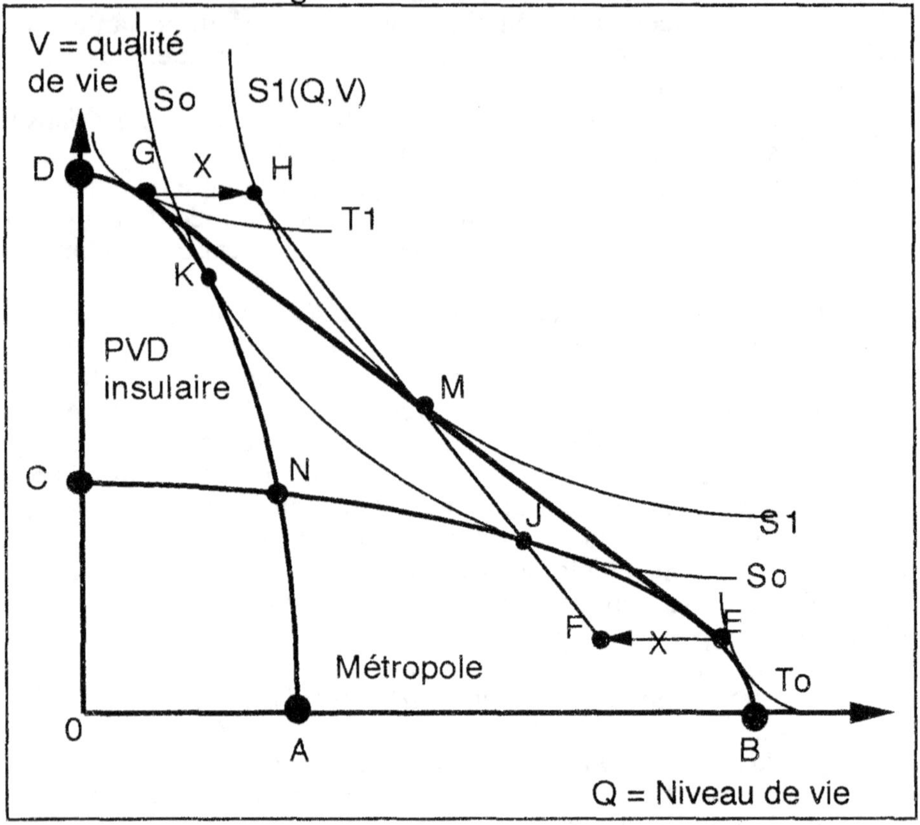

Bien sûr la solution de "l'alternance" ne paraît guère commode. Il peut paraître préférable de "spécialiser" définitivement les membres de la famille, en fonction de leurs aptitudes et de leurs préférences, en "résidents" et en "expatriés". Mais dans ce cas, pour continuer de maximiser la satisfaction familiale en élargissant la frontière à GME au lieu de GNE, il faut recourir à l'envoi de fonds des émigrés vers la famille résidante.

En effet, dans le cas le plus fréquent, ceux qui émigrent, grâce au meilleur niveau de vie dont ils bénéficient, et à la possibilité de "rentrer au pays" pendant leurs vacances, gagnent plus au change que ceux qui restent au pays, en l'absence de compensation financière. Donc, pour que le niveau de satisfaction familiale reste maximum, en M par exemple, avec l'isoquante S1, s'il n'y a plus alternance, il faut que l'individu "expatrié" en C renonce à une quantité X de biens privés en épargnant, ce qui le place en F, pour envoyer ceci sous forme de mandat à sa famille dans le PVD insulaire, ce qui déplace l'autre membre de la famille de G à H. La position moyenne de la famille à long terme sera donc M, au milieu du segment FH, qui permet un niveau de satisfaction plus élevé, par exemple, que dans le cas où on a un membre de la famille en J et l'autre en K, ce qui se produirait si le comportement était celui de maximiser la satisfaction individuelle.

Il est possible de montrer, comme dans le cas de l'alternance émigration-retour, que n'importe quel point du segment GE peut être atteint par cette méthode.

Ainsi, dans le cas du diagramme D ci-après, pour atteindre le niveau de satisfaction indiqué par l'isoquante S1, il faut atteindre un nouveau point M, plus proche de G. Pour cela l'expatrié se déplace au nouveau point F, en envoyant la somme 3 X à sa famille au pays. Le nombre de membres de la famille restés au pays est de 3, chacun recevant en moyenne X, et se trouvant donc en H.[1] Le point M se trouve au "centre de gravité" du segment HF, où H est affecté du poids 3 et F du "poids" 1. En l'absence d'émigration, le niveau de satisfaction familial atteint serait So < S1, les 4 membres de la famille étant en K. En aucun cas on n'a intérêt à ce que toute la famille émigre dans ce cas précis, car la frontière DNA domine la frontière CNB compte tenu de la forme de la famille d'isoquantes S, qui manifeste une nette préférence pour la "qualité de la vie" insulaire sur le "niveau de vie", par rapport au cas précédent.

[1]Bien entendu, ce sont les proportions qui importent ici: un émigré pour 3 résidents. La famille peut compter par exemple 2 émigrés et 6 résidents, 3 émigrés et 18 résidents, etc...

Diagramme D
Le choix de l'émigration avec envoi de fonds à la famille

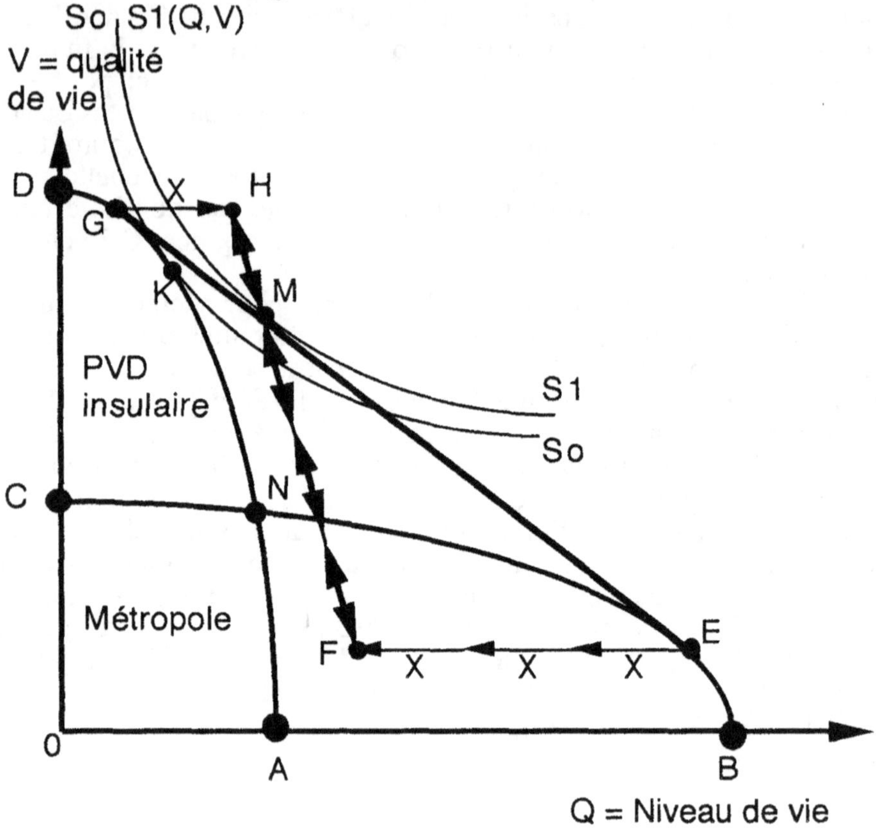

Diagramme E

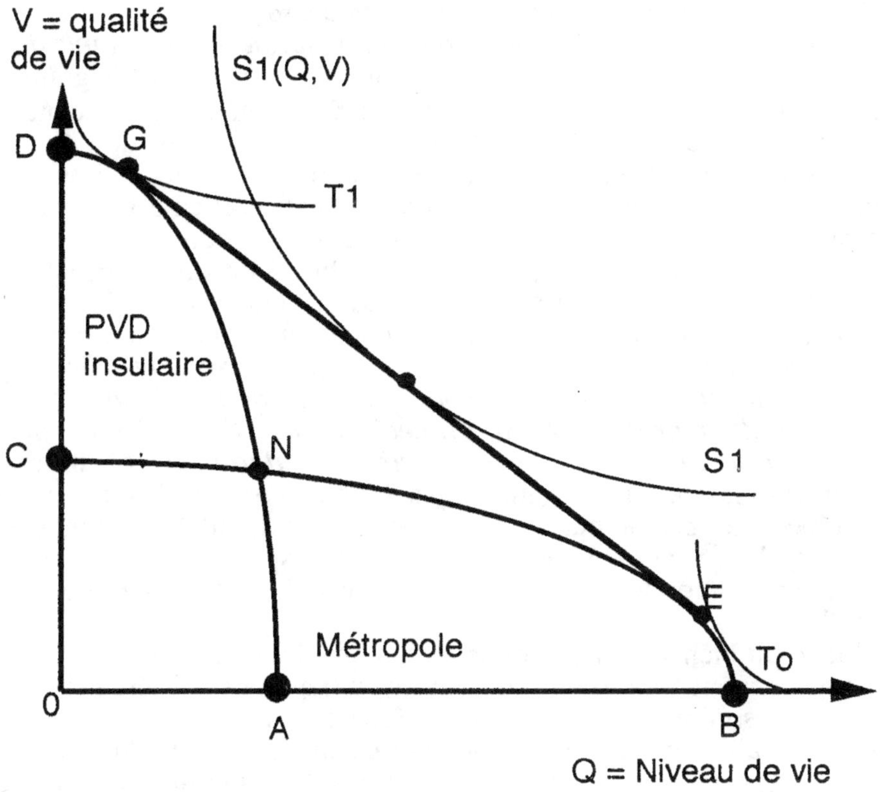

Cas particuliers

Si la fonction S est telle que l'isoquante est tangente à la frontière DGEB en un point plus haut que G ou plus bas que E (voir diagramme E), alors, l'alternance émigration-retour ou l'expatriation avec envoi de fonds, ne procure plus d'augmentation de la satisfaction familiale à long terme. Ainsi, si l'isoquante a la forme de To (en bas à droite), l'émigration sera définitive et pour toute la famille. Si elle a la forme de T1 (en haut à gauche), il n'y aura pas d'émigration, même temporaire et partielle d'un membre de la famille. Mais ces cas paraissent exceptionnels, liés à une valorisation ou dévalorisation extrême de la "qualité de la vie insulaire".

Dans ces conditions, nous comprenons que, hormis les cas exceptionnels que nous venons d'évoquer, quelles que soient les préférences individuelles des membres de la famille et la forme des isoquantes de la fonction S, les membres de la famille auront toujours intérêt à se situer au départ les uns en G, les autre en E, c'est à dire aux points de tangence de la droite tangente aux deux frontières.

Aucun point de la frontière DGNEB en dessous de G ou au-dessus de E ne sera jamais retenu, quelle que soit la forme de l'isoquante de S, si la possibilité du don existe. En effet, les points K et J du diagramme 1, par exemple, tangents à l'isoquante So[1], qui correspondent au maximum de satisfaction familiale en l'absence de dons de l'émigré vers sa famille, deviennent clairement "dominés" par les points de la tangente GE dès que la possibilité du don existe. Il en est clairement de même de tous les points correspondants à la section de frontière GNE: cette contrainte est, avec la possibilité de don familiale ou d'épargne individuelle, partout dominée par la contrainte GME.

On constate que le choix optimal implique l'émigration en alternance ou permanente avec envoi de fonds, et que dans ce cas le membre de la famille resté au pays travaillera moins (point H) qu'il ne l'aurait fait en l'absence d'émigration (point K): ceci explique l'effet d'éviction de l'émigration sur les activités productives insulaires. Au contraire le travailleur émigré, lui, travaillera plus (point E) qu'il ne le ferait s'il ne se préoccupait pas de maximiser la satisfaction familiale à long terme (point J). Il "se sacrifie" provisoirement, en espérant ensuite recevoir une compensation lors de son retour au pays, des autres membres de la famille.

Il faudrait bien sûr tenir compte du fait que des individus d'une même famille peuvent avoir des productivités du travail très différentes (donc des espaces de possibilités de production très différents dans le pays métropolitain, alors qu'ici nous avons raisonné sur des productivités du travail "moyennes" pour tous les membres de la famille), ce qui peut impliquer une spécialisation des rôles définitive, et non provisoire, si la satisfaction familiale prime sur la satisfaction individuelle: les membres les plus qualifiés, les plus diplômés de la famille vont émigrer et envoyer des fonds aux autres, qui restent alors en permanence dans leur île. Progressivement les expatriés peuvent apprécier de plus en plus les avantages de la culture de leur pays d'accueil, ce qui déplace leur propre frontière des possibilités de production: le point C se déplace vers le haut, la qualité de la vie "métropolitaine" étant de mieux en mieux appréciée par les membres expatriés de la famille. Ceci peut se produire en particulier si les membres expatriés les plus "productifs" et les plus

---

[1] Il n'y a pas de raison à priori pour que So soit tangente aux deux frontières de possibilités de production simultanément. Elle a été dessinée de cette manière pour éviter d'alourdir le diagramme, car sinon il aurait fallu ajouter une troisième isoquante pour illustrer le point qui suit. Le fait que So soit tangente à l'une des deux frontières seulement implique un choix entre émigration ou pas d'émigration pour l'individu, si la fonction S est individuelle, ou pour la famille, si la fonction S est familiale, mais que la possibilité d'envois de fonds n'existe pas.

éduqués de la famille finissent par valoriser de mieux en mieux le style de vie “métropolitain” et les satisfactions culturelles différentes qu'il apporte (Théâtre, Opéra, cinéma, voyages, diversité des distractions et des rencontres, tout ce que nous pourrions nommer “vie culturelle plus riche” , si nous adoptions une position culturelle ethnocentrique). Mais une telle évolution n'implique-t-elle pas à terme une érosion des valeurs traditionnelles de solidarité familiale, et donc une possibilité de l'arrêt des dons ? Ce n'est pas ce qui semble se passer en tout cas dans les pays observés par Bertram et Waters. [1]

Jean Pierre DOUMENGE note à ce propos:

> “Dans les sociétés à peuplement autochtone prédominant, les apports de la “modernité” technologique identifiée au concept d'étranger” sont filtrés pour ne pas remettre en cause les équilibres préétablis. (...) Mais fait symptomatique, l'Océanien déraciné reprend à son compte plus facilement que l'Océanien resté dans son île natale les valeurs de la “modernité”. Il concilie un certain style de modernité urbaine sur son lieu de travail avec le respect de la “tradition” agreste à laquelle il participe périodiquement lorsqu'il revient en villégiature sur son lieu de naissance.”[2]

Application aux migrations internes en Polynésie Française

En Polynésie Française le “pays développé” est venu sur place: c'est le Centre d'Expérimentation du Pacifique (CEP), et l'administration en général, qui apporte les salaires élevés, et même nettement plus élevés qu'en Métropole (indice de correction de 1,84 à 2,13, alignement de la fonction publique locale sur les traitements majorés des expatriés dans les années 1970), ce qui a conduit d'ailleurs à une émigration importante de métropolitains vers la Polynésie Française. Le but de la majoration des traitements des fonctionnaires était d'ailleurs précisément d'encourager l'expatriation de ces métropolitains censés être attachés au bien public socioculturel que constitue pour eux la “culture” hexagonale. Une fois appliquée également aux fonctionnaires locaux dans les années 70, la majoration entraîne alors une demande de

---

1 Ils citent notamment les montants moyens des transferts de fonds reçus par les habitants des îles Cooks (en $ NZ): $88 au début des années 50, $125 à la fin des années 50, $100 à la fin des années 60, $130 à la fin des années 70, $160 au début des années 1980.

2 DOUMENGE Jean Pierre (1988) , “Les bases concrètes de la géopolitique du monde insulaire océanien”, *Journal de la Société des Océanistes,* N° 87, vol 2.pp 73-88.

travail excédentaire dans la fonction publique,[1] qui remplace ici dans l'analyse ci-dessus le pays développé où les salaires sont plus élevés. Il y a donc "émigration" (sur place) du secteur productif vers la fonction publique. Au départ une telle "migration interne" se produisait, nous l'avons vu, vers les sites du CEP aux Tuamotu et vers Papeete et Arue. Maintenant, l'extension considérable de la fonction publique dans les archipels a supprimé cette migration interne, les insulaires des archipels ayant désormais eux-mêmes sur place les hauts salaires de la fonction publique territoriale, plus élevés qu'en Métropole.

Cette émigration sur place crée une "société duale" au sein de la société insulaire. Elle favorise les comportements "d'aller-retours" entre les deux mondes traditionnel et moderne, dont nous avons analysé plus haut la logique micro-économique. D'où l'instabilité chronique de la main d'oeuvre insulaire salariée dans le secteur privé, et la désaffection pour l'agriculture.

La participation à une fonction publique "surpayée" et aux horaires souvent "souples" reste la meilleure façon pour beaucoup de "jouer sur les deux tableaux": profiter d'un pouvoir d'achat élevé tout en n'abandonnant que partiellement les avantages du mode de vie traditionnel. Mais cette société duale affaiblie peu à peu les solidarités familiales, en creusant les inégalités de revenu, et dévalorise irrémédiablement les activités du secteur traditionnel, qui ne procurent plus un niveau de vie suffisant, compte tenu de l'inflation provoquée par les hauts salaires de la fonction publique.

Pour éviter l'émigration vers Papeete, certains maires des îles les plus excentrées choisissent délibérément de "saupoudrer" la manne publique également entre tous les habitants, en distribuant à chacun une fonction communale, même nominale, à temps partiel. Cela relève du même comportement rationnel d'élargissement de la frontière des possibilités de production, au niveau de la communauté insulaire tout entière cette fois. Au lieu d'avoir dans la même île les deux frontières très différentes du schéma, il n'y en a plus qu'une: c'est la frontière correspondant à l'économie d'autosubsistance traditionnelle, volontairement "gonflée" vers l'axe des biens privés grâce à la distribution "égalitaire" de la manne publique. De cette manière tous les habitants (à l'exception des fonctionnaires à temps plein: l'instituteur, le maire, le gendarme), sont incités à ne pas abandonner le mode de vie traditionnel "subventionné", et les inégalités et les jalousies sont éliminées.

---

[1] Cette demande excédentaire, pour les postes qui ne sont pas de haut niveau (cadres supérieurs), se traduit par des "files d'attente": beaucoup de candidats pour chaque poste.

Les autorités communales choisissent ainsi instinctivement la solution "optimale", du point de vue de la maximisation du bien être communautaire, en remplaçant dans leur île une micro-société duale, que provoquerait inévitablement la distribution inégale des emplois publics, par une micro-société égalitaire d'autosubsistance subventionnée, dans laquelle la forme de la frontière des possibilités de production de satisfaction (bien public-bien privé) devient en gros la même pour tout le monde, ce qui limite l'effet d'éviction lié à la manne publique, mais surtout la désagrégation de la communauté insulaire. Le gouvernement territorial malheureusement, ne pourrait guère faire la même chose, car on ne voit pas comment une administration pourrait fonctionner efficacement avec une multitude d'agents travaillant chacun à une fraction de temps complet.

La subvention de la cueillette du coprah relève aussi de la même logique: si le kilo de coprah est payé 85 F C.F.P. alors qu'il vaut entre 10 et 30 F C.F.P. sur le marché mondial, c'est pour "fixer" les populations des îles et les inciter à ne pas abandonner le mode de vie traditionnel, en "gonflant vers la droite" la frontière des possibilités de production correspondant à ce mode de vie, ce qui rend moins attirante l'émigration vers Papeete. La manne publique sert au contraire à donner un "effet d'incitation" à l'activité productive. On peut simplement se demander s'il ne serait pas préférable, compte tenu du coût pour la collectivité, de trouver de nouvelles activités, plus rentables, à subventionner (tourisme, perle noire...).

Conclusion

> "La nouvelle réalité économique a rendu absurdes les frontières nationales artificielles, permettant aux peuples de se libérer de leur isolement, et depuis ils sont partis, par dizaines de milliers, comme leurs ancêtres l'avaient fait avant eux (...) ils vont partout (...) ils prennent racine dans de nouvelles aires géographiques (...) et l'océan est à eux parce qu'il a toujours été leur pays. Le monde de l'Océanie (...) comprend les grandes métropoles d'Australie, de Nouvelle-Zélande, des États-Unis et du Canada. Et c'est au sein de ce monde élargi que les ressources d'un peuple doivent être mesurées." Hau'ofa Epeli (1993) "Our sea of Islands", (Suva, Fiji, The University of the South Pacific, April 1993). Notre traduction.

En conclusion, le comportement de migration interne ou externe des familles insulaires océaniennes relève d'un modèle de maximisation rationnelle de l'utilité familiale, dans un contexte socioculturel où la notion de réciprocité des échanges non marchands inter et intra-familiaux est primordiale, et où la spécialisation des individus de la famille dans l'activité résidente ou outre-mer est souhaitable du point de vue de leurs capacités individuelles. Ceci explique que les émigrés rompent rarement les liens financiers qui les unissent avec la famille restée sur l'île: qu'ils soient dans leur île ou dans une métropole industrielle du bassin Pacifique, les océaniens insulaires sont partout chez eux, et maximisent rationnellement le produit global de la communauté océanienne insulaire ou émigrée, par tous les moyens nécessaires, dont l'émigration. Les notions de frontières et de nations dans le Pacifique n'ont été "importées" que relativement récemment, la culture océanienne (et surtout polynésienne) ayant toujours gardé l'idée que tout le Pacifique insulaire était la patrie d'un seul peuple. L'émigration transocéanique n'est donc pas perçue comme un sacrifice, mais comme un élargissement moderne du champ d'action ancestral de la sphère d'activité océanienne.

L'idée que ce mode de développement entraîne une situation de dépendance à l'égard de la "rente extérieure" que constituent les envois des travailleurs émigrés, ces revenus semblant parfois jugés moins digne d'intérêt que ceux tirés de l'agriculture de subsistance ou d'exportation, ne semble pas, dans ce cadre, constituer une objection recevable, mais plutôt relever d'un jugement de valeur, qui ferait apparaître le choix volontaire des familles d'allouer rationnellement leurs ressources localement et outre-mer, donc d'étendre leur sphère d'activité au delà des étroites frontières insulaires modernes, comme un choix condamnable au nom d'une notion "nationale" de la dépendance. De surcroît, cette prétendue dépendance résulte des conventions adoptées par les comptabilités nationales modernes, alors que les insulaires n'apprécient pas les bienfaits de leur activité familiale dans le cadre étroit de ces frontières, mais dans celui du bassin Pacifique tout entier (voir la citation ci-dessus de Epeli Hau'ofa).

La diversification régionale des ressources humaines de la famille océanienne étendue au sein du Pacifique tout entier, loin de renforcer la dépendance économique des insulaires, permet au contraire de se prémunir d'une forme de dépendance plus grande: elle protège des aléas de l'autarcie (songeons aux dégâts provoqués périodiquement par les cyclones et à leurs conséquences catastrophique dans le cadre d'une communauté autarcique). Elle protège aussi des aléas d'un développement uniquement fondé sur l'exportation de produits agricoles, halieutiques ou touristiques, qui sont sujets à des fluctuations erratiques de la demande et des cours mondiaux.

Il s'agit enfin d'un investissement intelligent pour l'avenir, puisque la communauté expatriée outre-mer finance l'éducation des enfants (les taux de scolarisation de la plupart des îles du Pacifique sont élevés), et facilite ensuite la poursuite d'études supérieures de qualité dans les pays de la bordure du Pacifique. Cet investissement en capital humain financé par l'émigration ne peut manquer de porter ses fruits à terme, étant donné le sens de la réciprocité familiale et communautaire qui pousse l'élite diplômée cosmopolite à mettre ses talents au service de la communauté insulaire d'origine.

Bibliographie

BECKER G.S. (1965), “A theory of the Allocation of Time”, *The Economic Journal*, septembre

BERTRAM G. (1986) Sustainable Development” in Pacific Micro-Economies, *World Development*, vol 14, N° 7, p 809-822.

CONNELL John (ed.) (1990), *Migration and Development in the South Pacific*, Pacific Research Monograph N°24, National Centre for Development Studies, The Australian National University.

DOUMENGE Jean Pierre (1988) , “Les bases concrètes de la géopolitique du monde insulaire océanien”, *Journal de la Société des Océanistes*, N° 87, vol 2.pp 73-88.

HAU'OFA Epeli (1993), “Our sea of islands”, Department of Sociology, The University of the South Pacific, Fiji, April 1993.

HAYES Geoffrey (1991), Migration, Metascience, and Development Policy in Island Polynesia, *The Contemporary Pacific*, Volume 3, Number 1, Spring 1991, 1-58.

MC CALL Grant & CONNELL John (1993), *A world Perspective on Pacific Islander Migration*, Pacific Studies Monograph N°6, Centre for South Pacific Studies, The University of New South Wales, Australia.

LANCASTER K.J. (1971), “A new approach to consumer Theory”, *Journal of Political Economy*, avril.

POIRINE B.(1991) *L'économie de la Polynésie Française: de la rente atomique au développement,* thèse de doctorat ès sciences économiques, Paris 2, 29 novembre 1991, 3 tomes, 893 pages.

POIRINE B.(1992) *Tahiti: Stratégie pour l'après nucléaire*, Papeete, distribué par l'Harmattan, 307 p.

POIRINE B. L'émigration océanienne: une théorie socio-économique, *Espaces, population, sociétés, 1994*-2, pp. 213-224.

Chapitre 7
Toujours plus est-il toujours mieux ? Développement économique et changement socioculturel dans les petites économies insulaires

On sait bien mesurer la croissance économique, mais le développement envisagé dans sa dimension socioculturelle est plus difficile à évaluer.

Le développement économique transforme la société et la culture d'un pays dans un sens auquel il est difficile d'attribuer un signe positif ou négatif. Même si le progrès des connaissances est mesurable, celui de la qualité de la vie en société l'est moins. Ainsi le progrès économique de la France s'accompagne de la disparition des épiceries, des petits villages, des "bistros", des "concierges", des "pompistes", et de l'apparition des grandes surfaces et des "fast-food", sur le modèle californien.

Il est bien difficile de mesurer le bilan en bien-être "socioculturel" de ces bouleversements imposés par les règles de l'efficacité économique, du profit et de la concurrence au niveau international. Culturellement, la France se rapproche du modèle américain, au point que le paysage urbain, dans certaines banlieues, devient une copie conforme de la Californie, de même que le "paysage audiovisuel" de nos chaînes télévisées, devient une copie conforme de la culture télévisuelle nord américaine, elle-même représentative d'une "culture globale" qui se diffuse par les mass-médias au "village global" du monde médiatique relié en direct par satellite à tous les postes de la planète.

Que cette évolution culturelle soit un progrès, tous ne le pensent pas. Mais du moins les français, comme tous les occidentaux, ont-ils un préjugé favorable aux conséquences socioculturelles du progrès économique, parce qu'en Occident le progrès économique semble, à long terme du moins,[1] aller de pair avec une évolution sociale et culturelle globalement positive (démocratie, droits de l'homme et libertés individuelles, démocratisation de la consommation et de l'éducation, réduction des inégalités, système de protection sociale généralisée, redistribution des revenus sous l'égide de l'Etat Providence, progrès technique permis par celui de la science occidentale, progrès de la médecine et de l'hygiène permettant l'augmentation de l'espérance de vie, réduction de la pénibilité du travail, augmentation du temps de loisir, etc....). Ainsi la France s'est-elle dotée d'un plan de développement économique, social et culturel, comme s' il allait de soi que ces trois adjectifs accolés supposaient forcément un progrès homogène de ces trois dimensions du développement.

Les français, et les occidentaux en général, conçoivent le changement culturel qui accompagne le développement économique comme "un

---

[1] Il est inutile de souligner le coût socio-culturel de la révolution industrielle à ses débuts, lequel a fourni le terreau du marxisme et des mouvements révolutionnaires ouvriers.

changement dans la continuité", et non comme un prix à payer pour le bien être matériel.

Mais si tous les pays du monde semblent pris dans ce grand mouvement d'homogénéisation économique, sociale et culturelle, vu du Tiers Monde, il ne va plus forcément de soi que le progrès économique et le progrès socioculturel aillent forcément de pair, parce que le progrès économique signifie parfois, dans ces cultures "indigènes", non plus un changement dans la continuité culturelle issue du passé, mais plutôt une rupture coûteuse, source d'acculturation, de destruction des valeurs et des solidarités traditionnelles, sans que d'autres valeurs, celles du monde occidental, puissent vraiment prendre leur place, en raison de leur inadaptation au contexte. Le tout conduit à un vide culturel générateur de désarroi, connu des sociologues sous le nom d'anomie depuis les travaux de Durkheim, phénomène générateur de plaies sociales telles que l'alcoolisme, la drogue, la délinquance juvénile, le suicide et les maladies mentales. Le progrès économique est donc perçu comme cher payé sur le plan socioculturel, dans ces pays soumis à un virage culturel trop brusque pour pouvoir être négocié en douceur.

Il y a en particulier dans le Tiers Monde certains pays ou territoires où le processus est tellement rapide qu'il se déroule, en accéléré, en une seule génération pour ainsi dire. Je veux parler des îles du Pacifique, restées jusqu'à il y a peu de temps proches d'une vie d'autosubsistance sans grands besoins, souvent décrite sous le nom de "subsistence affluence" (autosubsistance dans l'abondance[1]) et propulsées en une seule génération, grâce à l'aide massive de grands pays industriels avec lesquels elles ont des liens étroits, dans les délices et les affres de la société de consommation. Le temps s'accélère alors si brusquement, que la population (surtout d'un certain âge) prend mieux conscience de l'impact sur sa vie du passage à la "modernité" occidentale, de ses côtés positifs comme de ses côtés négatifs.

S'ils en apprécient les éléments positifs sur les plans économique et sanitaire, les insulaires océaniens ne jugent pas toujours positifs les

---

[1] Pour avoir une idée de la signification de ce terme, il faut lire les ouvrages d'ethnologues tels que Bengt Danielsonn, par exemple son livre "l'île du Kon Tiki" (Albin Michel, 1953), qui décrit la vie quotidienne des habitants d'un atoll des îles Tuamotu (Raroïa) au début des années cinquante. On comprend alors de quelle abondance il s'agit: celle des loisirs laissés par l'abondance naturelle et la sous-population relative, par rapport à des besoins réduits sur le plan matériel. Autrement dit, une vie modeste et sans grand besoin, permise par la douceur du climat, qui permet de subsister aisément avec deux ou trois demi-journée de travail par semaine (voir notamment l'emploi du temps "typique" d'une famille de l'île pages 152-153 de cet ouvrage). L'absence totale de contraintes horaires, en dehors des offices religieux, et la liberté quasi totale de l'organisation de son temps.

autres aspects du “développement” qui paraissent quelquefois plus imposés de force qu’acceptés librement. Ainsi, comme la plupart des peuples “primitifs”, les “océaniens” ont été très longs à accepter le travail salarié. Il a fallu, dans de nombreux cas, importer la main d’oeuvre d’Asie ou d’Inde pour travailler dans les plantations de canne à sucre, de café, de vanille, ou d’ananas. Aujourd’hui encore, beaucoup d’insulaires océaniens restent réservés devant les bienfaits censés leur être apportés par le “progrès” économique, et songent avec une certaine nostalgie au “bon vieux temps” d’avant, directement quand ils l’ont connu, ou par témoignage interposé quand ils sont nés trop tard pour cela. Nombreux sont ceux qui refusent les projets de développement qui leur sont proposés, malgré les nombreux avantages qui devraient en découler, en termes d’emplois et de niveau de vie. Ainsi en Polynésie Française, depuis 1990 plusieurs projets touristiques à Tahiti (projet Tahiti Tapuna Beach d’ensemble hôtelier sur le lagon, projet d’hôtel Méridien), Moorea (golf et hôtel dans la baie d’Opunohu), Tupai (atoll des Iles du Vent) ont été refusés par la population par référendum ou par occupation des terres. De même un projet d’exploitation du phosphate à Mataiva (Tuamotu), se heurte depuis cinq ans à l’hostilité de la population de l’île.

Ce comportement, a priori irrationnel pour l’économiste, relève en fait d’une rationalité sous-jacente: celle qui consiste, par des mouvements de “résistance culturelle”, à tenter de maximiser un bien-être collectif comportant des aspects socioculturels jugés au moins aussi importants que les aspects matériels.

Ce que l’économiste occidental (ou occidentalisé par ses études) perçoit tout d’abord comme “irrationnel” est donc tout à fait logique, mais pour rendre compte de cette rationalité il faut intégrer dans le modèle économique le contexte culturel local, même si celui change au cours du temps, sous l’influence du développement. Faute de cette précaution, en plaquant sur le Tiers Monde des modèles conçus pour les sociétés industrielles occidentalisées, on risque de provoquer beaucoup de déconvenues au moment de faire un bilan des efforts de développement, notamment grâce à l’aide financière et technique des pays riches.

Les individus partout dans le monde agissent rationnellement au sein du réseau de contraintes économiques et socioculturelles qui est défini par leur culture. Mais il n’existe pas de modèle “universel” de comportement économique rationnel, valable quel que soit le contexte socioculturel au sein duquel s’insère l’activité économique. Ainsi des comportements qui paraissent manifestement irrationnels chez les peuples “indigènes”, tels que la débauche d’efforts à l’occasion de cérémonies ou de fêtes, ou l’apparent gaspillage de ressources dans des buts non directement “productifs”, sont en réalité parfaitement rationnels, compte tenu des bénéfices socioculturels que ces "gaspillages" sont censés procurer à la communauté (chaque peuple à ses "cathédrales", "pyramides", ou "moaï").

Après tout, si nombreux sont les explorateurs, navigateurs, écrivains, anthropologues à avoir décrit le "paradis" océanien, de Bougainville à Margareth Mead, que les insulaires eux-mêmes semblent fonder à donner des leçons de "savoir bien vivre" au reste du monde, d'autant plus que depuis des temps reculés nombreux sont les occidentaux à avoir abandonné "l'univers impitoyable" du mode de vie occidental moderne pour le mode de vie plus simple des tropiques, donnant ainsi une preuve supplémentaire de l'attrait incontestable que peut avoir sur l'occidental "développé" le mode de vie de l'océanien "sous-développé".

Ainsi dans cette région du monde plus qu'ailleurs, est-on peut être mieux à même de relativiser le progrès économique et ses conséquences socioculturelles, sans parler des conséquences sur l'environnement naturel, et ceci en fait un "laboratoire" privilégié pour l'étude de ce phénomène en général partout ailleurs.

Cet article propose un tel modèle économique adapté aux sociétés insulaires océaniennes, qui intègre le bien être socioculturel en tant que variable endogène, lié à l'activité d'un secteur traditionnel qui produit également du bien être matériel. Cette variable entre dans la fonction de bien être collectif (ou utilité sociale), à côté de facteurs purement matériels tel que le produit par tête.

Les conclusions obtenues pourront sans doute étonner ou choquer certains. Cette vision du développement implique en effet que le bien être collectif puisse s'améliorer en l'absence de croissance économique, ou bien encore que la croissance économique puisse s'accompagner d'un recul du bien être collectif.

L'analyse conduit alors à s'interroger sur les effets socioculturels négatifs de politiques visant à détourner des ressources prélevées sur le secteur traditionnel pour subventionner le secteur marchand "moderne" ou le secteur public non marchand.

Mais avant de détailler ce modèle, il peut sembler opportun de justifier le choix des hypothèses en présentant plus longuement les faits et les opinions relatifs au développement économique et au changement culturel dans le contexte insulaire océanien, puisés à des sources diverses, pour la plupart étrangères à la discipline qui nous intéresse ici.

L'exemple du contexte socioculturel océanien: "Pacific Way" et développement économique

Il est très courant d'entendre, dans les cercles officiels des gouvernements et des institutions régionales du Pacifique insulaire, (Commission du Pacifique Sud, Pacific Islands Development Program, Université du Pacifique Sud), la revendication que le développement économique ne devrait pas s'effectuer au prix d'une régression sociale et culturelle, c'est à dire au prix d'une perte des bienfaits du mode de vie et des traditions auxquels les océaniens semblent viscéralement attachés, souvent résumés sous le vocable "Pacific Way" (manière de vivre océanienne), et qui inclut notamment des valeurs de solidarité, de redistribution, de partage et d'échange non marchand au niveau familial, clanique, paroissial et plus généralement au niveau des communautés locales. Ces solidarités locales jouent le même rôle que l'Etat-providence des sociétés industrielles, avec des modalités plus informelles, mais peut être aussi plus humaines. Les gouvernements océaniens, d'après les partisans de la préservation de la "Pacific Way", devraient pratiquer des politiques qui tiennent compte non seulement d'objectifs économiques quantitatifs, tels que le Produit Intérieur Brut ou la consommation par habitant, mais aussi d'objectifs sociaux et culturels, plus qualitatifs que quantitatifs. Le bien être matériel ne devrait pas être le seul étalon du progrès, et le développement devrait être un processus multidimensionnel où la dimension économique ne serait pas la seule prise en compte, et où la politique deviendrait l'art de concilier les objectifs du développement économique avec la préservation et le développement d'un art de vivre, d'une culture, d'une tradition, vues comme un patrimoine à préserver.

Quelques citations permettront d'illustrer ce point de vue "océanien" sur le développement économique:

> "Le développement signifie le processus de croissance des peuples et des sociétés vers des buts conscients et inconscients dirigés vers l'amélioration du bien être quantitatif et qualitatif (...) il n'y a pas d'étalon uniforme pour juger de la qualité du développement de sociétés différentes (...) les sociétés diffèrent les unes des autres par leurs objectifs et leurs valeurs (...) les pays en développement n'ont pas besoin de copier les modes de développement utilisés en d'autres lieux et d'autres temps (...) les états des îles du Pacifique doivent aussi considérer la possibilité de développer un style de vie de qualité avec moins d'abondance matérielle."

Kavaliku Langi, (1981) "A strategy for Pacific Island Development", Pacific Perspective, Vol 9 N° 2, 62-76, notre traduction.

> "Quand des hommes politiques prennent des décisions à propos des objectifs du développement durable, ils donnent la direction du

changement de l'équilibre entre les valeurs culturelles, spirituelles et matérielles, ce qui a un impact très important sur le bien être général des peuples du Pacifique". Sitiveni Halapua (1993), 2, notre traduction.

"(L'économie néoclassique) est fondée sur un certains nombre d'hypothèses qui ne sont pas universellement valides. Ces hypothèses incluent le concept de "rationalité économique" lui-même ainsi que la notion que les considérations matérielles et que l'intérêt individuel sont les principales forces qui motivent les décisions, qui, à travers le fonctionnement des marchés, amènent à l'allocation des ressources (...) toutes ces hypothèses ne s'appliquent pas forcément dans les îles du Pacifique tout simplement parce que une grande part de l'activité économique y échappe totalement à ce cadre conceptuel, ou bien fonctionne complètement en contradiction avec lui. Les analyses menées selon la logique néoclassique traitent le plus souvent cette activité "aberrante" en lui assignant l'étiquette de "facteurs socioculturels". Ces facteurs (...) sont regardés comme des "obstacles à la croissance économique" (...) la plupart de ces traits socioculturels supposés être des obstacles à la croissance économique sont considérés par les peuples du Pacifique comme des éléments fondamentaux nécessaires pour garder localement le contrôle contre des incursions extérieures; ce sont également des caractéristiques familières, connues pour être des éléments du paysage social et moral que tout le monde utilise et sait manier, qui comprennent des valeurs essentielles de conduite interpersonnelle, et qui se distinguent comme des symboles de distinction de la culture et de l'identité nationale." Hooper et James, 1993, 1, notre traduction.

"Les besoins de développement social et culturel auxquels sont confrontés les insulaires du Pacifique dans leur vie quotidienne ne sont pas satisfaits de façon adéquate quand les planificateurs gouvernementaux utilisent l'approche économique occidentale usuelle. Par conséquent, il est nécessaire de repenser fondamentalement l'approche actuelle du développement économique (...) les domaines d'investigation incluent une recherche du rôle de la culture et de la tradition dans le développement économique (...)" (Revue PIDP dialogue, printemps 1993, notre traduction).

La théorie du bien être social dans le cas d'une petite économie insulaire avec émigration illimitée

Ce modèle propose une théorie multidimensionnelle du développement, où le bien être collectif dépend de facteurs économiques, mais aussi socioculturels. Dans ce cadre on montrera que l'équilibre de marché, n'aboutit pas à l'optimum de bien-être, le montant des ressources allouées au secteur "traditionnel" étant sub-optimal. En conséquence, une politique de subvention du secteur traditionnel est nécessaire pour ramener la correspondance entre l'équilibre de marché et l'optimum de bien-être. Il en découle également que des politiques visant à favoriser le secteur capitaliste "moderne" en supprimant les comportements, les règlements et les institutions qui forment obstacle au libre fonctionnement des marchés, ne vont pas, dans le cadre de ce modèle, aboutir à l'optimum de bien-être. Si dans le cadre des îles océaniennes (et sans doute aussi partout ailleurs[1]), la croissance de la richesse matérielle n'est que l'une des variables de la fonction de bien-être collectif, il est nécessaire de modifier en ce sens les hypothèses traditionnelles de la théorie économique. En particulier, les bénéfices du style de vie insulaire océanien (Pacific Way) devraient

---

[1] Le succès du Club Med est du en grande partie a sa "formule conviviale" largement inspirée du "style de vie océanien": tutoiement et prénoms de rigueur, paréo omniprésent, gratuité apparente (pas besoin d'argent, mais un collier de perles -en plastique- pour le bar), repas pris en commun et fraternisation avec les "gentils organisateurs" donnant l'impression d'une vie communautaire sans barrières sociales, logements en "huttes" faites de matières végétales tressées, avec sanitaires extérieurs communs (dans les villages les plus anciens), rituels initiatiques (les fameux "crazy signs" ou "signes fous" que les nouveaux arrivants doivent apprendre à exécuter dont certains sont d'une 'inspiration polynésienne très lointaine et approximative). La similitude apparente pourrait aussi être soulignée avec la liberté de l'emploi du temps: le gentil membre, comme l'insulaire océanien "idéal", n'a pas de montre, pas d'horaires et d'activités minutés à l'avance, et du temps libre à revendre qu'il passe au contact de la nature et de ses semblables. On pourrait dire à la limite que le Club Med a exporté partout dans le monde une version "synthétique" et "détournée" (à des fins commerciales) du mode de vie océanien. Cela prouve, si besoin était, la valeur sociale attachée universellement à un certain mode de vie qui semble effacer individualisme, compétition, efficacité, planification du temps et de l'argent, et relations impersonnelles, au profit d'une convivialité informelle, d'une plus grande liberté dans la gestion de son temps, et d'une vie plus proche de la nature. Le "rêve océanien" arrache chaque année son contingent de cadres surmenés et d'employés désenchantés à "l'univers impitoyable" des métropoles occidentales, même si la transplantation dans l'univers océanien s'avère souvent difficile et presque jamais définitive et complète.

apparaître comme une variable (que nous appellerons "y"), dans la fonction de bien-être social, aux côtés du produit matériel par tête, que nous appellerons "x", avec x = X/L où X est le PIB local, plus le revenu des émigrés, et L est le nombre des insulaires actifs localement ou bien actifs outre-mer dans un pays où ils ont émigré.

Pourquoi inclure les émigrés et leurs revenus dans la fonction de bien être collective insulaire ? Parce que dans le cadre océanien, (comme aux Antilles, dans les Caraïbes, et à la Réunion), l'émigration est un phénomène parfois très important, qui peut concerner jusqu'à la moitié ou plus des habitants originaires de l'île, et qu'elle constitue une stratégie volontaire des familles élargies pour maximiser le bien être collectif de la communauté, notamment grâce aux mandats envoyés par les travailleurs émigrés. Des auteurs ont même pu parler à ce propos d' "entreprises multinationales familiales" ("transnational corporation of kin": Bertram et Watters, 1985). Il paraît donc justifié, pour expliquer le comportement des habitants de l'île, de considérer l'entité économique formée des habitants résidents sur l'île et des non-résidents émigrés, qui gardent en général des liens étroits avec leur famille insulaire (et y retournent souvent au moment de la retraite). Dans cette optique, la totalité du revenu de cette communauté insulaire (résidante et émigrée) devrait être prise en compte, (et non pas seulement la partie envoyée à leur famille des revenus des émigrés).

La fonction de bien être social s'écrit donc W(x,y) , avec des dérivées positives pour x et y.

Dans une première étape, on laissera de côté le secteur public. Son introduction interviendra plus loin. Elle ne modifie pas fondamentalement les conclusions du modèle. On suppose donc pour l'instant que l'effet du secteur public sur le bien-être social est nul, le coût et le bénéfice social de son activité étant du même ordre. La population active du secteur public n'est pas prise en compte dans la population active totale L.

Le produit "socioculturel" y est un "bien public" ou "bien collectif", c'est à dire, un produit (plus précisément un service):

- qui est consommé simultanément par tout le monde et pour un montant identique;
- pour lequel la consommation d'un individu ne diminue pas celle des autres individus;
- de la consommation duquel personne ne peut être exclu par les autres.

En ce sens, le produit y est similaire à des biens (ou services) publics tels que les feux de signalisation, l'éclairage public, le réseau d'assainissement public, la défense nationale, les rues, les routes, les ponts (sans péage).

Par ailleurs, la production de y est un "effet externe positif" (ou "économie externe"), ou autrement dit un "sous-produit" (ou "produit joint") socialement favorable de la production du secteur " traditionnel". En effet, dans le cadre océanien, le secteur "traditionnel" est un secteur de production "familiale" ou "communautaire" où l'activité (non salariée) se partage entre les activités d'autosubsistance (cueillette, agriculture, élevage, pêche) et quelques activités de cueillette, de pêche, ou de plonge, destinées à la vente sur le marché (coprah, vanille, café, nacre). C'est ce secteur qui vit en symbiose avec la culture océanienne (polynésienne ou mélanésienne) et "secrète" le "mode de vie océanien" (Pacific Way), un produit joint non marchand dont on pense qu'il représente un argument positif du bien être collectif: le produit y (même s'il n'a aucune "valeur marchande"). Si le secteur traditionnel disparaît, y disparaît. S'il prospère ou s'il périclite, le mode de vie associé prospère ou périclite aussi. La seule présence de y peut d'ailleurs rendre inutile ou du moins non rentable commercialement la production de certains biens ou services marchands, tels que: maisons de retraite, maisons de santé, crèches, assurances retraites, assurances sur la vie...

Le produit y étant un bien public, chacun suppose que son comportement personnel n'affectera pas son environnement socioculturel, qu'il décide de rester dans le secteur traditionnel, de passer dans le secteur capitaliste, ou d'émigrer outre-mer, il ne devrait continuer à bénéficier de la même quantité de y.

En particulier, les émigrés ou les résidents urbanisés du secteur "moderne" restent soumis aux obligations de solidarité traditionnelles (voir Hooper & James, 1993, 6), notamment à travers le versement d'argent à la famille restée dans le secteur traditionnel. Les bénéfices de ces versements étant compensés au moment du retour dans l'île, de la retraite, et/ou par la garde d'enfants ou de parents âgés que la famille rurale élargie prend à sa charge.

Donc, pour l'individu, y paraît être une constante, alors qu'en fait c'est une variable qui dépend du nombre d'individus qui participent directement à l'activité du secteur traditionnel, car seule l'activité de ce secteur a pour "sous-produit" un mode de vie océanien traditionnel à même de donner les bénéfices socioculturels attendus. En conséquence, à chaque fois qu'un individu quitte ce secteur, la collectivité perd une certaine quantité de y. Mais pour chaque individu, sa décision personnelle de quitter le secteur traditionnel n'a pas d'effet immédiat sur son utilité individuelle, autre que l'effet sur son revenu personnel , exprimé en pouvoir d'achat, donc en unités de x.

Exprimons mathématiquement ces hypothèses:

$$y = g(Lt),\ g' > 0,\ g'' < 0 \qquad (1)$$

Lt est le nombre d'actifs occupés dans le secteur traditionnel, et g est une fonction de production à rendement décroissant en fonction du facteur Lt.

La production de X (bien matériel) prend place dans le secteur capitaliste, dans le secteur "outre-mer" (situé en "métropole" pour un Territoire, dans un pays industriel lié politiquement, souvent l'ancienne métropole, pour une île indépendante), et dans le secteur traditionnel (pour la partie non marchande ou les exportations traditionnelles). Le salaire réel moyen perçu outre mer par les émigrés, mesuré en unités de X, est w* [1]. On le suppose constant quelque soit le nombre d'émigrés de l'île, car ce nombre est faible comparé au total des actifs de l'économie industrielle "hôte", si bien que la demande de travail de cette économie "hôte" paraît infiniment élastique par rapport au salaire, vue depuis l'île: à ce taux de salaire, toute la population de l'île serait susceptible de trouver à s'embaucher outre-mer si elle le désirait. Ce taux de salaire w* est évalué net des coûts de transport et des coûts psychologiques de l'expatriation, pour être directement comparable à la rémunération des autres alternatives d'emploi locales.

On suppose que la production de X dans les secteurs traditionnels et capitalistes obéit à la loi des rendements décroissants du facteur travail, le facteur capital et le facteur naturel (terre, ressources de la mer), étant supposés constants à court terme:

$$Xt = Ft(Lt) \text{ et } Xc = Fc(Lc), \text{ avec } F't \text{ et } F'c > 0 \text{ ; } F''t \text{ et } F''c < 0$$

Le secteur outre-mer (émigrés) génère un revenu réel Xo égal au salaire moyen des émigrés w* multiplié par le nombre d'émigrés Lo.

Nous pouvons donc écrire l'équation exprimant le revenu national réel

$$X = Xt + Xc + Xo .$$

$$X = Ft(Lt) + Fc(Lc) + w^{*} \cdot Lo \qquad (2)$$

Le nombre total d'actifs occupés dans les secteurs non publics est supposé fixe à court terme, égal au paramètre L.

D'où l'identité:

$$L = Lt + Lc + Lo \qquad (3)$$

On suppose qu'il n'y a pas de chômage, les secteurs traditionnels et outre-mer offrant aux chômeurs du secteur capitaliste des possibilités d'emploi.

---

[1] Pour simplifier on suppose que X sert de numéraire, donc son prix est 1

On suppose également (en première analyse) que le secteur public n'influence pas le bien être collectif. Cette hypothèse sera ensuite relaxée.

Le problème de maximisation du bien-être collectif peut maintenant être exprimé mathématiquement:

Maximiser W(x, y) sous les contraintes (1), (2), (3), avec x = X/L

En remplaçant x et y dans W par leur valeur dans (1) et (2), et en écrivant le Lagrangien L, on obtient:

$$L\,(Lt, Lc, Lo, \lambda) = W\left[g(Lt), \frac{1}{L}\left(Ft(Lt) + Fc(Lc) + w^{*}.Lo\right)\right] + \lambda\left(L - Lt - Lc - Lo\right)$$

Ecrivons les conditions du premier ordre pour la maximisation de W sous les contraintes (1), (2), (3).

$$\frac{\delta L}{\delta Lt} = W'_{y}.\, g'(Lt) + W'_{x}.\frac{1}{L}F'_{t}(Lt) - \lambda = 0 \quad (4)$$

$$\frac{\delta L}{\delta Lc} = W'_{x}.\frac{1}{L}F'_{c}(Lc) - \lambda = 0 \quad (5)$$

$$\frac{\delta L}{\delta Lo} = W'_{x}.\frac{1}{L}w^{*} - \lambda = 0 \quad (6)$$

A partir de (4), (5), (6) on obtient:

$$L \bullet \frac{W'_{y}}{W'_{x}} \bullet g'(Lt) + F'_{t}(Lt) = F'_{c}(Lc) = w^{*} \quad (7)$$

Cette équation signifie que la condition de maximisation du bien être collectif nécessite l'égalité du taux de salaire réel outre-mer, de la productivité marginale du travail dans le secteur capitaliste local, et d'un terme égal à la somme de la productivité du travail dans le secteur traditionnel F'(Lt) plus L fois g'(Lt), la productivité marginale du travail dans la production socioculturelle, multipliée par (W'y/W'x) = dx/dy, le taux marginal de substitution entre x et y dans la fonction de bien-être social.

Intéressons-nous au premier terme de (7). Quand Lt s'accroît, g'(Lt), la productivité marginale du travail dans la production de y, diminue (g"(Lt) < 0 par hypothèse). (W'y/W'x) diminue également avec Lt, car lorsque y devient relativement plus abondant relativement à x, sa contribution marginale au bien être collectif devient plus faible relativement à celle de x (car W"y < 0 et on suppose un taux marginal de substitution dy/dx décroissant, autrement dit, une famille de courbes d'indifférence collective entre x et y ayant la forme habituelle dans le plan x,y). F'(Lt) diminue également avec Lt car F"(Lt) < 0. Donc le premier terme de (7) est une fonction décroissante de Lt. Nous l'appelerons K(Lt) :

$$L\bullet (W'y/W'x) \bullet g'(Lt) = K(Lt), \text{ avec } K'(Lt) < 0$$

Si la fonction de bien être social ne prenait pas en compte la production "socioculturelle" du secteur traditionnel, le terme K(Lt) disparaîtrait de (7). Les conditions du premier ordre (7) deviendraient alors l'égalité "classique" de la productivité marginale physique du travail dans chaque secteur et du taux de salaire réel w*:[1]

$$F'_t(Lt) = F'_c(Lc) = w^* \quad (8)$$

Ceci refléterait l'usage "optimal" (du point de vue de la maximisation de x uniquement) des ressources en travail jusqu'à ce que leur productivité marginale physique devienne égale dans le secteur traditionnel et dans le secteur capitaliste au salaire réel "outre-mer" (puisqu'il n'y a aucun obstacle, sauf psychologique, à l'émigration). (8) représente "l'équilibre de marché" qui intervient spontanément lorsque les firmes du secteur capitaliste maximisent leur profit, employant des travailleurs tant que le salaire est supérieur à la productivité marginale en valeur du dernier travailleur employé, tandis que dans le secteur traditionnel, les travailleurs marginaux quittent l'exploitation traditionnelle quand la productivité marginale de leur travail, en unités de X, devient inférieure au salaire réel qu'ils peuvent obtenir dans le secteur moderne ou en émigrant. Nous pouvons illustrer les résultats obtenus par le graphique 1 ci- après.

---

[1] Nous supposons ici que les 3 secteurs (traditionnel, moderne, étranger) produisent le même bien matériel X au même prix, égal à 1, X étant le numéraire, en sorte que l'égalité de la productivité marginale physique au salaire réel dans chaque secteur est équivalente à l'égalité de la productivité marginale en valeur au salaire nominal. Un modèle plus complexe envisagerait de distinguer des biens différents dans chaque secteur traditionnel, moderne, étranger, avec des prix différents. Mais une telle complication n'apportant rien par rapport aux objectifs de l'analyse présente, et n'infirmant pas a priori ses conclusions, il semble peu justifié de l'introduire.

Dans ce graphique, on représente sur les axes verticaux les salaires réels et les productivités marginales physiques du travail, et sur les axes horizontaux les quantités de travail utilisées par les différents secteurs.

Dans le cadrant supérieur droit, on trouve la courbe de la productivité marginale décroissante du travail dans le secteur capitaliste F'c(Lc). Dans le cadrant inférieur gauche, on trouve la courbe de la productivité marginale décroissante du travail employé dans le secteur traditionnel F't(Lt), en fonction de la production de x, ainsi que la courbe également décroissante F'(Lt) + K(Lt), la différence entre les deux courbes, K(Lt), diminuant quand Lt s'accroît, comme nous l'avons démontré plus haut.

Dans le cadrant inférieur droit, nous trouvons à nouveau la courbe F'c(Lc) du cadrant supérieur droit, ainsi que les deux courbes du cadrant inférieur gauche, mais cette fois inversées horizontalement, c'est à dire représentées selon une origine O' située à droite, selon un axe partant de O' vers la gauche, mesurant des quantités croissantes de Lt. La courbe F't(Lt) inversée est maintenant appelée Ls, c'est la courbe de demande de travail par le secteur traditionnel, vue depuis O' vers la gauche, mais vue dans l'autre sens, à partir de O vers la droite, c'est la courbe d'offre de travail aux secteurs non traditionnels, puisque les travailleurs non absorbés par le secteur traditionnel sont disponibles pour travailler comme salarié des autres secteurs, et que la distance OO' est égale à l'offre totale de travail L .

Graphique 1

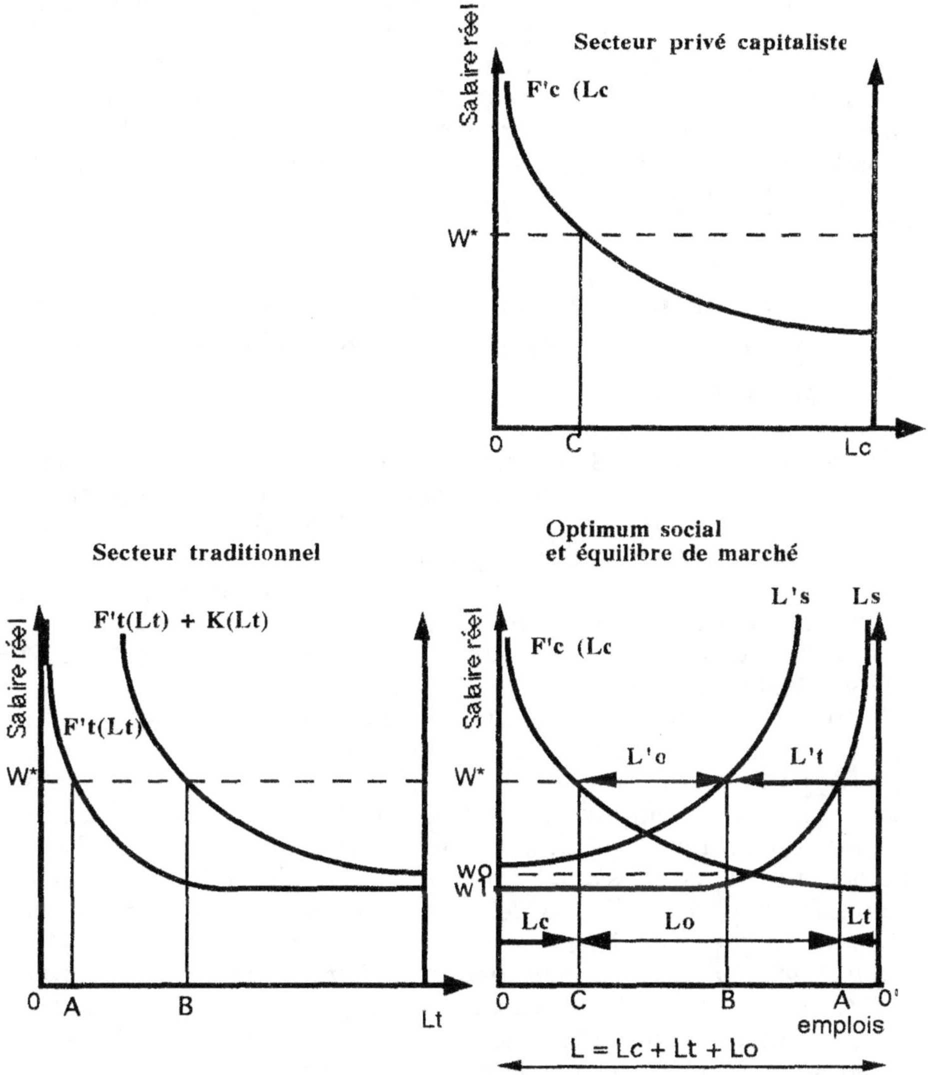

W1 est le revenu réel minimum de subsistance dans le secteur traditionnel qui prévaudrait si toute la population était occupée dans ce secteur (donc dans l'hypothèse d'un retour à l'autosubsistance agrémentée d'exportations "traditionnelles"). W* est le taux de salaire "outre-mer" (net des coûts psychologiques et de transport), représentant la demande de travail (supposée infiniment élastique) du secteur "outremer".

La courbe L's est la courbe F't(Lt) + K(Lt) inversée horizontalement. Elle mesure l'apport marginal, matériel et socioculturel, de la dernière unité de travail à la fonction de bien être social dans le secteur traditionnel. Son intersection avec W* donne la quantité optimale de travail que doit employer ce secteur, à savoir L't = O'B.

Comme la demande de travail du secteur capitaliste est OC, et comme, par hypothèse, on suppose que W*, le salaire "outre-mer", est supérieur au salaire d'équilibre wo qui prévaudrait en l'absence de possibilités d'émigration, on obtient par différence la quantité de travailleurs émigrés, absorbés par le secteur "outre-mer": OO'- OC - O'A = CB.

Optimum de bien être et équilibre de marché en présence d'effets externes positifs de l'activité traditionnelle

En comparant (7) et (8), on peut voir que la différence réside dans le fait que dans (7) (optimum de bien être), le secteur traditionnel va utiliser plus de facteur travail que dans (8) (équilibre de marché): O'B dans le premier cas, O'A dans le second.

En effet, dans (8) le secteur traditionnel va admettre une productivité marginale du travail dans la production de X inférieure de K(Lt) à celle des autres secteurs, tandis que dans (7), il exigera la même productivité marginale du travail que les autres secteurs.

L'équilibre de marché va entraîner une émigration plus importante qu'il ne serait souhaitable pour l'optimum de bien être (Lo = AC > L'o = CB), parce que la diminution du bien public socioculturel entraînée par le choix de l'émigration n'est pas prise en compte par l'émigrant venant du secteur traditionnel, qui considère uniquement l'effet monétaire et le coût psychologique individuel de sa décision. Y *étant "gratuit" pour les individus, le choix de quitter le secteur traditionnel répond uniquement à des motivations matérielles en terme de X, négligeant le fait que le secteur traditionnel produit également, le produit joint "non marchand" y* . Chacun souhaite continuer à profiter des bienfaits culturels de l'existence du secteur traditionnel en "passager clandestin", pendant qu'il recherche ailleurs l'amélioration de son bien être matériel.[1]

Le mode de vie "pacifique" tant vanté peut alors finalement disparaître quand suffisamment de gens, cherchant ailleurs individuellement le paradis occidental, auront en définitive causé la fin de leur paradis océanien.

---

[1] On pourrait dire un peu la même chose des touristes, d'ailleurs, autres passagers clandestins qui viennent chercher les sensations d'une culture exotique, tout en contribuant par leur présence à la détruire ou à l'abâtardir.

Il s'agit là d'un cas particulier du fameux problème du "passager clandestin" et du paradoxe de l'action collective mis en lumière par Mancur Olson (1966). Cet auteur montre comment dans de nombreux cas les actions rationnelles des individus cherchant à améliorer leur situation vont finalement aboutir à une situation pire pour tout le monde.

Ceci est en particulier le cas lorsque chacun cherche à s'approprier une ressource collective (cas des pêcheries, par exemple, ou des parcs naturels fréquentés trop intensivement par des touristes). Dans le cas non plus d'une ressource naturelle renouvelable, mais d'un bien collectif nécessitant des ressources pour sa production, s'il est impossible d'exclure du bénéfice du bien collectif ceux qui se refusent à participer à sa production ou à son financement, alors la production de ce bien finit par être insuffisante ou disparaît complètement. C'est le problème qui se pose pour l'entretien et l'édification des routes, des digues, des phares et balises, des ports, ect.... Il en est ainsi du bien collectif que représente une culture traditionnelle, lorsque ceux qui la font "vivre" émigrent du secteur traditionnel avec ses obligations sociales vers le secteur moderne individualiste.

Ceci signifie également que si y intervient positivement dans la fonction de bien être collectif, l'équilibre de marché n'est pas un optimum de bien être.

En effet, dans l'équilibre de marché, des individus vont quitter le secteur traditionnel dès que leur productivité marginale dans la production de x devient inférieure à la rémunération réelle offerte dans les autres secteurs en terme de x. Ils négligent par conséquent les conséquences négatives de cette décision sur la production de y, une externalité positive liée à la production de x par le secteur traditionnel, qui bénéficie, en tant que bien collectif indivisible, à l'ensemble des personnes de tous les secteurs de l'économie. De sorte que la production de y sera insuffisante, ainsi que la main d'oeuvre affectée au secteur des activités traditionnelles.

Ce résultat classique, appelé "échec du marché" (market failure) a été abondamment démontré dans le cas des activités impliquant des effets externes positifs (c'est à dire des "produits joints" non marchands améliorant le bien être ou favorisant la productivité d'autres activités). Ainsi on reconnaît généralement que le secteur privé concurrentiel ne peut fournir assez de recherche scientifique et médicale, d'éducation, d'activités "culturelles" au sens "noble" du terme (opéra, danse classique....). On reconnaît donc que la production du bien impliquant des "économies externes" est insuffisante par rapport à ce que demanderait la réalisation de l'optimum de bien être (appelé dans la théorie microéconomique traditionnelle optimum de Pareto, mais ici nous adoptons non pas le critère de Pareto, mais un critère plus restrictif, celui de la maximisation d'une fonction de bien être collectif). Dans ce cas, la théorie des externalités suggère plusieurs remèdes, l'un d'eux étant d'"internaliser" l'effet externe par le biais de subventions à la production du bien impliquant une économie externe.

Dans le cas qui nous intéresse cela signifie une subvention égale à K(Lt), l'effet externe par emploi additionnel Lt dans le secteur traditionnel.

C'est bien d'ailleurs ce qui se passe en réalité. Ainsi, en Polynésie Française, il existe une subvention à la production, au transport et à la transformation du coprah. Cette subvention représente en 1993 1.250 millions de F cfp pour 220 millions d'huile de coprah exportée. Evaluée au prix mondial donc la valeur ajoutée de cette activité est largement négative. Mais les politiciens locaux sont tous d'accord pour continuer à subventionner cette activité "pour des raisons sociales", pour maintenir les populations dans leurs îles, notamment aux Tuamotu et aux Marquises, et pour éviter ainsi le développement du chômage urbain. Il s'agit tout simplement d'une subvention au secteur traditionnel, et au mode de vie associé. Cela ne diffère pas beaucoup du principe de la Politique Agricole Commune de la Communauté Européenne, qui repose également sur la subvention d'activités agricoles dont on suppose qu'elles ont des "retombées" positives sur le plan social et écologique, retardant la "désertification" de l'espace rural.

On trouvera en annexe une discussion du modèle complété par l'introduction du secteur public et de l'emploi des administrations. Bornons-nous à remarquer ici que les conclusions précédentes ne sont pas affectées: l'emploi dans le secteur traditionnel est sub-optimal, il faut donc le subventionner. L'emploi dans le secteur public peut être optimal ou non, suivant les cas (voir annexe), mais il y a de forte chance, d'après ce qu'on observe dans la réalité des économies insulaires du Pacifique, qu'il soit en fait trop développé par rapport à l'optimum social que nous avons défini.

Conclusion

Les objections qu'on pourrait opposer à nos hypothèses sont nombreuses. Tous les insulaires océaniens ne seraient certainement pas d'accord avec elles. Un certain nombre, parmi les jeunes et les émigrants, verraient même le "bien" public y comme un "mal", un fardeau dont on cherche à se débarrasser. Au contraire, certaines élites politiques traditionnelles pourraient chercher à magnifier ce "bien" socioculturel pour encourager une "préservation" favorable à un "statu-quo" socio-politique qui leur convient parfaitement. Ceux qui au contraire font partie d'une nouvelle élite d'entrepreneurs, face à l'aristocratie traditionnelle de propriétaires terriens (aux Tonga et aux

Samoa occidentales, par exemple), seraient peu favorables à ces hypothèses.

Il n'est pas douteux qu'il existe une contradiction flagrante entre la logique de la concurrence sur le marché et celle des obligations culturelles de solidarité familiales ou claniques. Sur une île des Tuamotu, des Marquises ou des Australes, mettez un commerçant chinois et un commerçant polynésien. Le premier accordera un rabais de 10% à ses proches parents. Le second devra aller jusqu'à 100%, s'il ne veut pas d'ennuis. Dans ces conditions la concurrence tourne rapidement à l'avantage du commerçant chinois. Ce qui explique que presque partout en Polynésie française, on dit "aller chez le chinois", au lieu de dire "aller chez l'épicier".

Cette opposition entre culture traditionnelle et compétitivité économique est la plus flagrante en Océanie, mais elle se retrouve ailleurs dans le Tiers Monde. Partout où c'est le cas, où le progrès économique est perçu comme payé par un recul socioculturel, les hypothèses de notre modèle sont vérifiées.

Dans ce cas, nous avons montré que l'équilibre de marché n'est pas un optimum social, l'activité du secteur traditionnel étant insuffisamment développée. L'activité du secteur capitaliste sera également sub-optimale dans le cas où les salaires du secteur public local dépassent le salaire moyen attendu en cas d'émigration. Dans ce dernier cas enfin, on observera un développement du chômage quand bien même existeraient des possibilités d'emploi outre-mer pour tous les chômeurs locaux, ce qui implique un gaspillage des ressources locales en travail, compte tenu des bienfaits pour l'économie locale des envois de travailleurs émigrés à leur famille ou des ressources obtenues par les anciens travailleurs émigrés qui prennent leur retraite dans leur île.

Dans la plupart des cas, il est probable que le secteur public occupe au contraire une part trop élevée de la main d'oeuvre locale, du point de vue de l'optimum social.

Ainsi, la meilleure façon d'aider les microéconomies insulaires océaniennes (et d'autres pays du Tiers Monde connaissant le même problème) serait de les aider non pas à financer leur bureaucratie administrative, ou les investissements de leur secteur capitaliste, mais plutôt à développer leur secteur traditionnel: activités d'autosubsistance ou activités d'exportations traditionnelles (coprah, vanille, nacre, perles, etc...). Ceci peut se faire notamment par le biais de subventions, directe ou à travers des "prix producteurs" administrés supérieurs aux prix du marché.

Il faut noter que la plupart des pays du Tiers Monde ont choisi de faire exactement l'inverse: taxer les paysans ou leur acheter leurs récoltes en dessous du prix mondial pour financer la bureaucratie urbaine d'une part, l'industrie d'autre part.

Notre conclusion peut sembler hérétique dans la perspective néoclassique traditionnelle. Elle serait sujette à la critique de provoquer des "distorsions de prix" par le biais de telles subventions, ce qui induit une mauvaise allocation des ressources. C'est pourquoi les experts de la Banque Mondiale et du F.M.I. recommandent en général de supprimer de telles subventions, dans le cadre des politiques d'ajustement structurel imposées aux pays du Tiers Monde.

Mais nous avons montré au contraire que si on prend en compte les effets externes positifs des activités traditionnelles sur le bien être social, l'analyse marginaliste néoclassique aboutit logiquement à la nécessité de ces subventions pour rétablir l'allocation optimale des ressources, qui ne sera pas réalisée spontanément par le marché. Pour cela, il faut d'abord avoir une conception multidimensionnelle du bien être social, qui ne se limite pas à la dimension purement matérielle du développement. *A partir du moment où le produit par tête n'est plus le seul élément de la fonction de bien être, alors la théorie néoclassique implique que les activités traditionnelles relevant des "cultures indigènes" doivent être soutenues et subventionnées, en raison de leurs effets externes bénéfiques, au delà de leur simple impact économique sur le bien être matériel des habitants.*

L'application de cette politique peut cependant poser problème, dans la mesure où on peut être amené à imposer des utilisations "improductives" des ressources dans un pays pauvre, au nom de la préservation culturelle, ce qui peut favoriser des élites traditionnelles pas forcément démocratiques, cherchant ainsi à renforcer un statu quo politique favorable à leurs intérêts. Qui peut prendre la responsabilité grave de ralentir la croissance économique, l'investissement productif, au nom de la préservation culturelle ? Qui peut définir les paramètres de la fonction de bien être social, évaluer le "taux marginal de substitution" entre x et y dans la fonction W ?

En l'absence d'un "dictateur omniscient" (et totalement désintéressé), il faut compter sur le processus politique démocratique pour faire (imparfaitement) l'équilibre entre les critères économiques et les critères socioculturels. Individuellement chacun a intérêt à se comporter "égoïstement" en recherchant l'intérêt individuel sur le plan matériel. Mais collectivement chacun sent que cela mène à une perte socioculturelle préjudiciable à tous. Ce problème est familier, il se pose constamment: même si les individus peuvent aimer se droguer, boire et conduire, ne pas mettre de ceinture de sécurité, ne pas se vacciner, polluer l'environnement, différents moyens de coercition ou de persuasion sont employés pour faire prévaloir l'intérêt collectif sur les abus de l'utilisation de la liberté individuelle. Il est justifié de procéder de même pour faire prévaloir l'intérêt collectif sur les intérêts privés dans le cas d'une culture menacée d'une disparition préjudiciable au bien être de la communauté.

Dans les pays industriels riches, on subventionne les activités culturelles, soit directement, par des subventions, soit indirectement, par des exonérations fiscales accordées aux investisseurs ou donateurs. Sans ces subventions, la plupart des opéras, des ballets, des orchestres classiques, et des musées ne pourraient pas survivre. L'agriculture traditionnelle est également fortement subventionnée dans les pays riches, du moins en Europe et au Japon, moins naturellement avantagés que les Etats-Unis, le Canada ou l'Australie de ce point de vue. On considère que les agriculteurs sont les "gardiens du patrimoine naturel" et qu'à ce titre il doivent recevoir l'aide de la collectivité.

La même politique peut paraître moins désirable dans des pays où le niveau de vie est plus bas, et où il paraît préférable de concentrer les rares ressources existantes sur les investissements directement productifs et l'éducation. Pour les économistes occidentaux, dans la mesure où la culture traditionnelle apparaît comme un obstacle au développement, il semble peu souhaitable d'employer des ressources rares pour la préserver...puisqu'il s'agit plutôt de l'empêcher de nuire...

Mais en réalité une politique de préservation culturelle est d'autant plus nécessaire là où elle est encore une composante essentielle du bien être social: la qualité de la vie socioculturelle compte beaucoup plus là où le niveau de vie est encore faible, parce que l'abondance matérielle n'est pas susceptible de compenser un appauvrissement de la vie sociale et culturelle... Autrement dit c'est le mode de vie traditionnel qui permet de supporter la pauvreté dignement et de sauvegarder le bien être social. Détruire ce mode de vie, au nom du progrès économique, c'est bien souvent plonger dans la misère non seulement économique, mais surtout culturelle et sociale, les peuples "indigènes".

De plus, une vie culturelle riche est un investissement, une fondation sur laquelle bâtir un développement économique, social et culturel solide dans l'avenir.

En effet, comme les individus, les hommes ont besoin de savoir d'où ils viennent et qui ils sont pour bien fonctionner dans le présent et envisager le futur avec confiance et dans un esprit d'ouverture aux autres. Les conflits non résolus du passé (colonialisme, conversion religieuse imposée) se répercutent inévitablement dans le présent, tout comme un individu doit résoudre les conflits non résolus de son enfance pour bien fonctionner en tant qu'adulte. Lorsqu'une culture a été brusquement traumatisée et mise entre parenthèse, un long travail de retour d'un peuple sur soi et ses racines est nécessaire pour retrouver le sens d'une identité et d'une continuité du passé, du présent et de l'avenir. Cela peut demander des sacrifices sur le plan de la croissance économique pendant un certain temps.

Une négligence des "cultures indigènes" peut amener à l'équivalent des névroses chez les individus: des comportements de fuite collective hors des réalités, des réflexes de repli sur soi, de fermeture frileuse aux autres peuples et cultures, par peur du contact avec l'autre, lorsqu'on pressent la fragilité des restes de la culture réprimée et enfouie dans l'inconscient collectif. Un peuple fier d'une culture forte et vivante, ne craint pas au contraire le contact et envisage l'avenir sans crainte. Il importe, copie et adapte sans complexe ce qui lui convient dans la culture occidentale moderne, choisissant librement de rejeter ce qui ne lui convient pas.

Ainsi le peuple balinais, petit peuple insulaire longtemps isolé, a accueilli sans état d'âme le tourisme et ses bienfaits, tout en limitant ses éventuels impacts culturels négatifs. Sa culture forte, vivante et originale est un atout de taille dans la concurrence entre les destinations touristiques du monde. Il adopte sans réserve la modernité occidentale, sans céder une parcelle de ses traditions religieuses et culturelles, et sans connaître les affres de l'anomie. Pour cela, il consacre une part importante des ressources de la communauté, comme il l'a toujours fait, à des cérémonies incessantes et très dispendieuses, éminemment peu productives aux yeux des économistes occidentaux. Le peuple japonais, le peuple coréen, ont également démontré comment progrès économique et préservation culturelle ne sont pas antinomiques, mais au contraire nécessairement liés.

Dans ce sens, la condition préliminaire essentielle du développement économique pourrait bien être la préservation ou même la redécouverte culturelle. A cette condition seulement peut ensuite se dérouler le processus de développement global, qui nécessite des changements culturels volontairement acceptés dans l'intérêt du progrès du bien être général. Au contraire une indifférence complète envers le problème culturel peut engendrer de multiples blocages du développement: "fuite des cerveaux", résistance passive ou active des populations face aux investissements extérieurs, anomie généralisée dans les masse urbaines soumises au bombardement médiatique mondial, génératrice de disfonctionnements sociaux (délinquance, drogue, violence...). On n'a pas le droit de rajouter un tel obstacle supplémentaire au développement, au nom du développement...

Annexe: l'introduction du secteur public

Examinons maintenant ce que devient le modèle lorsqu'on introduit le secteur public, qui a une place importante dans la plupart des microéconomies océaniennes. La contrainte sur les ressources en travail devient maintenant:

$L = Lt + Lc + Lo + Lp$, où Lp est le nombre d'employés du secteur public.

Ce secteur produit un service collectif dont la quantité z résulte d'une fonction de production à court terme $z = P(Lp)$, obéissant à la loi des rendements marginaux du travail décroissants ($P' > 0$; $P'' < 0$, où P' est la productivité marginale du travail dans la production de z, les autres facteurs étant maintenus constants).

La fonction de bien-être social devient donc W (x, y, z) avec $W'z > 0$ et $W''z < 0$.

Aux conditions d'optimum de premier ordre (4), (5) et (6), on doit maintenant ajouter une quatrième condition obtenue en dérivant le nouveau Lagrangien:

$\mathcal{L} = W(x,y,z) + l\,(L - Lt - Lc - Lo - Lp)$ par rapport à Lp.

On obtient donc la condition suivante:

$$W'z \cdot P'(Lp) - l = 0 \qquad (10)$$

Ainsi, à l'équation des conditions de l'optimum (7) nous devons maintenant ajouter:

$$L \cdot W'z/W'x \cdot P'(Lp) = w^* \qquad (11)$$

Le premier terme de (11) est une fonction décroissante de Lp puisque L est une constante, $W'z/W'x$ est une fonction décroissante de z ($W''z < 0$), et $P''(Lp) < 0$.

Géométriquement, ce premier terme de (11) est donc une courbe décroissante en fonction de Lp.

L'optimum social résultant de la maximisation de W est décrit dans le graphique 2, l'équilibre de marché résultant de la maximisation des profits et de l'utilité individuelle est décrit dans le graphique 3. La comparaison de ces deux graphiques nous permet de conclure que l'équilibre de marché ne sera pas en général un optimum social.

Graphique 2: optimum social

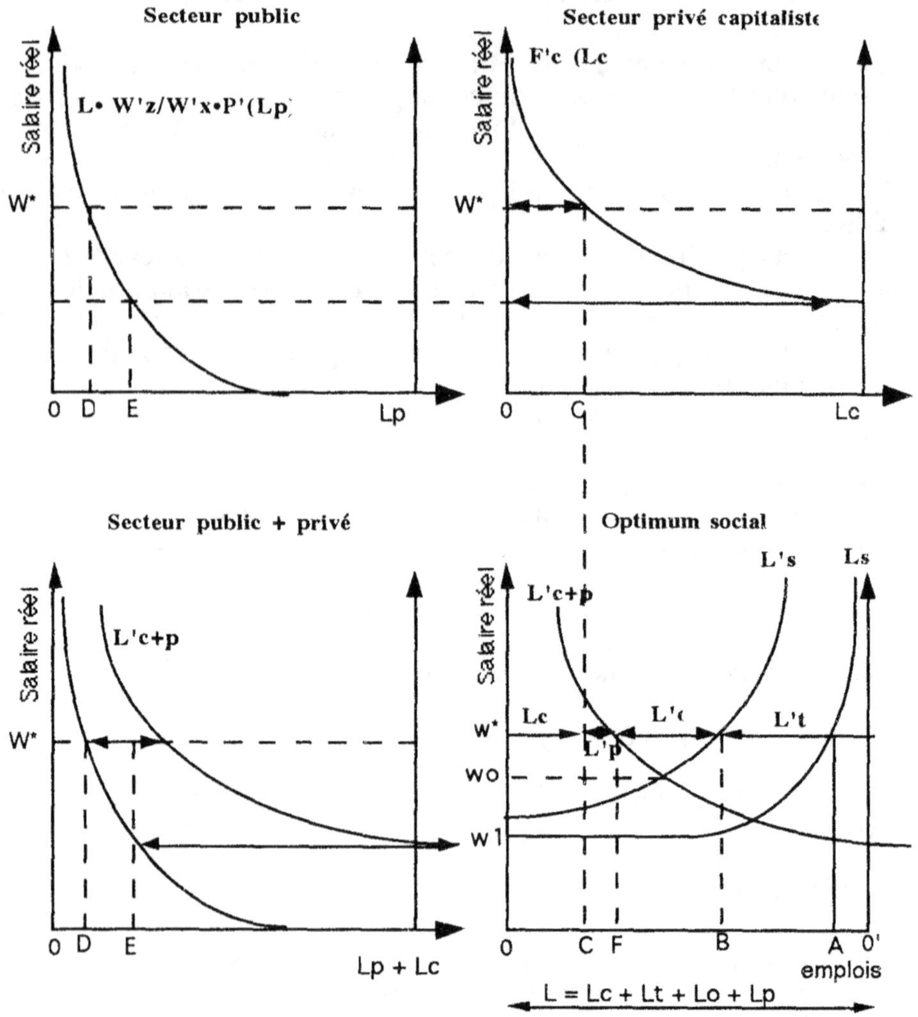

Graphique 3: Equilibre de marché avec wp = w*

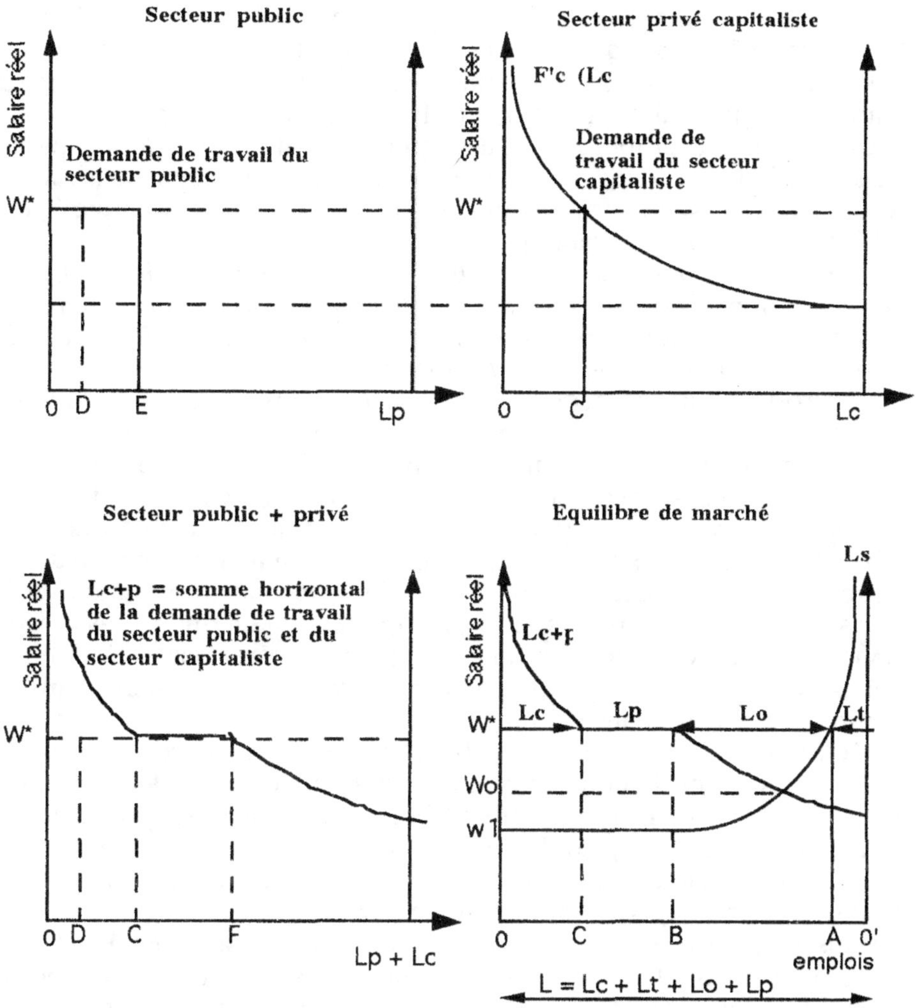

Pour montrer ceci, supposons que le salaire du secteur public wp est fixé de façon exogène et que l'administration recrute tous les fonctionnaires qu'elle peut recruter sans excéder l'enveloppe budgétaire allouée à la masse salariale publique totale, qui est un paramètre exogène, dépendant notamment de l'aide internationale reçue par les autorités locales, ou dans le cas d'un territoire ou département d'outre mer, des transferts publics de l'Etat et du montant du budget local. Il est raisonnable de faire l'hypothèse que wp ne doit pas être trop en dessous de w*, le salaire "outre-mer", sans quoi il deviendrait difficile de recruter localement des fonctionnaires. wp peut par contre être nettement supérieur à w*, comme c'est le cas dans les DOM-TOM où les salaires des fonctionnaires, expatriés ou locaux, bénéficient d'un "coefficient de majoration" par rapport au niveau "métropolitain". Supposons donc tout d'abord que wp est proche, ou même égal à w*, le salaire moyen "corrigé" obtenu en cas d'émigration. L'équilibre de marché qui en résulte est décrit dans le graphique 3, où wp = w*.

Comparons le graphique 2 au graphique 3: nous constatons que la quantité d'emplois dans le secteur capitaliste est optimum. Ce n'est pas le cas dans le secteur traditionnel, où Lt dans le graphique 3 est inférieur à L't dans le graphique 2.

L'introduction du secteur public ne change donc rien à notre conclusion précédente, que la quantité de travail employé dans le secteur traditionnel dans l'équilibre de marché est inférieure à celle requise par l'optimum de bien-être social.

L'introduction du secteur public ne change rien aux valeurs d'équilibre de Lc et Lt, dans le cas où wp = w*.

Dans le cas représenté dans l'exemple des figures 2 et 3, le secteur public emploie trop de travailleurs par rapport à ce que demande l'optimum social (Lp = OE = CF dans le graphique 3 est plus grand que L'p = OD = CB dans le graphique 2). Mais cela ne représente pas une conclusion valide dans tous les cas. Tout dépend du montant de la masse salariale publique: si elle est supérieure à ce qui est nécessaire pour employer le nombre de fonctionnaires correspondant à l'optimum social (OD dans le graphique 2), alors il y a trop de fonctionnaires, comme c'est le cas dans le graphique 3.

L'embauche de nombreux fonctionnaires (qui se traduit par l'agrandissement de la distance OE, demande de travail de ce secteur) peut permettre de limiter l'émigration, et même de la supprimer tout à fait (si la courbe Lc+p se déplace suffisamment vite vers la droite, la distance Lo devient nulle, même s'il y a hausse de la population active L, c'est à dire élargissement du segment OO').

Dans le cas où wp > w* (comme cela s'est produit en Polynésie Française pendant les années soixante à quatre-vingt, en raison de salaires majorés de 113% à 84% par rapport au niveau métropolitain) l'émigration est découragée, elle se produit plutôt vers le secteur public que vers l'extérieur. Le salaire de référence devient celui du secteur public local, et non le salaire d'émigration. Théoriquement en l'absence d'incertitude plus personne n'émigre: on préfère rester provisoirement au chômage que d'accepter un salaire d'émigration w* inférieur à wp, surtout si les créations d'emplois dans le secteur public sont nombreuses, laissant espérer une probabilité d'embauche élevée. Les salaires du privé doivent alors s'aligner sur wp, devenu salaire de référence pour les travailleurs de tous les secteurs, ce qui implique des embauches moindres, les effectifs du secteur traditionnel et du secteur capitaliste se réduisant tant que la productivité marginale ne s'est pas élevée au niveau de wp dans ces secteurs. La demande de travail du secteur capitaliste deviendra donc inférieure au niveau socialement optimal OC dans la figure 2, donc on aura un nombre sub-optimal d'emplois créés dans le secteur capitaliste, en plus du chômage et des emplois insuffisants créés dans le secteur traditionnel. Les hauts salaires du secteur public viennent donc nous écarter un peu plus de l'optimum social, en "évinçant" des ressources enlevées au secteur capitaliste, et au secteur traditionnel, tout en décourageant l'émigration, ce qui peut provoquer le chômage, qui est un gaspillage des ressources en travail dans la mesure où la demande de travail outre-mer vue par les insulaires est infiniment élastique, donc pourrait absorber l'intégralité de ces chômeurs qui ne seraient plus à la charge des actifs insulaires, s'ils n'étaient "fixés" sur place par l'espoir d'un emploi local mieux payé qu'outre-mer, dans la fonction publique.

Par ailleurs, les hauts salaires de la fonction publique se répercutent sur les coûts du secteur capitaliste (par le biais de la fiscalité locale, douanière, indirecte, directe, et par le biais des hauts salaires exigés par l'encadrement privé en référence à la fonction publique). Ceci affecte la rentabilité des investissements des activités de substitution d'importation ou d'exportation du secteur capitaliste, ce qui empêche la courbe Lc de se déplacer rapidement vers la droite en créant des emplois, ce qui provoque l'aggravation du chômage avec le temps.

Si l'embauche du secteur public se ralentit il se produit une "queue" pour les emplois du secteur public, dont l'offre est inférieure à la demande. Même les chômeurs peuvent espérer trouver du travail à un salaire supérieur à ce qu'ils peuvent obtenir outre-mer, en attendant suffisamment l'occasion propice d'être embauchés. Le "plateau" Lp de la courbe Lc+p de la figure 3 est alors plus haut, mais de même largeur, l'embauche totale du secteur public ne change pas, mais la distance horizontale, au niveau wp, entre la courbe Lc+p et la courbe Ls, est alors plus élevée que Lo dans la figure 3. Ceci reflète la baisse de la demande de travail des secteurs capitalistes et traditionnels, en raison de l'effet d'éviction opéré par les hauts salaires publics. Ces actifs non employés n'optent alors plus automatiquement pour l'émigration, dans la mesure où ils comparent l'espérance mathématique de gain des deux solutions: attente sur place avec une probabilité non nulle de "décrocher" un emploi de la fonction publique au salaire wp ou émigration avec un gain espéré de façon plus certaine mais de montant plus faible: $w^* < wp$. En raison des probabilités subjectives individuelles différentes d'obtenir l'emploi public sur place, les choix des individus pourront finalement pencher soit pour l'émigration, soit pour une prolongation de la recherche de travail sur place pour ceux qui estiment leurs chances d'entrer dans la fonction publique plus élevées.

Dans ce cas donc ($wp > w^*$), *les hauts salaires locaux de la fonction publique provoquent du chômage en supprimant partiellement l'incitation à émigrer*, enlevant ainsi un exutoire traditionnel à l'excédent de main d'oeuvre locale provoqué par la croissance démographique. Par ailleurs *les hauts salaires de la fonction publique entraînent une sous utilisation du facteur travail par le secteur traditionnel et par le secteur capitaliste, par rapport à ce que réclamerait l'optimum de bien être social.*

L'existence d'indemnités de chômage ou du RMI renforce encore la tendance à remplacer l'émigration par le chômage local, en réduisant le coût de rester dans la "file d'attente" pour un emploi public local mieux payé que l'emploi outre-mer.

Conclusion

Ce livre avait pour ambition de montrer, à partir d'un exemple, celui de la Polynésie Française, et en s'inspirant du cas d'autres petites économies insulaires du Pacifique et d'ailleurs, les raisons théoriques d'un mode de développement original, le développement rentier, qui est parfaitement compatible avec différents statuts politiques, mais qui a pour trait principal des relations politiques et économiques privilégiées avec une grande économie industrielle.

Les analyses empiriques et théoriques justifient l'existence et la viabilité de ce mode de développement à partir d'une rente, dont l'origine peut être soit "naturelle" (phosphate, pétrole, perle noire), soit militaire (bases géostratégiques), soit administrative (bureaucratie métropolitaine et transferts sociaux). En fait, comme nous l'avons vu, plus la population est réduite, plus l'aide extérieure par habitant a des chances d'être significative, et moins il y a d'obstacle à l'émigration vers la Métropole industrielle, ce qui rend paradoxalement la viabilité économique de ces îles d'autant plus crédible qu'elles sont moins peuplées.

Le mode de développement d'une petite économie insulaire est forcément "extraverti", une fois dépassée l'autosubsistance. L'étroitesse du marché intérieur impose paradoxalement une spécialisation croissante à mesure que se diversifie la demande intérieure avec l'élévation du niveau de vie. En effet, pour bénéficier des économies d'échelle, il faut produire pour l'exportation quelques produits, et importer le reste. Les tentatives de développement "autocentré", par l'industrie de substitution d'importation notamment, se sont toujours soldées par des échecs. Nous l'avons montré en Polynésie Française, d'autres auteurs l'ont montré ailleurs (W.G. Demas notamment, mais aussi F. Célimène et P.Waston plus récemment, en ce qui concerne les économies insulaires caribéennes)[1]. Dès 1950, Arthur W. Lewis avait souligné la nécessité de se tourner rapidement vers l'exportation de produits manufacturés pour assurer le développement des petites économies insulaires. C'est ce qui a été fait avec succès par exemple à l'île Maurice et à Porto Rico. Mais, dans certains cas, le coût de l'industrialisation "par substitution

---

[1]"(...) the role of exports is much more that of a leading sector in the sense that the rate of growth of GDP is tied much more closely to the rate of growth of exports than in a very large economy. It is the growth of external demand which causes the economy to move. (...) In a small country (...) the constraint imposed on growth by the external sector is a continuing phenomenon".William G. DEMAS (1965) *The Economics of Development in Small Countries, With Special References to the Caribean,* Mac Gill University Press, Montreal, p 48.
Voir aussi le chapitre sur "l'industrialisation sur invitation" à Trinité et Tobago et à la Barbade, dans le livre de F Célimène et P. Watson (1991), *Economie politique caribéenne,* Paris, Economica.

d'exportation", notamment au moyen de "zones franches industrielles d'exportation" apparaît socialement et culturellement trop grand, et le bénéfice économique trop mince, en comparaison d'une stratégie de développement par la rente qu'il est possible d'obtenir soit par une richesse naturelle, soit par l'exportation de services géostratégiques civils ou militaires vers une grande puissance industrielle, soit par l'émigration de ses ressortissants vers des économies à haute productivité. Qu'il s'agisse de l'exportation de produits de base, de la substitution d'exportation, ou du développement par la rente, il s'agit toujours d'un mode de développement "extraverti": si les grandes économies en développement peuvent partir du marché intérieur pour ensuite se tourner vers l'exportation après la phase de substitution d'importation et la saturation du marché intérieur (stratégie du développement "en vol d'oies sauvages"), dans les micro-économies insulaires (ou dans les villes-Etat comme Hong Kong ou Singapour), il faut au contraire se tourner d'abord vers le marché international, pour pouvoir ensuite approvisionner efficacement le marché intérieur par des importations ou une production locale compétitive à l'échelle internationale ou bien protégée naturellement par l'éloignement. Le taux de croissance de l'emploi et de la valeur ajoutée locale est alors entièrement déterminé par celui des ressources extérieures en devises, qui peuvent être apportées par l'exportation agricole, industrielle ou de services, mais aussi par la rente minière, celle de l'aide publique internationale et/ou celle des envois de travailleurs émigrés.

Le choix du mode privilégié d'obtention du flux de ressources extérieures parmi tous ces moyens doit tenir compte de "l'avantage comparatif" de l'île, qu'il soit "naturel" (rente minière, halieutique, perlicole, touristique), ou "géostratégique" (rente militaire ou administrative), ou encore en terme de main d'oeuvre bon marché (rente provenant des envois de travailleurs émigrés). Mais les îles sont toujours handicapées "naturellement" dans la stratégie d'industrialisation par exportation, en raison de leur éloignement qui renchérit les coût d'importation des inputs et biens d'équipement, ainsi que le coût d'expédition des produits finis. Seules donc les îles les plus pauvres et les moins susceptibles d'obtenir une forme ou une autre de rente naturelle, géostratégique, ou migratoire, devront recourir obligatoirement à l'industrialisation par l'exportation.

Pour une île où le coût de la main d'oeuvre n'est pas particulièrement bas, il est logique de préférer une forme ou une autre de développement rentier plutôt qu'un développement industriel tourné vers l'exportation.

Le choix de la stratégie de développement doit également tenir compte des facteurs socioculturels: dans bien des communautés insulaires, ils constituent des arguments essentiels de la "fonction de bien être collective". Le mode de développement industriel extraverti que représente les zones franches industrielles d'exportation, s'il paraît offrir les perspectives de croissance les plus rapides, paraît aussi souvent imposer des sacrifices trop lourds sur le plan socioculturel, conduisant à la marginalisation pure et simple du peuple autochtone (Hawaii, Guam), ou bien à son émigration en masse (Samoa américaine). Partout où ce mode de développement paraît s'accompagner d'une disparition des valeurs culturelles traditionnelles et de la disparition d'un mode de vie auquel les insulaires tiennent par dessus tout, il est sans doute sage, lorsque c'est possible, de préférer profiter d'une forme ou une autre de rente, permettant de "subventionner" le maintien d'un secteur traditionnel fort et vivace, plutôt que de tout miser sur l'industrialisation pour l'exportation. Le recours à la rente extérieure permet de préserver une culture et un mode de vie modestes mais riche de loisirs et de convivialité, ainsi que la liberté de choix des individus entre deux modes de vie alternatifs, dont les avantages et les inconvénients sont perçus avec une grande lucidité par les insulaires, au delà des séductions apparentes du modèle de consommation occidental.

Paradoxalement, c'est cette forme de développement "extraverti" qui permet alors de préserver le mieux possible l'intégrité culturelle et sociale d'une société insulaire traditionnelle, tout en améliorant le niveau de vie grâce à l'apport de la rente extérieure, publique ou privée: l'île cumule alors "le meilleur des deux mondes", le confort de la ville et la convivialité du village, les deux ingrédients, matériel et socioculturel, du "bonheur national brut". Comment ne pas souhaiter avoir ainsi "le beurre et l'argent du beurre " ?

En ce qui concerne les Dom-Tom, ils se sont adaptés logiquement à la rente administrative et/ou militaire que la Métropole leur sert en contribution de leur "exportation géostratégique". Tant que cette rente subsiste, générant des coûts de production élevés, il est aussi vain de souhaiter développer un "secteur productif", que de souhaiter industrialiser une banlieue-dortoir ou une ville de garnison. Il est encore plus vain d'espérer stimuler l'activité "productive" à coups de subvention ou de défiscalisation, ou en injectant toujours plus d'argent public. Quelle que soit en effet la destination de ces sommes, l'effet d'éviction de la rente publique finit toujours par accentuer, et non pas atténuer, la "dépendance" contre laquelle on souhaite officiellement lutter, de la même manière que le "syndrome hollandais" provoque la désindustrialisation des pays bénéficiaires de la rente énergétique.

Seul un protectionnisme à haute dose permet alors de développer, à des coûts et des prix prohibitifs, des activités de "substitution d'importation" dans les domaines naturellement ou artificiellement protégés de la concurrence extérieure, mais au prix d'un aggravation de la perte de compétivité des exportations traditionnelles et du tourisme.

BIBLIOGRAPHIE

ALAM Shahid (1982) , "The Basic Macro-economics of Oil Economies", *The Journal of Development Studies*, vol 18, N°2, (January), pp 205-216.

ANTHEAUME Benoît et BONNEMAISON Joël (1988), *Atlas des Iles et Etats du Pacifique Sud*, GIP RECLUS/PUBLISUD.

Association pour la recherche et la technologie à la Réunion (1988) *Les économies insulaires : stratégie de développement des économies insulaires à pouvoir d'achat élevé*. Actes du Colloque de Saint-Denis de la Réunion. 7-10 novembre 1988.

BERTRAM G. (1986) Sustainable Development" in Pacific Micro-Economies, *Word Development*, vol 14, N° 7, p 809-822.

BERTRAM I.G. & R.F. WATTERS (1985) *The MIRAB economy in South Pacific microstates* Pacific Viewpoint, Vol 26 N° 3.

BERTRAM I.G. & R.F. WATERS (1986) *The MIRAB process: Some earlier analysis and context*, Pacific Viewpoint, Vol 27, N° 1 (Mai) pp 47-57.

BLANCHET Gilles (1984) *L'économie de la Polynésie Française de 1960 à 1980*, ,Travaux et Documents N°10, ORSTOM, TAHITI .

BLANCHET Gilles (1985) *L'économie de la Polynésie Française de 1960 à 1980*, Travaux et Documents N°195, Editions de l'ORSTOM, PARIS .

BLANCHET Gilles (1987) *Croissance induite et développement autocentré en Polynésie Française*. Thèse de doctorat d'Etat de Sciences Economiques, Université de RENNES I, 1986. Travaux et documents microédités, Editions de l'ORSTOM, PARIS.

BLANCHET Gilles (1989) "Du discours à la réalité en milieu insulaire: Rhétorique du développement autocentré et pratique du développement intégré". *Journal de la société des Océanistes*, N° 88-89, année 89 - 1 & 2, pp 45-51.

BRUNEAU Emile (1988) *Comptes Economiques de la Polynésie Française*, 1976-1984. DOSSIER N°13 , Institut Territorial de la Statistique, Papeete, Tahiti.

CELIMENE F ET P. WATSON (1991), *Economie politique caribéenne*, Paris, Economica.

CAMPAN E. et GRIMAUD A. (1989) *Le syndrôme hollandais*, Revue d'économie politique, N°6.

CONNELL J. (1988), *Sovereignty & Survival, Island Microstates in the Third World*, Research Monograph N°3, University of Sydney.

CORDEN M. et NEARY J.P. (1982), "Booming Sector and De-Industrialisation in a Small Open Economy", *Economic Journal*, 92, décembre , pp. 825-848.

CRUSOL Jean (1988) , *Problèmes spécifiques du développement des économies insulaires de la Caraïbe.*, in CRUSOL Jean, HEIN Philippe,VELLAS François (Ouvrage collectif sous la direction de...) (1988).*L'enjeu des petites économies insulaires*, ECONOMICA, pp 125-163.

De MIRAS Claude, (1988) "L'économie martiniquaise: croissance ou excroissance ?", *Revue Tiers Monde*, tome XXIX , N° 114.

De Miras Claude, (1987) 'L'économie martiniquaise: développement sans croissance", dans *"Iles tropicales: Insularité, "insularismes"*, Collection "Iles et archipels", N°8, édité par le Centre de Recherche sur les Espaces Tropicaux, pp 399-417.

Demas William G. (1965) *The Economics of Development in Small Countries, With Special References to the Caribean*, Mac Gill University Press, Montreal, p 48.Granovetter, Mark, and Richard Swedberg (eds.). 1992 The Sociology of Economic Life. Boulder: Westview Press

Halapua Sitiveni, (1993) Sustainable Development: From Ideal to Reality in the Pacific Islands, Fourth Pacific Islands Conference of Leaders, Tahiti, French Polynesia, June 24-26, 1993, East West Center, Pacific Islands Development Program, Hawaii.

Hayes Geoffrey (1991) "Migration, Metascience, and Development Policy in Island Polynesia" , *The Contemporary Pacific*, Volume 3, number 1, spring 1991, 1-58.

Hein Philippe (1988),*Problems of small island economies*, in Crusol Jean, Hein Philippe,Vellas François (Ouvrage collectif sous la direction de...). *L'enjeu des petites économies insulaires*, ECONOMICA , pp 1-42.

Hooper Anthony & James Kerry, 1993, *Sustainability and Pacific Cultures*, Fourth Pacific Islands Conference of Leaders, Tahiti, French Polynesia, June 24-26, 1993, East West Center, Pacific Islands Development Program.

Hooper Antony, (1992), *Socio-Cultural Aspects of Development in the South Pacific*,, Asian and Pacific Development Centre's Conference on The Future of Asian-Pacific Economies, 10-12 November 1992, Brisbane, Australia. East West Center, Pacific Islands Development Program, Hawaii.

Lewis, W.A.(1950) "Industrialization of the british West Indies", Caribbean Economic Review, 2, 1950.

Lewis, W.A. (1954) "Economic Development with unlimited Supplies of Labour", *Manchester School of Economics and Social Studies, 22, 1954.*

Kavaliku Langi, (1981) *"A strategy for Pacific Island Development"*, Pacific Perspective, Vol 9 N° 2, pp 62-76.

Lodewijks, John, (1993) *The Curious Case of Economic Anthropology*, Conference of Economists, 27 sept- 1 oct 1993, Perth,

Olson Mancur (1966) *The logic of collective action*, Harvard University Press, N°7.

Pacific Islands Development Program, *PIDP Dialogue*, Spring 1993.

Poirine Bernard (1991), *L'Economie de la Polynésie Française: de la rente au développement"*, Thèse de Doctorat de sciences économiques, Université de Paris II, 29 octobre 1991, 893 pages.

Poirine, Bernard (1992) *Tahiti: Stratégie pour l'après-nucléaire*, Papeete, Paris, L'Harmattan.

Poirine, Bernard (1992), *Tahiti: du melting pot à l'explosion ?*, L'Harmattan, Paris.

Poirine Bernard (1993), "Economic Development and Cultural Change in the Pacific Islands: a case of market failure "?, *Three essays from French Polynesia*, Pacific Studies Monograph N°9, The Center for South Pacific Studies, University of New South Wales, pp 40-59, (1993).

Poirine, Bernard (1993) "Le développement par la rente dans les petites économies insulaires", *Revue Economique, , 6, p. 1169-1200*

Poirine, Bernard (1993) "Le développement par la rente: une spécialisation internationale logique et viable à long terme pour les économies micro-insulaires", Journal de la Société des Océanistes, 1, p . 3-10.

POIRINE B. L'émigration océanienne: une théorie socio-économique, *Espaces, population, sociétés*, 1994-2, pp. 213-224.

Reymondet-Commoy J.P.(1988), "La libre association avec les Etats-Unis comme stratégie de développement de la micronésie".,*Colloque Stratégies de développement des économies insulaires à pouvoir d'achat élevé*, Saint-Denis de La Réunion, 7-10 novembre 1988, Région Réunion.

Conseil Economique et Social (1988), Rapport de M Guy Jarnac pour la préparation d'un avis sur "la situation économique et les conditions du développement des départements d'Outre Mer", reproduit dans *Problèmes Economiques*, N° 2056, 6 janvier 1988.

Table des matières

www.ingramcontent.com/pod-product-compliance
Lightning Source LLC
LaVergne TN
LVHW050642051026
849532LV00002B/489